21世纪高等院校**电子商务**系列规划教材

全彩微课版

网店美工

视觉设计实战教程

◎ **闫寒 徐文瑞** 主编

◎ **李莉 卞克 何晓琴** 副主编

人民邮电出版社

北京

图书在版编目（CIP）数据

网店美工视觉设计实战教程 ： 全彩微课版 / 闫寒，徐文瑞主编. -- 北京 ： 人民邮电出版社， 2018.8（2020.1 重印）
21世纪高等院校电子商务系列规划教材
ISBN 978-7-115-48481-9

Ⅰ. ①网… Ⅱ. ①闫… ②徐… Ⅲ. ①网店－设计－高等学校－教材 Ⅳ. ①F713.361.2

中国版本图书馆CIP数据核字(2018)第101072号

内 容 提 要

本书从网店美工的角度出发，为网店卖家提供全面、实用、快速的网店视觉设计与装修指导。本书内容主要包括网店美工基础知识、图片调色、图片修饰、店铺首页核心模块设计、详情页视觉设计、页面装修、视觉营销推广图的制作等，最后针对无线终端进行首页、详情页的视觉设计与装修。本书内容层层深入，并通过丰富的实例为读者全面介绍网店美工在日常工作中所需的知识和技能，有效地引导读者学习网店装修的知识。

本书可作为有志于或者正在从事网店美工相关职业的人员的学习和参考用书，也可作为高等院校电子商务相关课程的教材。

◆ 主　　编　闫　寒　徐文瑞
　副 主 编　李　莉　卞　克　何晓琴
　责任编辑　孙燕燕
　责任印制　焦志炜

◆ 人民邮电出版社出版发行　　北京市丰台区成寿寺路 11 号
　邮编　100164　　电子邮件　315@ptpress.com.cn
　网址　http://www.ptpress.com.cn
　北京虎彩文化传播有限公司印刷

◆ 开本：700×1000　1/16
　印张：12.5　　　　　2018 年 8 月第 1 版
　字数：280 千字　　　2020 年 1 月北京第 4 次印刷

定价：59.80 元

读者服务热线：(010)81055256　印装质量热线：(010)81055316
反盗版热线：(010)81055315
广告经营许可证：京东工商广登字 20170147 号

随着网上购物的不断流行，网上店铺开始蓬勃发展，卖家要想在淘宝市场中争得一席之地，网上店铺的页面设计就显得至关重要。因此，市场上对网店美工的需求越来越大，同时对其技术要求也越来越高。优秀的网店美工不仅可以为买家带来舒适的视觉感受，更能将良好的营销思维应用到商品之中，通过独特的利益诉求点来打动买家，促使他们进行消费。

本书主要内容包括网店美工基础、网店图片处理、店铺装修、无线终端应用4篇共计9章内容。各篇的具体内容分别如下。

第1篇（网店美工基础）：包含第1章的内容，主要介绍网店美工的工作范畴、网店美工的技能要求、网店美工必备的视觉营销知识等。通过学习，读者可明确网店美工的职责，了解视觉营销设计的相关知识等，从而为后面进行店铺元素设计、首页设计与详情页设计打下基础。

第2篇（网店图片处理）：包含第2章和第3章的内容，主要介绍商品图片的调色和修饰。其具体内容包括处理曝光不足或曝光过度的图片、图片调色、修饰商品图片、丰富商品图片内容、添加图片特效等。通过学习，读者能够调整商品图片的色彩，以及使用形状、文本等元素装饰与说明图片。

第3篇（店铺装修）：包含第4章~第7章的内容，主要介绍店铺首页的核心模块设计和详情页视觉设计，以及页面装修、视觉营销推广图的制作。通过学习，读者可以在了解店铺相关页面的包含要素、设计要点等知识的基础上，快速学会网上店铺页面的装修。

第4篇（无线终端应用）：包含第8章和第9章的内容，主要介绍无线终端首页设计基础、无线终端首页关键模块的视觉设计、无线终端店铺装修、无线终端详情页设计基础与装修等。通过学习，读者可以快速完成无线终端店铺的设计与装修。

本书主要有以下特点。

（一）内容丰富，结构合理

本书从网店美工岗位的认知入手，一步步地介绍了网店美工所涉及的知识，由浅入深，层层深入。同时，本书内容基本按照“设计知识+Photoshop操作知识”的结构进行编写，理论联系实际，便于读者快速掌握网店美工技巧。

（二）案例丰富，实践性强

本书结合网店美工岗位实际需求进行设计，知识讲解与实例同步进行，案例丰富、实用；每章后还设计了“实战演练”模块和“课后练习”模块，加强了读者对知识的理解与运用能力。

（三）形式新颖，品相精美

本书采用二维码形式嵌入微课视频资料，读者通过扫描二维码可随时随地学习，以提高学习效率；全书全彩印刷，图文并茂，品相精美。

（四）配备海量资源

本书提供丰富的教学资料，不仅提供配套的视频教学资料，而且提供素材和效果文件、PPT课件、教学大纲、网店设计常用素材、网店装修精美案例、网店装修代码等，读者可登录人邮教育社区（www.ryjiaoyu.com）进行下载。

本书由闫寒、徐文瑞担任主编，李莉、卞克、何晓琴担任副主编。由于时间仓促和作者水平有限，书中难免存在不足之处，欢迎广大读者批评指正。

编者

2018年3月

目录
CONTENTS

第 1 篇　网店美工基础

第 2 篇　网店图片处理

第3篇 店铺装修

第4篇 无线终端应用

第1篇　网店美工基础

第1章　网店美工基础知识

网店美工作为网店的装饰者，其作用在于从视觉角度上快速提升网上店铺的形象，树立网店品牌，并吸引更多买家进店浏览。一名优秀的网店美工，除了需要了解网店美工的工作范畴，以及具有网店美工必备的技能要求外，还需要掌握网店美工的一些基础知识。本章将从网店美工必备的视觉营销知识，以及网店美工常用的图像制作与处理软件——Photoshop的使用两个方面讲解网店美工需要掌握的基础知识与技能。

学习目标：

* 学习色彩搭配技巧
* 熟悉图形元素的应用
* 熟悉文字的应用

技能目标：

* 熟悉Photoshop CS6的基本操作
* 掌握Photoshop CS6抠图的方法
* 掌握抠图与背景的合成的方法

1.1 网店美工概述

由于很多读者都是第一次接触网店美工岗位，对该岗位并不熟悉，因此本小节主要介绍网店美工的相关知识，包括网店美工的工作范畴、网店美工的技能要求，为后面进行网店美工设计奠定基础。

1.1.1 网店美工的工作范畴

网店美工是网店运营过程中一个非常重要的职位，主要负责图片的美化、店铺的装修、页面的设计，以及运营推广等工作，下面进行具体介绍。

- 图片的美化：拍摄出的商品图片不一定能够直接上架，网店美工需要负责每款商品的设计和美化，具体包括商品的拍摄及商品图片的校色、美化，以及文本的修饰等。图1-1所示为对商品图片进行调色、设置镜头滤镜和添加文本修饰后的效果。

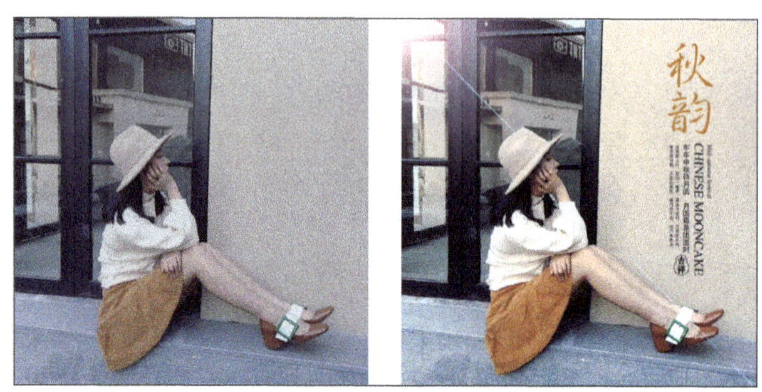

图1-1　美化后的图片

- 店铺的装修：网店美工在对店铺进行装修前先要了解店铺的组成，店铺包括快速导航、促销、描述、宝贝分类、商品展示等模块，通过对店铺的模块进行编辑，网店美工能够对设计好的页面进行切片，而合理利用图片空间管理图片，能够帮助网店美工快速完成店铺店招、店标、导航条、轮播海报等模块的装修。图1-2所示为店铺的部分基础模块，以及店铺首页的部分装修效果。

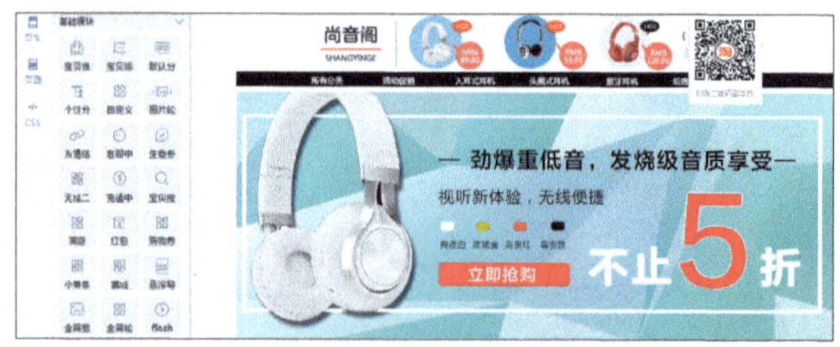

图1-2　店铺的部分基础模块和店铺首页的部分装修效果

- 页面的设计：页面的设计包括设计页面布局和进行页面色彩的搭配，此项工作要求网店美工具有良好的审美观，能独立完成店铺首页、详情页、活动页的设计。网店美工要通过页面风格设计打造独特的店铺特色，进而促使买家选购商品，增加店铺销量。图1-3所示为某女装店铺的首页和某护肤品店铺的“双11”活动专页，从店铺配色、字体等元素上可知页面的风格与性质。

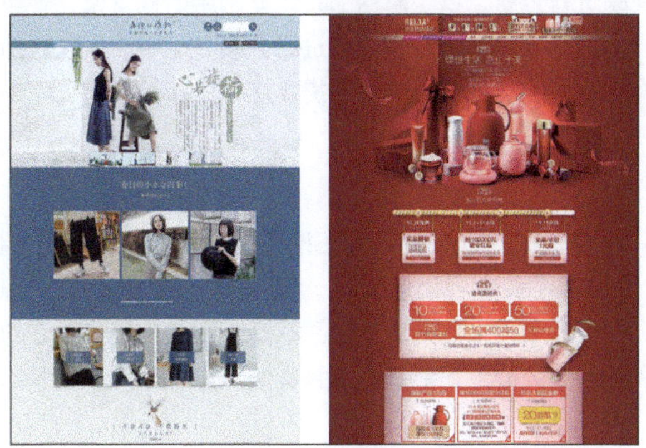

图1-3　页面设计

- **运营推广：**网店美工要挖掘消费者的浏览习惯和点击需求，从用户角度来优化网店，提高网店的可用性，并根据商品的上架情况和促销信息自主制作促销广告位，设计主图、钻展图、直通车图、海报等。图1-4所示为“武之藏”店铺的活动海报与七夕折扣的活动海报。

图1-4　活动海报

↘ 1.1.2　网店美工的技能要求

一名合格的网店美工，除了要能够熟练使用Photoshop、Flash、Fireworks、Dreamweaver等常用的设计与制作软件外，还需要具备扎实的美术功底和独到的创新思维，熟悉网页设计语言并有一定的文字功底，能够写出突出商品亮点的广告文案，这个亮点即为商品的诉求点。一个好的诉求点不仅能打动买家，还能展示商品的优越性；因此，好的网店美工不仅需要懂专业知识，更需要懂商品、懂营销、懂广告，并且了解如何将良好的营销思维应用到商品中，了解所制作的图片将传达什么信息，懂得如何去打动买家，引起买家的购买欲。

1.2 网店美工必备的视觉营销知识

由于在网店中购物不能像在实体店一样用五官去感知商品，买家只能通过眼睛对卖家提供的文本、图片、视频进行查看，以了解商品，因此网店的视觉设计就显得尤为重要。本节将针对网店美工视觉营销设计的一些基本理念进行介绍，从中告诉大家如何通过色彩搭配、图形、文字等进行网店的视觉营销，最终达到提高店铺的流量、转化率、品牌形象的目的。

1.2.1 色彩搭配

网店的色彩与风格是买家进入店铺时首先感受到的东西，因此色彩搭配是做好店铺视觉营销的基础。很多卖家在装修店铺的时候，喜欢将一些酷炫的色块随意地堆砌在店铺里，这会让整个页面的色彩变得杂乱无比，给买家造成视觉疲劳；而好的色彩搭配不仅能够让页面更具亲和力和感染力，而且还能提高店铺的浏览量。因此，在装修店铺时，色彩搭配尤为重要。

1. 色彩的属性与对比

色彩由色相、明度以及纯度3种属性构成。色相即各类色彩给人的视觉感受，如红、黄、绿、蓝等各种颜色；明度是眼睛对光源和物体表面明暗程度的感觉，该明暗程度取决于光线的强弱；纯度也称饱和度，是指眼睛对色彩鲜艳度与浑浊度的感受。在搭配色彩时，经常需要用到一些色彩的对比，下面本书将对常用的色彩对比进行介绍。

- 明度对比：利用色彩的明暗程度进行对比。恰当的明度对比可以使页面产生光感、明快感、清晰感。通常情况下，明度对比较强时，页面清晰、锐利，不容易出现误差；而当明度对比较弱时，配色效果往往不佳，页面会显得柔和单薄、形象不够明朗。图1-5所示为不同明度的橙色的对比页面。
- 纯度对比：利用纯度的强弱形成对比。纯度对比较弱的画面的视觉效果也较弱，适合长时间观看；纯度对比适中的画面的视觉效果和谐、丰富，可以突显画面的主次；纯度对比越强的画面，其视觉效果越鲜艳明朗、富有生机。图1-6所示为不同纯度的红色的对比页面。
- 色相对比：利用色相之间的差别形成对比。网店美工在进行色相对比时需要考虑其他色相与主色相之间的关系，如原色对比、间色对比、补色对比、邻近色对比，以及最后需要表现的效果。其中，原色对比一般指红色、黄色和蓝色的对比；间色对比是指两种原色调配而成的颜色对比，如红+黄=橙，红+蓝=紫；补色对比是指色相环中的一个颜色与180°对角的颜色对比；邻近色对比是指色相环上的色相在15°以内的颜色对比。
- 冷暖色对比：从颜色给人带来的感官刺激进行考量，黄、橙、红等颜色能给人带来温暖、热情、奔放的感觉，属于暖色调；蓝、蓝绿、紫等颜色能给人带来凉爽、寒冷、低调的感觉，属于冷色调。图1-7所示为冷色调和暖色调页面的对比效果。

图1-5　不同明度的对比效果

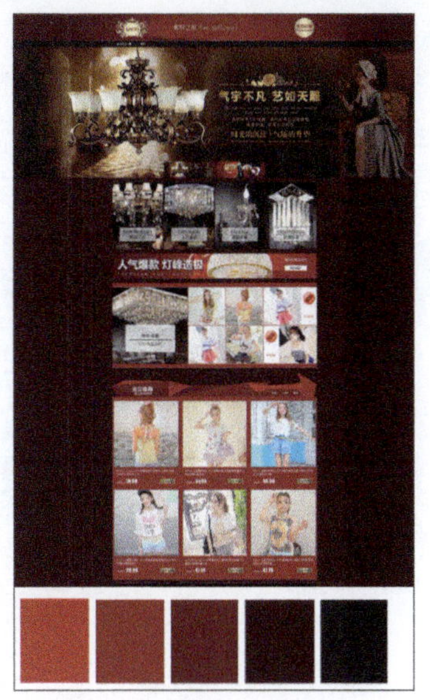

图1-6　不同纯度的对比效果

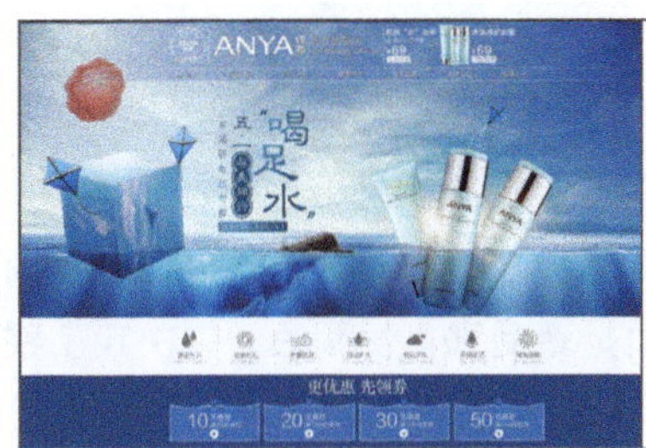

图1-7　冷色调和暖色调的对比

- **色彩面积对比：**各种色彩在画面中所占面积的大小不同，其所呈现出来的对比效果也就不同。图1-8所示为在使用了大面积红色色调的页面中加入小面积的蓝色，这可以起到协调和平衡视觉的作用。使用小面积的蓝色，还能起到强调促销文字、突出视觉中心的作用。

图1-8　色彩面积的对比

2. 主色、辅助色与点缀色

网店美工在搭配店铺的页面色彩时不能随心所欲，需要遵循一定的比例与程序。网店装修配色的黄金比例为“70：25：5”，其中，主色色域占总版面的70%，辅助色占25%，而其他点缀色占5%。网店装修的配色程序为：首先根据店铺类目选择占用大面积的主色，然后根据主色合理搭配辅助色与点缀色，用于突出页面的重点、平衡视觉效果。图1-9所示为主色、辅助色与点缀色的应用案例。

图1-9　主色、辅助色与点缀色

在色彩搭配中，主色、辅助色与点缀色是3种具有不同功能的颜色，具体介绍如下。

- 主色：主色是页面中占用面积最大，也是最受瞩目的颜色，它决定了整个店铺的风格。主色不宜过多，一般控制为1~3种，颜色过多容易使人产生视觉疲劳。主色不是随意选择的，而是需要网店美工系统地分析自己品牌的受众人群的心理特征，找到易于受众人群接受的色彩，如童装适合选择黄色、粉色和橙色等暖色调作为主色。
- 辅助色：辅助色在页面中的占用面积小于主色，用于烘托主色。合理应用辅助色能丰富页面的色彩，使页面更加完整、美观。
- 点缀色：点缀色是指页面中面积小、色彩比较醒目的一种或多种颜色。合理应用点缀色，可以起到画龙点睛的作用，使页面主次更加分明、富有变化。

1.2.2　图形元素的应用

在网页中合理利用图形元素，既丰富了网页的视觉效果，又生动地表现出了商品的信息，同时打破了纯粹文字页面给人的呆板视觉效果。点、线、面是图形中最基本的三大要素，三者结合使用，能够呈现丰富的视觉效果。

- 点：点是可见的最小的形式单元，具有凝聚视觉的作用，可以使画面布局显得合理舒适、灵动且富有冲击力。点的表现形式丰富多样，既包含圆点、方点、三角点等有规则的点，又包含锯齿点、雨点、泥点、墨点等不规则的点。如图1-10所示，左图为点的表现形式之一，右图为文字周围的点元素，这些点元素可以丰富画面，突出主题。

图1-10　点

- **线**：线在视觉形态中可以表现长度、宽度、位置、方向性和性格，具有刚柔并济、优美和简洁的特点，经常用于渲染画面，引导、串联或分割画面元素。线分为水平线、垂直线、曲线、斜线。不同线的形态所表达的情感不同，水平线和垂直线单纯、大气、明确、庄严；曲线柔和流畅、优雅灵动；斜线视觉冲击力强，可以展现活力四射的感觉。图1-11所示为斜线素材，以及直线在文本串联方面的应用。

图1-11　线

- **面**：点的放大即为面，通过线的分割所产生的各种比例的空间也可以称为面。面有长度、宽度、方向、位置、摆放角度等特性。面具有组合信息、分割画面、平衡和丰富空间层次、烘托与深化主题的作用。网店美工利用面来设计美化页面时需要注意，面与面之间要通过不同的排列来进行灵活对比。图1-12所示为使用面元素，如云朵、圆形、矩形等来装饰画面的效果。

图1-12　面

1.2.3　文字的应用

可读性强、搭配合理的文本能直观地向买家阐述商品的详细信息，引导买家完成商品的浏览与购买。在设计网店图片时，文字内容的设计及字体的选择都是有讲究的。首先文字内容要精练，能充分体现所要表达的主题。有了文字内容之后，相应的文字字体选择也不能马虎。

1. 字体的性格特征

不同字体具有不同的性格特征，网店美工在选择字体时需要根据商品的特征来选择对应的字体。下面我们将对淘宝网店常用的字体性格特征进行介绍。

- 宋体：宋体是在店铺中应用最广泛的字体，其笔画横细竖粗，起点与结束点有额外的装饰，其外形端庄秀美、具有浓厚的文艺气息，适合用于标题设计。系统默认的宋体纤细端美，但作为标题分量不足；而方正大标宋不仅具有宋体的秀美，还具备黑体的醒目性，因此经常被用于女性商品宣传图的设计。此外，书宋、大宋、中宋、仿宋、细仿宋等也属于常用的宋体。图1-13所示为宋体在女装及护肤品海报中的应用。

图1-13 宋体

经验之谈：

在鲜花类、珠宝配饰类、女性用品、护肤品、化妆品等以女性消费者为主体的商品设计中，网店美工一般采用纤细秀美、时尚、线条流畅、有粗细变化的字体，如宋体、方正中倩简体、方正纤黑简体、张海山悦线简体、方正兰亭黑简体等。

- 黑体：黑体笔画粗细一致，粗壮有力、突出醒目，具有强烈的视觉感，宣传性强，常用于促销广告、导航条，或车、剃须刀、重金属、摇滚、竞技游戏、足球等目标群体为男性的商品宣传图的设计中。常见的黑体样式包括粗黑、大黑、中黑、雅黑等。图1-14所示为黑体在台灯及食品海报上的应用。

图1-14 黑体

- 书法体：书法体包括楷体、叶根友毛笔行书、篆书体、隶书体、行书体和燕书体等。书法体具有古朴秀美、历史悠久的特征，常用于古玉、茶叶、笔墨、书籍等古典气息浓厚的店铺中，如图1-15所示。

图1-15　书法体

- **美术体：** 网店美工在店铺设计中还经常使用美术体类字体，这类字体具有明显的艺术特征，如汉仪娃娃篆简、方正胖娃简体、方正少儿简体、滕祥孔淼卡通简体等字体具有活泼、可爱、肥圆、调皮等艺术特征，多用于零食、玩具、童装、点读机、卡通漫画等以儿童群体为主体的商品宣传图中。此外，美术体还指将文本的笔画涂抹变形，或用花瓣、树枝等拼凑成各种图形化的字体，其装饰作用强，主要用于海报的设计，可有效提升店铺的艺术品位，如图1-16所示。

图1-16　美术体

2. 文字的布局技巧

在网店视觉营销设计中，文字除了传达营销信息外，还是一种重要的视觉材料，文字的布局在画面空间、结构、韵律上都是很重要的因素。下面我们将对网店视觉营销设计中常用的文字布局技巧进行介绍。

- **字体的选用与变化：** 网店美工在排版网店广告文案时，选择2~3种匹配度高的字体能呈现出最佳的视觉效果。字体过多会产生零乱而缺乏整体的感觉，容易分散买家注意力，使买家产生视觉疲劳。在选择字体时，网店美工可考虑通过加粗、变细、拉长、压扁或调整行间距等操作来变化字体，使其产生丰富多彩的视觉效果。
- **文字的统一：** 网店美工在进行文字的编排时，需要把握文字的统一性，即使文字的字体、粗细、大小和颜色在搭配组合上给买家以关联感，这样文字组合才不会显得松散杂乱。
- **文字的层次布局：** 在网店视觉营销设计中，文案的显示并非是简单的文字堆砌，而是有层次的。网店美工通常是按重要程度设置文本的显示级别，引导买家浏览文案的顺序，此情况下首先展示的是该商品所强调的重点。在进行文字的编排时，网店美工可利用字体、粗细、大小与颜色的对比来设计文本的显示级别。图

1-17所示的焦点图首先通过红色大字号文字与标签突出“周年庆”的主题，然后配合绿色底纹，使用白色粗体文字强调折扣，并用黄色突出具体折扣值，最后使用较小的文字字体说明活动时间。

图1-17　文字的层次布局

1.3 Photoshop CS6的基本操作

随着电子商务的发展，网店已经成为人们生活中必不可少的部分。如何使网店中的商品在竞争日益激烈的电子商务市场中脱颖而出，网店美工成为其成功的关键因素之一。怎样通过Photoshop制作出具有吸引力、宣传力的图片，提高店铺的视觉营销效果，是当前网店美工必须解决的问题。而作为一名网店美工新手，了解并掌握Photoshop的基本使用方法是进行其他操作的前提。下面我们将对Photoshop CS6的基础知识进行介绍，主要包括设置前景色与背景色、图层的基本操作、裁剪并更改图片尺寸等。

1.3.1 设置前景色与背景色

前景色是插入、绘制图形的颜色；背景色是需要处理的图片底色。网店美工可以根据需要设置前景色与背景色，下面我们对设置前景色与背景色常见的操作方法进行介绍。

- **设置前景色与背景色的颜色：**当需要设置前景色与背景色时，单击工具箱底部前景色与背景色对应的色块即可打开颜色设置对话框，大家可在其中选择需要的颜色，图1-18所示为将黑色的前景色设置为绿色。

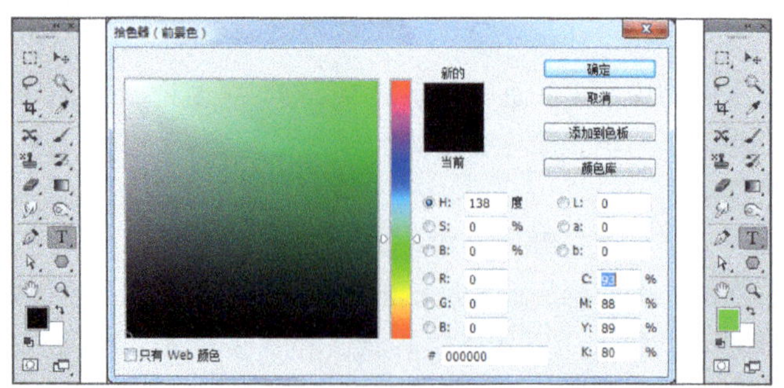

图1-18　将黑色的前景色设置为绿色

- 恢复默认前景色与背景色：单击■按钮可恢复默认的前景色与背景色。
- 切换前景色与背景色：单击↰按钮，可在前景色与背景色之间切换颜色。
- 选区填充：创建选区后，按【Ctrl+Delete】组合键可以用背景色填充当前选区，按【Alt+Delete】组合键可以用前景色填充当前选区。

↘ 1.3.2　图层的基本操作

图层好比是一张透明的醋酸纸，层与层之间是叠加的。若上层无任何图像，则对当前层无影响；若上层有图像，那么与当前层重叠的部分，则会遮住当前层的图像。网店美工在设计作品时往往需要操作多个图层。操作图层主要在“图层”面板中进行，选择【窗口】/【图层】命令即可打开“图层”面板，图1-19所示为“图层”面板中常用的命令。选择图层后，在面板上方的下拉列表框中可设置图层的不透明度与混合模式；拖动图层到其他位置可移动图层的堆叠顺序，使用移动工具拖动图层中的图像可移动图像在画布中的位置；单击对应的按钮即可完成图层的新建、删除、隐藏与显示、锁定、链接、添加图层样式、添加图层蒙版等操作。

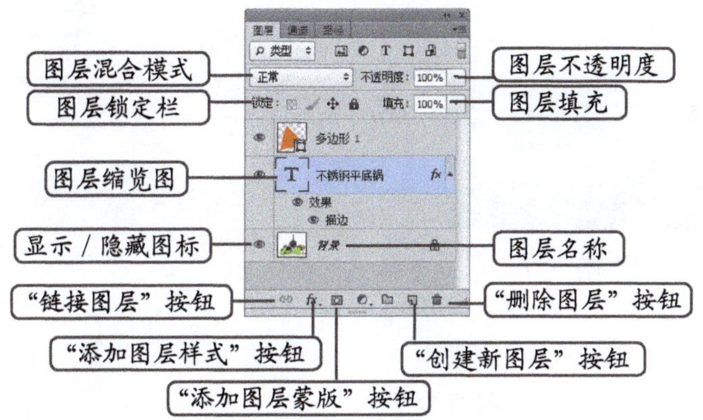

图1-19　“图层”面板及常用命令

此外，常用的图层操作方法还包括以下几种。

- 复制图层：按【Ctrl+J】组合键可复制当前选择的图层，拖动图层至“新建图层”按钮▣上也可复制该图层。
- 合并图层：选择两个或两个以上要合并的图层，选择【图层】/【合并图层】菜单命令或按【Ctrl+E】组合键可将多个图层合并为一个图层。选择【图层】/【合并可见图层】命令，或按【Shift+Ctrl+E】组合键将合并可见的图层，其中隐藏的图层不合并。
- 盖印图层：若要将多个图层的内容合并到一个新的图层中，同时保留原来的图层不变，可执行盖印图层操作。选择多个图层，按【Ctrl+Alt+E】组合键，可将选择的图层盖印到一个新的图层中。
- 利用图层组管理图层：当图层较多时，网店美工可使用图层组对图层进行分类管理，方便后期查找与修改。选择需要移动到一个图层组的图层，按【Ctrl+G】组合键即可将选中的图层移动到新建的图层组中，双击组名称或图层名称可重命名组名称或图层名称；也可单击“创建新组”按钮新建图层组，然后将图层拖动到该图层组中。

1.3.3 裁剪并更改图片尺寸

网店内不同位置的图片其尺寸也不相同，而卖家自己拍摄的商品图片或从网上收集的素材图片的尺寸并不一定能符合需要，因此当图片尺寸过大时，就需要进行裁剪。下面我们以裁剪淘宝主图背景图（800像素×800像素）为例，讲解裁剪并更改图片尺寸的方法，其具体操作如下。

STEP 01 打开“主图背景.jpg”图片（配套资源:\素材文件\第1章\主图背景.jpg），如图1-20所示。

图1-20　打开素材文件

STEP 02 选择“裁剪工具”，在工具属性栏的“裁剪方式”下拉列表框中选择“1×1（方形）”选项，此时画布中将出现正方形裁剪框，将鼠标光标移至裁剪框内，按住鼠标左键不放，拖动裁剪框，调整裁剪框在图像中的位置，如图1-21所示。

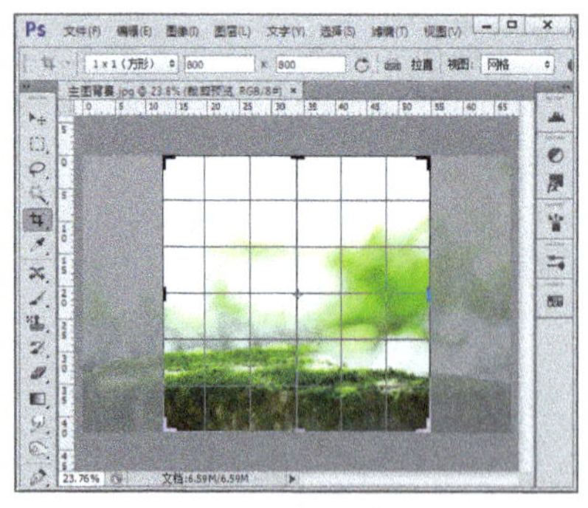

图1-21　确定裁剪区域

STEP 03 确定裁剪区域后按【Enter】键完成裁剪。选择【图像】/【图像大小】命令，在打开的对话框中设置像素大小，此处设置“宽度”和“高度”均为“800像素”，设置“分辨率”为“72像素/英寸”，单击确定按钮，如图1-22所示。

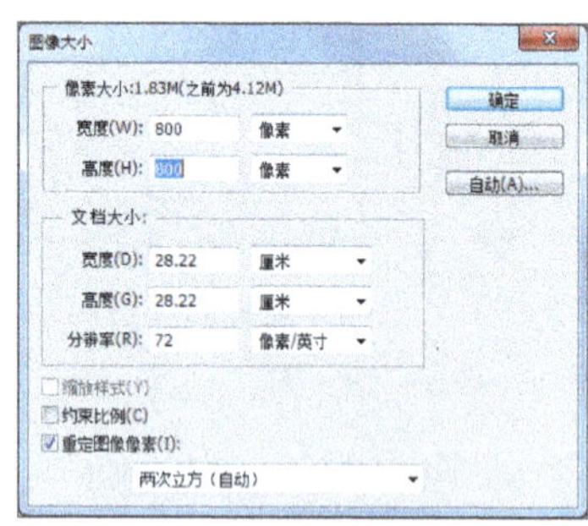

图1-22　调整图像大小

STEP 04 返回图像窗口，发现图像变小，保存文件即可（配套资源:\效果文件\第1章\主图背景.jpg），如图1-23所示。

图1-23　查看图像效果

经验之谈：

若大家选择“不受约束”裁剪模式，可拖动裁剪框周围的控制点自由裁剪图像，若在工具属性栏的文本框中输入裁剪的宽度与高度，可按输入宽度与高度的比例裁剪图像。

↘ 1.3.4　批处理图片

在Photoshop中，批处理图片是指为图片的处理创建“动作”，然后利用批处理命令自动对其他图片进行相同处理，常用于修改图片大小、调色、添加边框或标签等。网店美工日常在进行网店装修或网页图文编辑时，常常会遇到图片素材大小不一的情况，为了节约相同大小图片的调整时间，可用批处理命令对图片的大小进行统一的修改设置，其具体操作如下。

微课：批处理图片

STEP 01 将需要修改的图片存放在同一个文件夹中（配套资源:\素材文件\第1章\女包\），用Photoshop软件打开第一张图片“女包(1).jpg”，选择【窗口】/【动作】命令，打开“动作”面板，单击“动作”面板下方的“创建新动作”按钮，如图1-24所示。

图1-24　打开素材文件

STEP 02 打开“新建动作”对话框，将动作的名称修改为“修改女包尺寸”后，单击 记录 按钮，如图1-25所示，此时“动作”视窗就会出现一个名称为“修改女包尺寸”的新动作，并且下方的“开始记录”按钮处于被激活状况。

图1-25　新建动作

STEP 03 选择【图像】/【图像大小】命令，打开“图像大小”对话框，单击选中 约束比例(C) 复选框，防止图像变形，将图像高度更改为“200像素”，如图1-26所示。

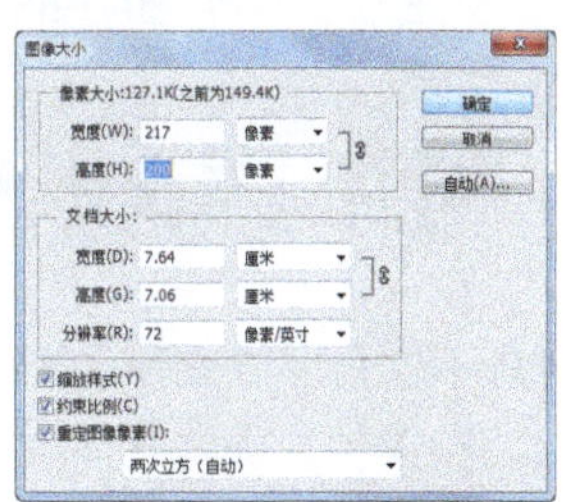

图1-26　更改图像高度

STEP 04 选择【图像】/【存储为】命令，保存处理后的图像，完成文件的储存后，单击“动作”面板下方的“停止播放/记录”按钮■完成动作的记录，如图1-27所示。

图1-27　查看创建的动作

STEP 05 选择【文件】/【自动】/【批处理】命令，打开“批处理”对话框，在“动作”下拉列表中选择“修改女包尺寸”选项，再在“源”和“目标”下拉列表中选择“文件夹”选项，分别单击 选择(C)... 按钮，选择批量修改尺寸的图片文件所在的文件夹和处理结果文件夹，如图1-28所示，单击 确定 按钮。

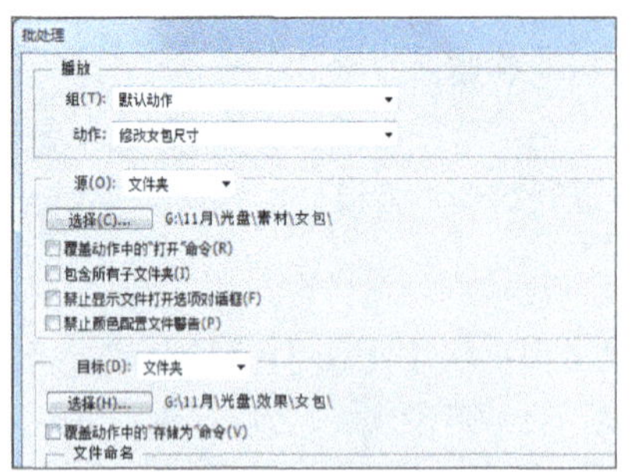

图1-28 设置批处理

STEP 06 设置完成后软件会自动导入和修改所设置文件夹中所有图片的尺寸，处理完成后，其他图片的尺寸大小则变为前面设置的图片的大小，如图1-29所示（配套资源:\效果文件\第1章\女包\）。

图1-29 查看批处理效果

经验之谈：

如果大家在“目标”下拉列表中选择“储存并关闭”选项，则原来位置的图像将被覆盖，源文件丢失。

1.4 利用Photoshop CS6抠图

好的背景不仅可以提高商品图片的可观性，更能为商品的展示营造良好的氛围，并突出商品的质感和美感，因此对商品图片的背景进行处理是十分必要的。在处理图片的背景时，网店美工用得最多的就是将商品从背景图中抠取出来，然后为其添加更为美观的背景，此时就需要掌握Photoshop CS6的抠图方法。Photoshop CS6中的抠图方法很多，如何选择合适的抠图方法，快速准确地完成抠图是每位网店美工都需要掌握的知识。下面我们将对常见的几种抠图技巧进行介绍。

1.4.1 规则图形抠图

对于一些规则的矩形和圆形商品，如粉饼、包装盒等，网店美工可通过对应的选择工具快速创建选区进行抠图；对于边缘为直线的规则商品，也可以选择多边形套索工具进行快速抠图。下面为利用多边形套索工具和椭圆选框工具抠取图中的面膜，其具体操作如下。

微课：规则图形抠图

STEP 01 打开“面膜.jpg”图片（配套资源:\素材文件\第1章\面膜.jpg），选择“多边形套索工具”，在图像边缘直线的转角点单击确定起点，然后将鼠标光标移动到直线的另一端转折点处单击，如此使用相同的方法继续创建锚点，如图1-30所示。

图1-30　使用多边形套索工具绘制选区

STEP 02 沿着面膜周围创建边缘线条，回到起点后再次单击起点，完成选区的创建，效果如图1-31所示。

图1-31　查看创建的选区

STEP 03 选择【文件】/【新建】命令，在打开的对话框中将其名称设置为“面膜”，“高度”和“宽度”设置为“800像素”，分辨率设置为“72像素/英寸”，“背景内容”设置为“白色”，然后单击 确定 按钮，新建白色背景图像，如图1-32所示。

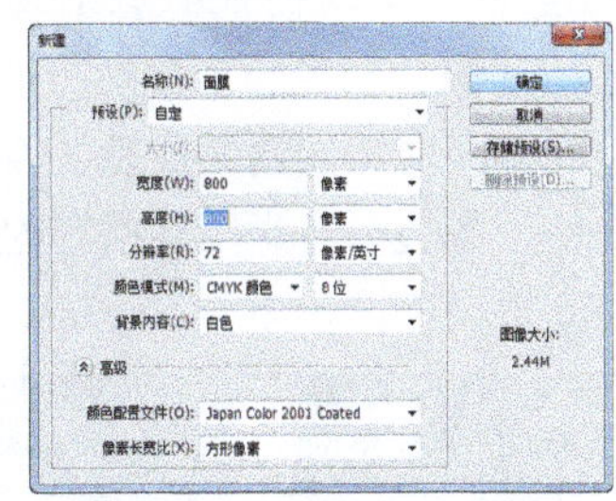

图1-32　新建白色背景图像

STEP 04 选择“移动工具”，将画面切换到面膜所在的窗口，将鼠标光标移动到选区内部，如图1-33所示。

图1-33　选择“移动工具”

STEP 05 按住鼠标左键不放，将图像拖动到新建的“面膜.psd”图像窗口上，若画布过小不能放下面膜，则可按【Ctrl+T】组合键进入自由变换状态，然后按住【Shift】键，向左下方拖动面膜右上角的控制点，等比例缩小图像，如图1-34所示。

图1-34　调整图像大小

STEP 06 将鼠标光标移动到边框内侧，按住鼠标左键不放，拖动面膜图像，调整面膜的位置，使其居于画布中心，然后按【Enter】键完成变换，如图1-35所示。

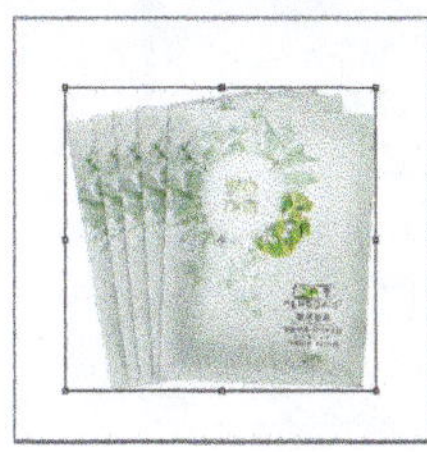

图1-35　移动图像位置

STEP 07 选择“椭圆选框工具”，在面膜右侧的撕口处按住鼠标左键不放，根据撕口大小拖动鼠标绘制椭圆形，绘制完成后按【Ctrl+T】组合键调整椭圆形的大小与位置，使其与撕口吻合，然后按【Enter】键完成选区的变换，按【Delete】键删除选区中的部分，如图1-36所示。

图1-36　创建椭圆形选区

STEP 08 按【Ctrl+D】组合键取消选区，使用相同的方法删除左侧撕口的多余部分，完成白底图片的制作，效果如图1-37所示（配套资源:\效果文件\第1章\面膜.psd）。

图1-37　最终效果

1.4.2　简单背景抠图

微课：简单背景抠图

若商品或背景的颜色较为简单，商品与背景的边界分明，网店美工可使用魔棒工具、快速选择工具单击需要选择的部分区域快速选择需要的选区。下面为利用魔棒工具和快速选择工具，并配合套索工具抠取图中的箱包，并为其更换背景，其具体操作如下。

STEP 01 打开"箱包.jpg"图片（配套资源:\素材文件\第1章\箱包.jpg），选择"快速选择工具"，在工具属性栏中将画笔"大小"设置为"25像素"，"硬度"设置为"100%"，如图1-38所示。

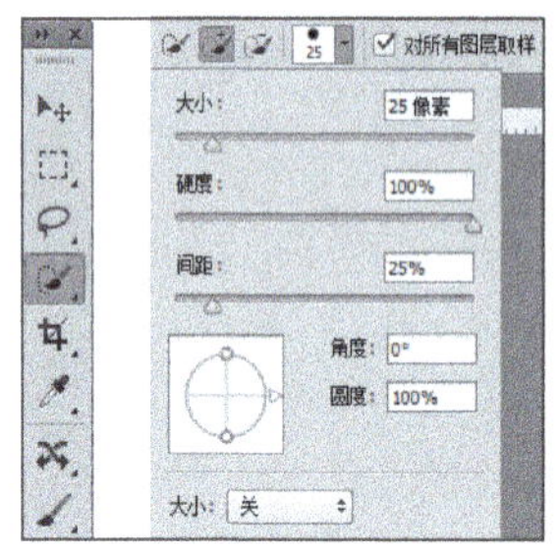

图1-38　设置快速选择工具参数

STEP 02 在箱包的蓝色主体部分按住鼠标左键不放，并拖动鼠标创建选区，如图1-39所示。

图1-39　创建选区

STEP 03 选择"多边形套索工具"，按住【Alt】键，沿着箱子底部边缘绘制不需要选择的区域。绘制完成后，将从选区中减去使用多边形套索工具绘制的区域，如图1-40所示。

图1-40　使用多边形套索工具减选选区

STEP 04 选择“磁性套索工具”，按住【Alt】键，在箱子右侧的底部边缘上单击定位起点，然后沿着箱子边缘移动鼠标光标，在转折点处可单击添加控制点，直至回到起点。绘制完成后，将从选区中减去使用磁性套索工具绘制的区域，如图1-41所示。

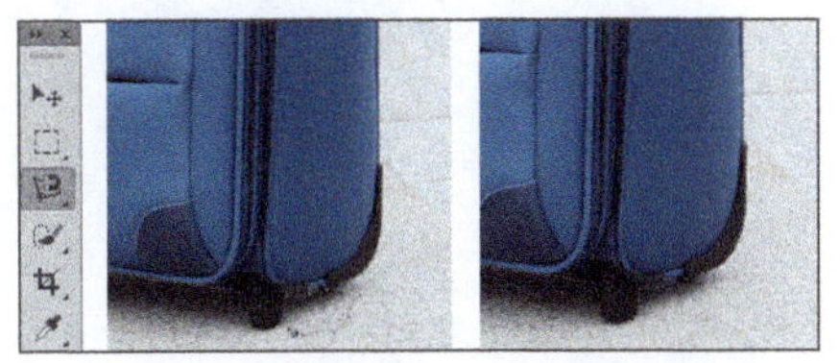

图1-41　使用磁性套索工具减选选区

STEP 05 选择“多边形套索工具”，按住【Shift】键绘制两侧的栏杆形状，将选区添加到箱子选区中；选择“魔棒工具”，在工具属性栏中设置“容差”为“20”，按住【Shift】键反复单击拉杆顶部的图形，将选区添加到箱子选区中，如图1-42所示。

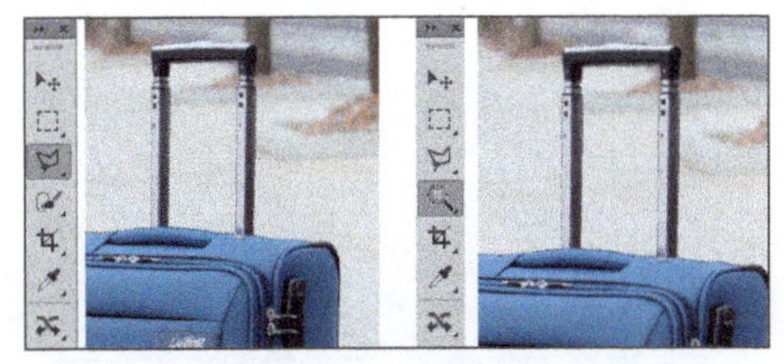

图1-42　添加选区

STEP 06 完成箱子选区的创建后，按【Shift+F6】组合键，在打开的对话框中将“羽化半径”设置为“1像素”，单击 确定 按钮，如图1-43所示。

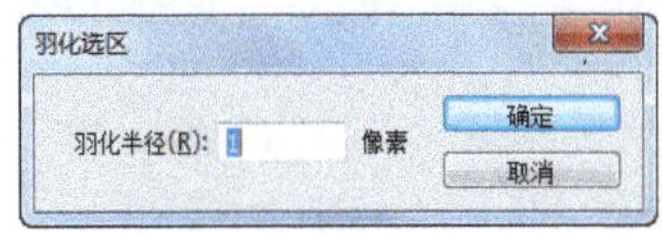

图1-43　设置羽化半径

STEP 07 打开“箱包背景.jpg”图片（配套资源:\素材文件\第1章\箱包背景.jpg），选择“移动工具”，拖动选区到箱包背景中，按【Ctrl+T】组合键进入自由变换状态，按住【Shift】键的同时，向左下方拖动右上角的控制点，等比例缩小图像，移动箱子到画布的合适位置，如图1-44所示。

图1-44　添加背景并缩小图像

STEP 08 选择【图层】/【新建调整图层】/【曲线】命令，在打开的“属性”面板中，拖动曲线，调整亮度与对比度，如图1-45所示。

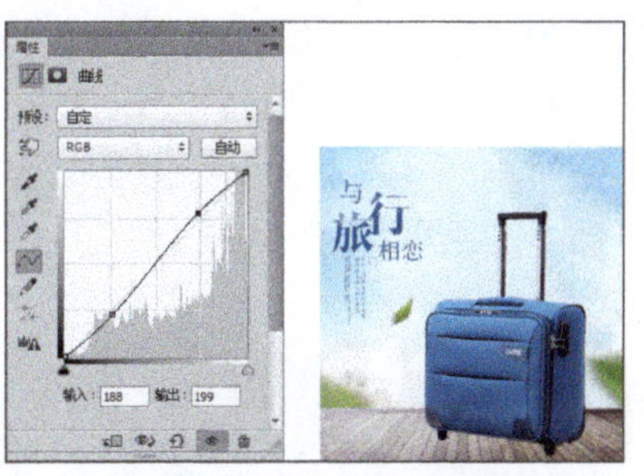

图1-45　调整亮度与对比度

STEP 09 在“图层”面板底部单击“创建新图层”按钮新建图层，选择新建的图层，将其拖动到箱子图层下方，将前景色设置为“#3f3c3b”，选择“画笔工具”，将画笔硬度设置为“0%”，将画笔不透明度设置为“50%”，调整画笔大小，在新建的图层上绘制箱子底部的阴影，如图1-46所示。

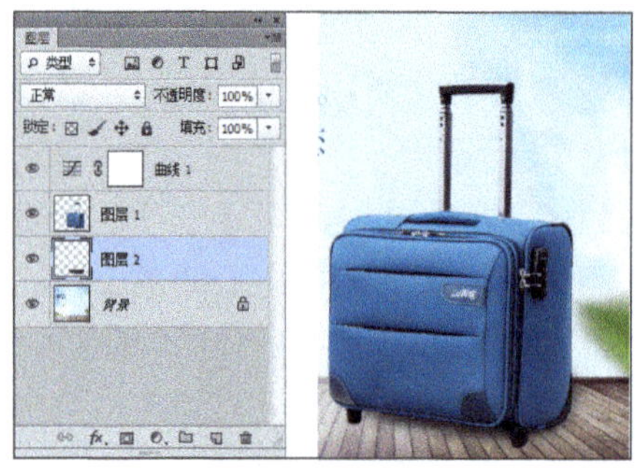

图1-46　绘制阴影

STEP 10 更换背景后的图像效果如图1-47所示（配套资源:\效果文件\第1章\箱包.psd）。

图1-47　最终效果

1.4.3　复杂图像抠图

当商品的轮廓比较复杂，背景也比较复杂，或背景与商品的分界不明显时，使用上述的抠图方法都很难得到精准的抠图效果，此时网店美工可使用路径抠图工具。钢笔工具是网店美工经常用到的路径抠图工具，使用钢笔工具可以快速地勾勒商品的轮廓，将其转化为选区，达到精准抠图的目的。下面为使用钢笔工具抠取图片中商品的方法，其具体操作如下。

微课：复杂图像抠图

STEP 01 打开“润肤乳.jpg”图片（配套资源:\素材文件\第1章\润肤乳.jpg），如图1-48所示。该图中瓶子与背景的颜色太过接近，且边缘模糊。

图1-48　打开素材文件

STEP 02 选择“钢笔工具”，在工具属性栏中将工具模式设置为“路径”，在瓶子周围单击并拖动鼠标创建路径，效果如图1-49所示。

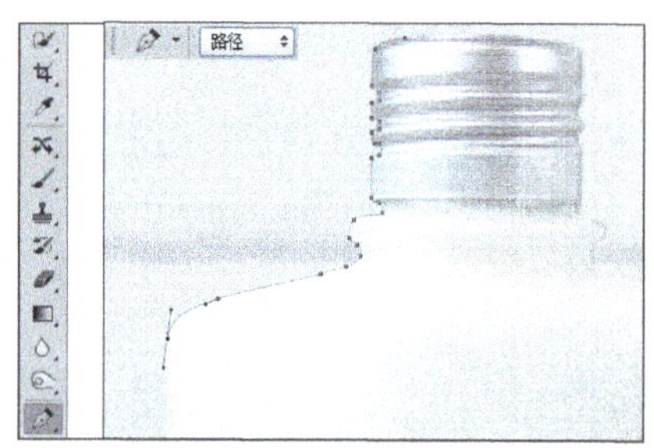

图1-49　绘制路径

经验之谈：

大家在创建直线段选区时可直接单击添加锚点；在创建曲线段选区时，需要在添加锚点后，按住鼠标左键不放的同时拖动鼠标。

STEP 03 当起点与终点完全结合时，完成路径的创建，如图1-50所示。

图1-50　完成路径的创建

STEP 04 按住【Ctrl】键的同时单击路径，即可选择路径并显示路径上的锚点，编辑路径上的锚点可使路径更加精确。由于瓶子右侧的边缘不清晰，因此可拖动标尺创建辅助线，根据左侧边缘进行大致调整，如图1-51所示。

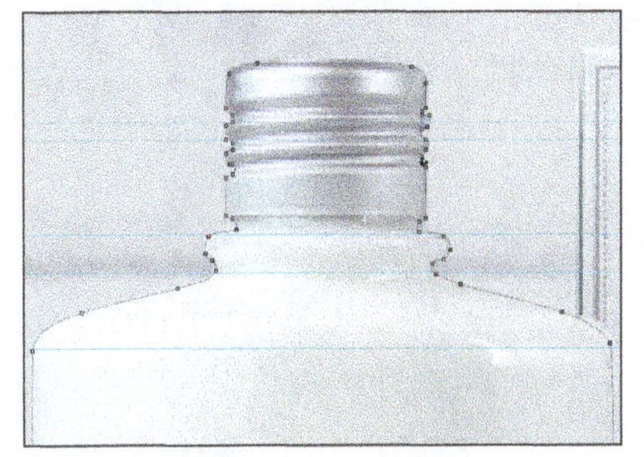

图1-51　编辑路径

经验之谈：

按住【Ctrl】键，移动路径上的锚点调整线条位置，选中锚点，拖动控制柄可调整曲线的弧度；释放【Ctrl】键，单击路径可添加锚点，单击已有锚点可删除锚点；按住【Alt】键，单击锚点可在平滑点与角点之间转换。

STEP 05 完成路径编辑后，按【Ctrl+Enter】组合键将路径转化为选区，按【Shift+F6】组合键，在打开的对话框中将“羽化半径”设置为“1像素”，单击 确定 按钮，如图1-52所示。

图1-52　将路径转化为选区并羽化选区

STEP 06 打开“润肤乳背景.jpg”图片（配套资源:\素材文件\第1章\润肤乳背景.jpg），选择“移动工具”，拖动选区到润肤乳背景中，按【Ctrl+T】组合键进入自由变换状态，按住【Shift】键，同时向右上方拖动右上角的控制点，放大图像，然后移动瓶子到画布的合适位置，如图1-53所示。

图1-53　添加背景

STEP 07 打开“花纹.psd”图像（配套资源:\素材文件\第1章\花纹.psd），选择“移动工具”，拖动素材到润肤乳背景中，调整大小与位置，如图1-54所示。

图1-54　添加素材

STEP 08 双击瓶子所在图层的缩略图，在打开的对话框的左侧列表中单击选中 投影 复选框，将“混合模式、不透明度、角度、距离、大小”分别设置为“正片叠底、30%、178度、8像素、24像素”，然后单击确定按钮，如图1-55所示。

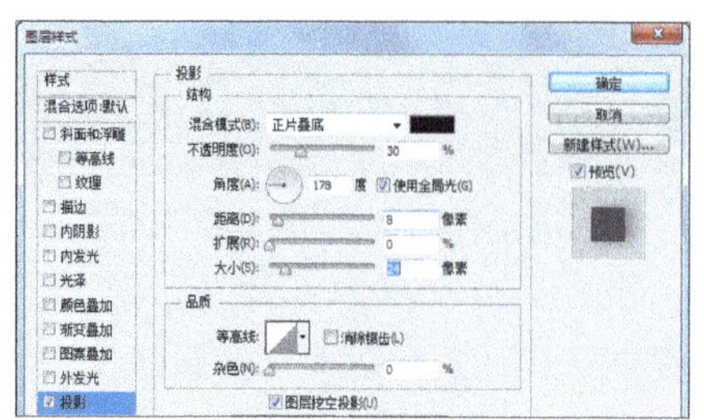

图1-55　添加投影

STEP 09 更换背景后的图片效果，如图1-56所示（配套资源:\效果文件\第1章\润肤乳.psd）。

图1-56　最终效果

1.4.4　毛发抠图

在抠取人物模特的头发或毛绒等物品时，一般的抠图方法既浪费时间，又达不到理想的效果，此时大家可利用Photoshop的调整边缘功能快速进行抠取。下面为人物头像的抠取方法，其具体操作如下。

微课：毛发抠图

STEP 01 打开“长发.jpg”图片（配套资源:\素材文件\第1章\长发.jpg），如图1-57所示。其边缘的发丝过细、边缘模糊，不易抠取。

图1-57　打开素材文件

STEP 02 选择“魔棒工具”，在工具属性栏中将“容差”值设置为“20”，按住【Shift】键加选背景，按【Ctrl+Shift+L】组合键反选，为人物创建选区，如图1-58所示。

图1-58　创建选区

STEP 03 在魔棒工具的工具属性栏中单击调整边缘...按钮，在打开的对话框中将“半径”设置为“2像素”，“羽化”设置为“1像素”，“对比度”设置为“10%”，“移动边缘”设置为“-15%”，“输出到”设置为“新建带有图层蒙版的图层”，如图1-59所示。

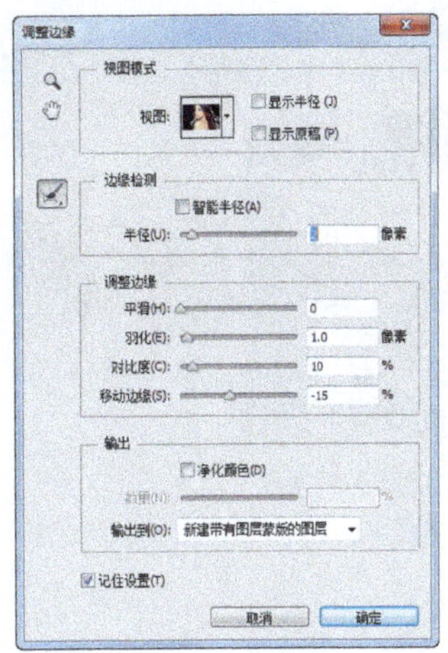

图1-59　设置“调整边缘”的参数

STEP 04 不关闭“调整边缘”对话框，在图像窗口中查看头发边缘的背景，此时并未完全隐藏，如图1-60所示。

图1-60　查看调整后的效果

STEP 05 在图像窗口的工具属性栏中设置画笔的“大小”为“20”，用其涂抹头发边缘与背景衔接的部分，隐藏背景，如图1-61所示。

图1-61　手动调整边缘

STEP 06 单击 确定 按钮，关闭“调整边缘”对话框，返回图像窗口，查看新建带有涂层蒙版的图层，此时原图层已经被隐藏，如图1-62所示。

图 1-62　查看调整边缘后的抠图效果

STEP 07 设置前景色为黑色，选择“画笔工具”，将画笔硬度设置为“0%”，将画笔不透明度设置为“50%”，将画笔大小设置为“2”，选择蒙版缩略图，使用画笔涂抹人物脖子周围未被隐藏的部分背景，将其隐藏，如图1-63所示。

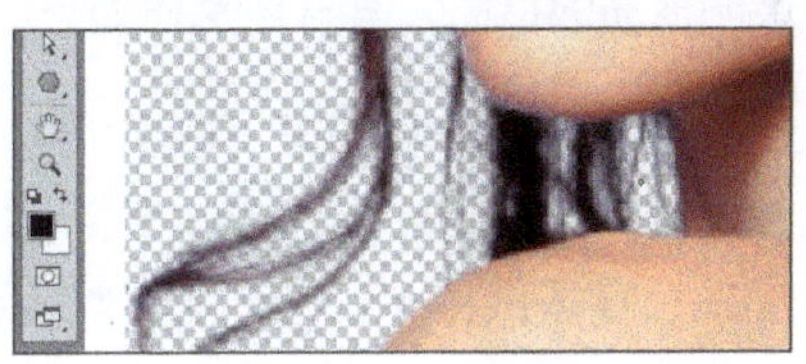

图1-63　细节修改

STEP 08 打开“人物背景.jpg”图片（配套资源:\素材文件\第1章\人物背景.jpg），选择“移动工具”，拖动抠取的图层到人物背景中，调整其大小与位置。更换背景后的图像如图1-64所示（配套资源:\效果文件\第1章\长发.psd）。

图1-64　最终效果

新手试练

请使用选区工具中的调整边缘功能对毛茸茸的毛线帽进行抠图，然后使用画笔工具编辑蒙版，调整抠图效果。原图、调整边缘图、效果图如图 1-65所示。

图1-65　抠取毛线帽

1.4.5　半透明物体抠图

网店美工在图片中抠取一些特殊的商品，如水杯、酒杯、婚纱、冰块、矿泉水等时，使用一般的抠图工具得不到想要的透明效果，此时可结合使用钢笔工具、图层蒙版和通道等进行抠图。下面以抠取婚纱为例，讲解半透明商品图片的抠图方法，读者可借鉴该方法进行其他半透明商品的抠图，其具体操作如下。

微课：半透明物体抠图

STEP 01 打开“婚纱.jpg”图片（配套资源:\素材文件\第1章\婚纱.jpg），如图1-66所示。按【Ctrl+J】组合键复制背景图层。

图1-66　打开素材文件

STEP 02 在工具箱中选择“钢笔工具”；沿着人物轮廓绘制路径，注意绘制的路径不包括半透明的婚纱部分，如图1-67所示。

图1-67　绘制路径

STEP 03 打开“路径”面板，将路径保存为“路径1”，如图1-68所示。

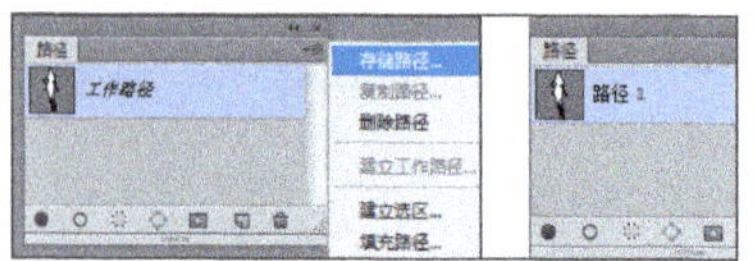

图1-68　储存路径

STEP 04 按【Ctrl+Enter】组合键，将绘制的路径转换为选区，单击“通道”面板中的“将选区储存为通道”按钮，创建“Alpha1”通道，选区自动填充为白色，如图1-69所示。

图1–69　新建通道

STEP 05 复制黑白对比更鲜明的“绿”通道，得到“绿 副本”通道，在“绿 副本”通道中继续使用“钢笔工具” 为背景创建选区，如图1-70所示。

图1–70　为背景创建选区

STEP 06 将前景色恢复为黑色，按【Alt+Delete】组合键将选区填充为黑色，如图1-71所示。按【Ctrl+D】组合键取消选区。

图1–71　填充选区

STEP 07 选择【图像】/【计算】命令，打开“计算”对话框，将源1通道设置为“Alpha1”，将混合模式设置为“相加”，单击 确定 按钮，如图1-72所示。

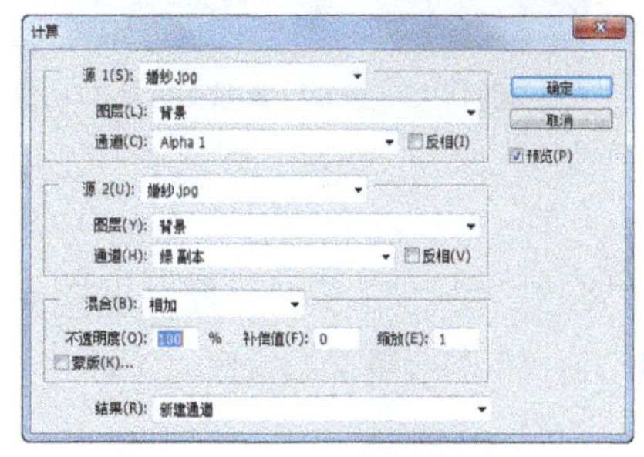

图1–72　计算通道1

STEP 08 查看计算通道的效果，得到Alpha2通道，如图1-73所示。

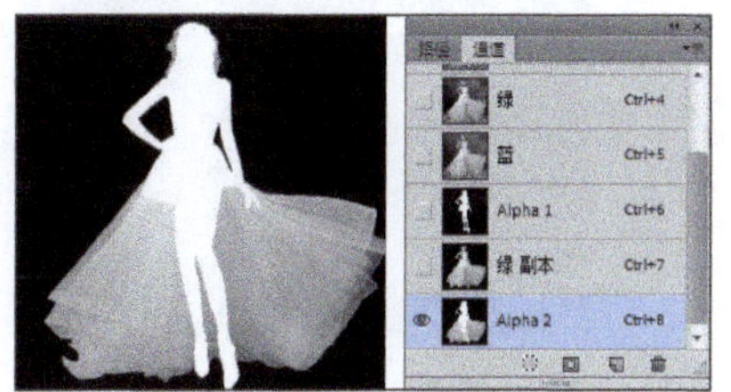

图1–73　查看计算通道效果1

STEP 09 再次打开“计算”对话框，将计算的图层分别设置为“合并图层”和“图层1”，将混合模式设置为“叠加”，单击 确定 按钮，如图1-74所示。

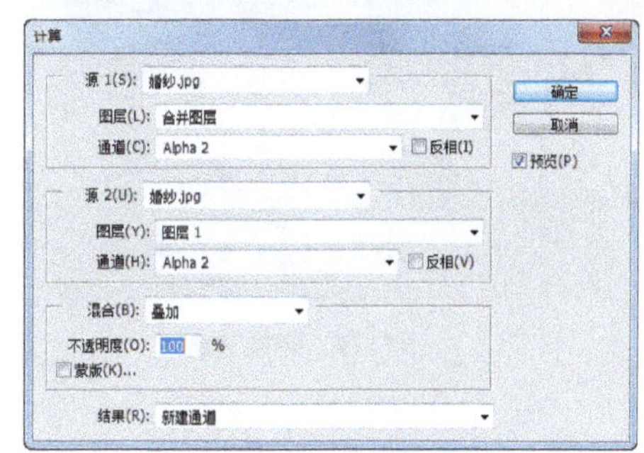

图1–74　计算通道2

STEP 10 查看计算通道的效果，得到Alpha3通道，如图1-75所示。

图1–75　查看计算通道效果2

STEP 11 在“通道”面板底部单击按钮，载入Alpha3通道的人物选区，切换到“图层”面板中，选择图层1，按【Ctrl+J】组合键复制选区到图层2上，如图1-76所示。

图1–76　复制选区

STEP 12 打开“婚纱背景.psd”图像（配套资源:\素材文件\第1章\婚纱背景.psd），将人物拖放到图像中“文本”图层下方，如图1-77所示。

图1–77　更换背景

经验之谈：

抠取婚纱的背景与添加的背景的差异度决定了抠图后的处理方式，由于本例添加的背景颜色较浅，因此需要进行提亮处理。

STEP 13 选择【图像】/【调整】/【阴影/高光】命令，打开“阴影/高光”对话框，单击选中 显示更多选项(O) 复选框，将“阴影数量、色调宽度、半径值”分别设置为“35%、50%、30像素”，将“高光数量、色调宽度、半径值”分别设置为“0%、50%、30像素”，将调整颜色矫正设置为“+20”，将中间调对比度设置为“+40”，单击 确定 按钮，然后返回图像窗口，查看提亮人物后的效果，如图1-78所示。

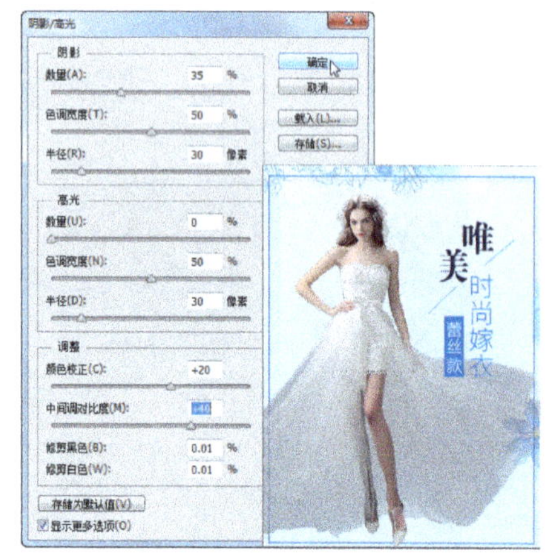

图1–78　设置阴影/高光参数

STEP 14 为婚纱部分创建选区，按【Ctrl+L】组合键，打开“色阶”对话框，将中间的滑块设置为“2.5”，减少裙子中的灰色阴影，单击 确定 按钮，设置色阶后的婚纱将变白，如图1-79所示。

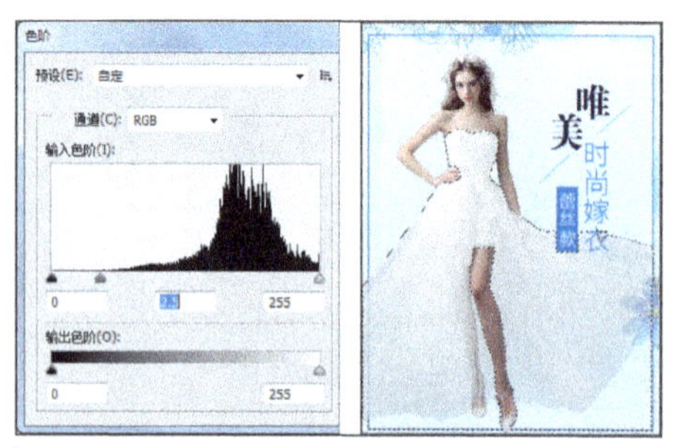

图1–79　设置色阶

STEP 15 调整色阶后婚纱会变得模糊，此时选择【滤镜】/【锐化】/【USM锐化】命令，在打开的对话框中将锐化“数量”设置为“79%”，将锐化“半径”设置为“2.5像素”，单击 确定 按钮，如此婚纱会变得清晰，如图1-80所示。

图1-80　锐化婚纱

STEP 16 按【Ctrl+J】组合键，将图层1中的婚纱选区复制到图层2中，在“图层”面板中将混合模式设置为“柔光”，这会使婚纱的层次感更强，如图1-81所示。

图1-81　混合婚纱图层

STEP 17 选择图层1，选择“加深工具”，将“范围”设置为“中间调”，将“曝光度”设置为“55%”，调整画笔大小，涂抹蕾丝与蝴蝶结部分，使其细节更加清晰，选择“橡皮擦工具”，设置其“硬度”为“50%”，设置“不透明度”为“55%”，调整画笔大小，涂抹擦除人物边缘的阴影，如图1-82所示。

图1-82　加深图像

STEP 18 新建图层3，将其移动到背景图层上方，将前景色设置为“#898989”，选择“画笔工具”，设置其“硬度”为“26%”，“不透明度”为“100%”，在新建的图层3上绘制人物的阴影，最后保存文件，完成本例的制作，如图1-83所示（配套资源:\效果文件\第1章\婚纱.psd）。

图1-83　最终效果

1.5 实战演练

下面我们将结合本章所讲解的Photoshop CS6的基本操作与抠图知识进行实战演练，以更换沙发图片、原汁机图片中的背景为例，巩固本章所学知识。

↘ 1.5.1　为沙发更换背景

卖家在网上销售沙发时，往往需要搭配背景与文字，来美化沙发的效果图。下面我们将以一张沙发的图片为例，讲解抠图与更换背景的方法，完成后的效果图如图1-84所示。

图1-84　更换背景的前后对比效果

1. 设计思路

处理该沙发图片的设计思路如下。

（1）为沙发创建选区，抠取沙发图像。

（2）将抠取的沙发图像移动到背景中，调整沙发的大小与位置。

（3）根据沙发的光影关系，在背景图上制作投影，使沙发与背景更加融合。

2. 知识要点

完成本例的制作，大家需要掌握以下知识。

（1）使用“快速选择工具”创建选区，按【Shift】键加选选区。

（2）按【Shift+F6】组合键羽化选区。

（3）设置前景色，使用“画笔工具”添加投影。

3. 操作步骤

以下为更换沙发背景的处理方法，其具体操作如下。

微课：为沙发更换背景

STEP 01 打开“沙发.jpg”图片（配套资源:\素材文件\第1章\沙发.jpg），使用“快速选择工具”在绿色的沙发上创建选区，按住【Shift】键，加选沙发腿，如图1-85所示。

图1-85　创建选区

STEP 02 按【Shift+F6】组合键，在打开的对话框中将“羽化半径”设置为“0.2像素”，单击确定按钮，如图1-86所示。

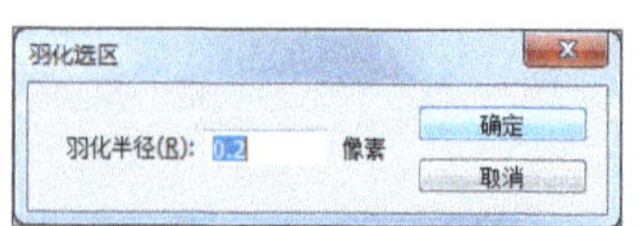

图1-86　设置羽化选区参数

STEP 03 切换到“图层”面板，按【Ctrl+J】组合键将选区复制到新建的图层1上，隐藏背景图层。沙发的抠图效果如图1-87所示。

图1-87　复制选区

STEP 04 打开“沙发背景.jpg”图片，（配套资源:\素材文件\第1章\沙发背景.jpg），将抠取的沙发图层拖动到背景窗口中，调整大小与位置，如图1-88所示。

图1-88　移动图像到背景中

STEP 05 在背景图层上方新建图层2，将其前景色设置为“#c9c9c9”，选择“画笔工具”，设置其“硬度”为“78%”，“不透明度”为“100%”，调整画笔大小，在新建的图层上绘制投影，完成本例的制作，如图1-89所示（配套资源:\效果文件\第1章\沙发.psd）。

图1-89　最终效果

1.5.2　为原汁机更换背景

背景是用来衬托商品主体的，网店美工如果在拍摄商品图片时没有很好地利用背景，其拍出的图片往往会显得单调。为了表现出原汁机的特色，我们在本例中将为其添加带有牛奶、气泡和文本说明的清新背景，并添加新鲜的橘子素材，点缀画面，增加画面的活力。原汁机更换背景的前后效果如图1-90所示。

图1-90　更换背景的前后对比效果

1. 设计思路

清新的绿色是种比较舒适、环保、健康的颜色，比较适合作为食品相关商品的背景色，因此本例将为原汁机添加绿色背景，其设计思路具体如下。

（1）首先将原汁机从灰色背景中抠取出来。

（2）然后为其更换绿色的背景，添加投影，使其与背景更好地融合在一起。

（3）最后添加橘子素材，将原汁机的投影效果复制到橘子上。

2. 知识要点

完成本例换背景的制作，大家需要掌握以下知识。

（1）选择“魔棒工具”，在工具属性栏中设置容差值，为背景创建选区，通过反选为图像创建选区。

（2）选择【窗口】/【路径】命令，利用“路径”面板将选区生成路径。

（3）选择“钢笔工具”，按住【Ctrl】键，单击选择路径，对路径进行锚点的添加、移动、删除等操作。

（4）双击图层，打开“图层样式”对话框，在其中根据需要设置投影参数，并复制图层样式。

微课：为原汁机更换背景

3. 操作步骤

下面是为原汁机更换背景的方法，其具体操作如下。

STEP 01 打开“原汁机.jpg”图片（配套资源:\素材文件\第1章\原汁机.jpg），选择“魔棒工具”，在工具属性栏中将其“容差”值设置为“20”，单击选择背景，按【Ctrl+Shift+I】组合键反选，为原汁机创建选区，如图1-91所示。

图1-91　创建选区

STEP 02 打开“路径”面板，单击面板底部的“从选区生成工作路径”按钮，选择“钢笔工具”，按住【Ctrl】键，单击选择路径，通过编辑路径上的锚点使路径更加精确，如图1-92所示。

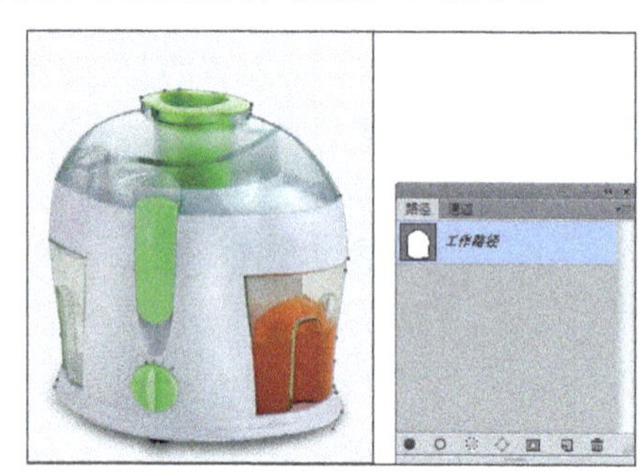

图1-92　编辑路径

经验之谈：

在抠取图像时，网店美工可灵活使用多种工具进行抠图，如本例使用魔棒工具创建选区后，由于商品边缘与背景的差值较少，创建选区后，部分边缘并不精确，因此可结合钢笔工具对选区进行编辑。

STEP 03 完成路径的编辑后，按【Ctrl+Enter】组合键将路径转换为选区，切换到“图层”面板中，按【Ctrl+J】组合键，将选区复制到新建的图层1上，如图1-93所示。

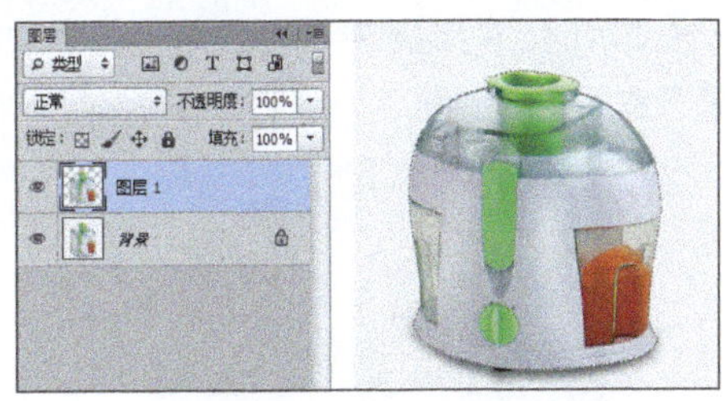

图1-93　将路径转换为选区并复制

STEP 04 打开“原汁机背景.jpg”图片（配套资源:\素材文件\第1章\原汁机背景.jpg），将抠取的原汁机图层拖动到背景窗口中，调整大小与位置，如图1-94所示。

图1-94　添加背景

STEP 05 双击原汁机所在图层的缩略图，在打开的对话框的左侧列表中单击选中【投影】复选框，将“混合模式、不透明度、角度、距离、大小”分别设置为“正片叠底、30%、87度、11像素、13像素”，单击【确定】按钮，如图1-95所示。

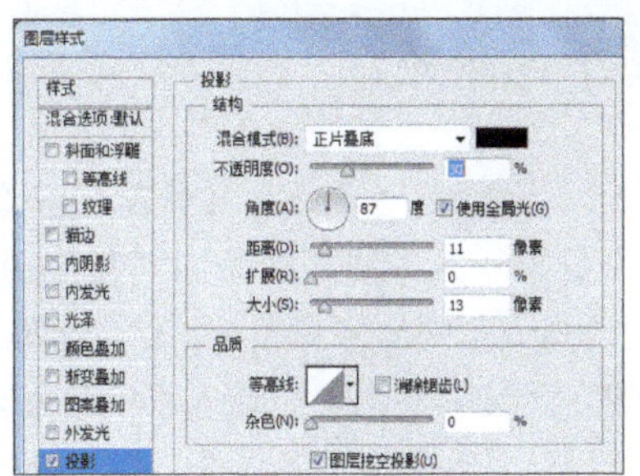

图1-95　添加投影

STEP 06 打开“橘子.jpg”图片（配套资源:\素材文件\第1章\橘子.jpg），为橘子图像创建选区，将其拖动到背景窗口中，生成图层2，按住【Ctrl+Alt】组合键，拖动“图层”面板中原汁机所在图层右侧的“图层样式”按钮 fx 到橘子所在的图层上，为橘子添加投影，如图1-96所示。

图1-96　添加素材并设置投影

STEP 07 调整橘子的大小与位置，完成本例的制作，如图1-97所示（配套资源:\效果文件\第1章\原汁机.psd）。

图1-97　最终效果

课后练习

（1）网店美工在处理某些商品图像时，需要抠取多个对象，本练习将同时抠取商品与人物图像，并将其分别添加到背景图像中（配套资源:\素材文件\第1章\洗发水.jpg、洗发水人物.jpg、洗发水背景.jpg）。抠取人物时，大家首先使用魔棒工具与反选功能选择人物，然后通过调整边缘抠取人物的头发丝，在抠取洗发水时，主要涉及了对钢笔工具的使用，处理前后的效果可参考图1-98（配套资源:\效果文件\第1章\洗发水.psd）。

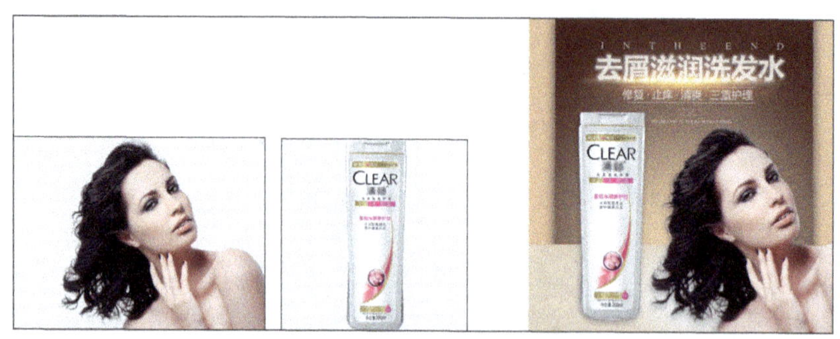

图1-98　处理前后的对比效果

（2）本练习将处理一张补水套装的图片（配套资源:\素材文件\第1章\补水套装.jpg、补水套装背景.jpg）。由于本图背景复杂，且背景颜色与商品的颜色相似，因此我们主要使用了钢笔工具进行精细抠图，然后将其背景颜色更换为与商品颜色更相近的粉色，更显甜蜜感，处理前后的效果可参考图1-99（配套资源:\效果文件\第1章\补水套装.psd）。

图1-99　处理前后的对比效果

第2篇　网店图片处理

第2章　图片调色

一般情况下，网店商品图片的后期处理不必太复杂，对拍摄的原始图片进行对比度、亮度、饱和度的调整即可出片。为了防止出现色差，大多数的图片是不调色的，尤其是服装类的商品图片。若由于拍摄光线、相机、环境等原因导致商品图片出现色差，网店美工就需要对偏色进行校正，使其符合实际情况。

学习目标：

* 认识图片调色的原则
* 熟悉如何使用调整图层调色

技能目标：

* 掌握提高图片亮度与对比度的方法
* 掌握调整图片的高光、阴影与中间调的方法
* 掌握图片偏色矫正的方法
* 熟悉使用特殊色调调色的方法

2.1 了解图片调色

商品在拍摄过程中，经常由于天气、灯光、拍摄角度、背景等原因，导致拍摄的图片亮度不够，或者色彩不够亮丽、画面模糊，此时网店美工可以通过Potoshop对图片的亮度、对比度、颜色进行相应的调整，使商品图片更加清晰亮丽、鲜艳夺目。

↘ 2.1.1 图片调色的原则

为了使调色后的商品图片更能满足买家视觉的需要以及店铺的需要，在进行图片调色时，网店美工需要掌握一定的调色原则。下面我们将对图片调色的原则进行介绍。

- 遵循感情色彩调色：很多人看到颜色漂亮的图片时会惊呼并很想拍出或者处理出同样漂亮的图片来，但是不同的图片，所针对的色彩感情也是不同的。色彩的感情和人类的感情一样，用得合适，则相得益彰，反之则会使图片看上去非常不和谐。色彩的感觉取决于你第一眼看到图片时产生的联想，如太阳是橙色的，月亮是黄色的，这不是个人意愿可以改变的。如图2-1所示，我们在调整第一张图片的色彩时，是依照第二张图片的唯美色调进行调整的，违背了事物本身的色彩感情，调出的效果特别不和谐，显得有些刺眼，效果图如第三张图片所示。而在调整第四张图片的色彩时，我们为图片添加了黄色调，营造出了大蒜苗和绿草在阳光下生长并充满生机的氛围，这既符合了色彩感情，又使图片看上去生机盎然。

图2-1 遵循感情色彩调色

- 整体色调自然：合理调整整体色调的色相、明度、纯度的关系等，能使整体色调自然平衡。图2-2所示为淘宝某店铺的图片，虽然图片上的商品款式不一样，但都选用了温暖的橙色调颜色，以突出衣服可爱、个性的特点，使整体色调和谐，并且营造出甜美的氛围。

图2-2 整体色调自然

- **图片偏色的调整：**对于明显偏色的图片，网店美工可以通过添加其他颜色，或通过增加该颜色的补色来减少该颜色的偏色度。
- **抓住调色的重点色：**重点色一般是图片中色调更强烈、与整体色调反差大、面积小的颜色，其作用是使画面整体的配色平衡。
- **色彩的分割：**使用白、灰、黑、金、银等中性色分割反差强烈的两种颜色，可以使色彩自然过渡。

2.1.2　使用调整图层调色

打开原始图片后，若直接选择亮度/对比度、曲线、色阶、色彩平衡等色彩调整命令对原图进行调色处理，当发现效果不理想或是中间的某一步调整失误想要修改时，会发现原始图片已经丢失，想要恢复比较麻烦；但若使用调整图层进行调色，可以在不改变原图像的情况下对图像进行颜色与色调的调整。调整图层具有较强的灵活性，可以随时删除、修改、隐藏或显示每一步的调整效果，并且不会对原图造成破坏。所以，对于网店美工而言，养成使用调整图层调色的习惯是很有必要的。以下为调整图层的常见操作方法。

- **新建调整图层：**在“图层”面板底部单击“创建新的填充或调整图层”按钮，在弹出的列表中选择调整命令，或执行【图层】/【新建调整图层】命令，在弹出的子菜单中选择相应的命令，都可以新建调整图层。图2-3所示为新建色彩平衡调整图层调整图像色彩的效果。

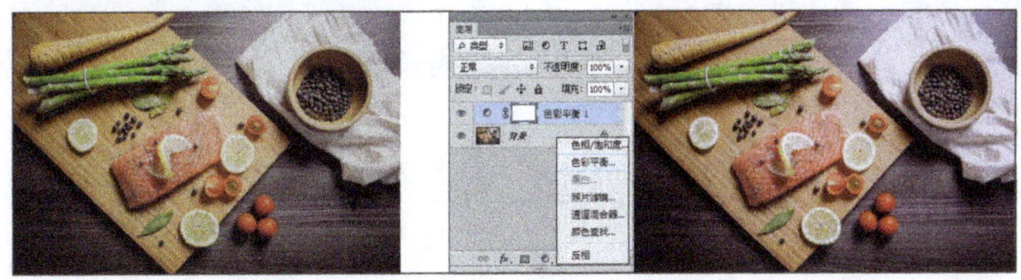

图2-3　新建调整图层

- **将调整应用于多个图层：**调整图层将应用于它下面的所有图层，因此我们将多张图片布局在一个画布中时不必单一地调整每个图层，移动调整图层的位置就可改变调整图层的影响图层。若在图像之间复制和粘贴调整图层，可将色调和色彩调整应用于其他图像。图2-4所示为将图2-3所示的色彩平衡图层拖动到运动鞋图像中的调整效果。

图2-4　将调整应用于多个图层

- **控制调整范围与调整强度：** 创建选区和蒙版可以控制调整图层的调整范围，同时使用不同灰度的画笔在调整图层上涂抹，可控制调整图层的调整强度。其中越靠近白色，调整强度越大；越靠近黑色，调整强度越弱，白色为应用调整，黑色为不应用调整。图2-5所示分别为整个图层应用调整效果，以及使用黑色画笔隐藏蓝色宝石以外的部分，使其不应用“色相/饱和度”的调整效果。

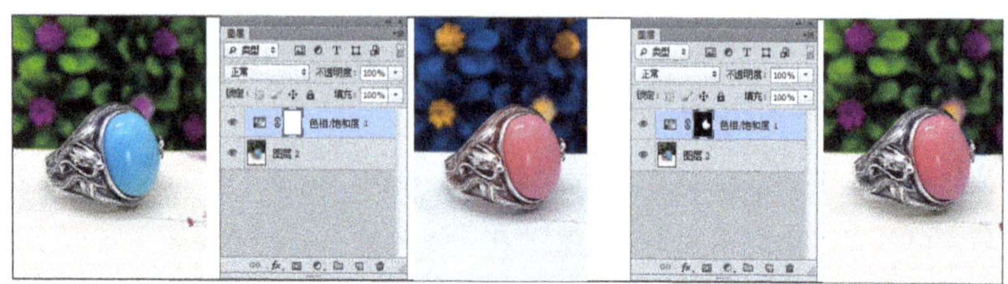

图2-5　更改宝石颜色

经验之谈：

为了更好地控制调整图层的调整范围，网店美工可在新建调整图层前对需要调整的部分创建选区。例如，调整上图的宝石颜色时，可先为宝石创建选区，然后执行【图层】/【新建调整图层】/【色相/饱和度】命令，在打开的面板中设置宝石颜色。

- **设置调整图层的不透明度与混合模式：** 选择调整图层，在“图层”面板中设置调整图层的不透明度与混合模式，可获得特殊的调整效果或改善调整效果。图2-6所示为在图2-5的基础上设置调整图层的混合模式（“线性叠加”和“点光”）后的效果。

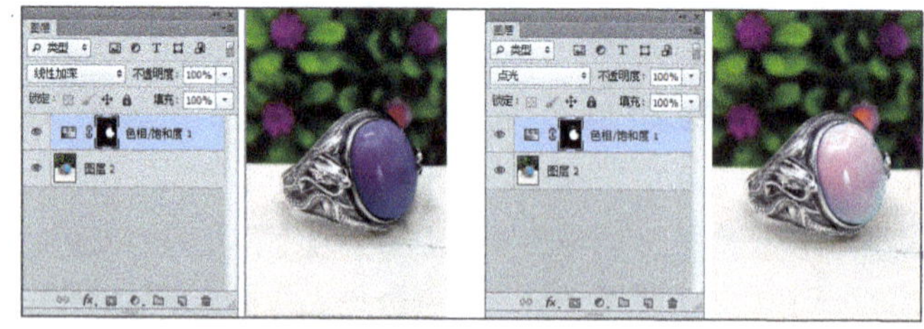

图2-6　设置调整图层的混合模式

- **编辑调整图层：** 双击“图层”面板中调整图层的第一张缩略图，可打开“调整”属性面板，网店美工可在此修改调整效果。
- **删除调整图层：** 选择调整图层，单击“图层”面板底部的“删除图层”按钮，即可删除调整图层，同时删除该调整图层上的效果。
- **隐藏或显示调整图层：** 单击调整图层前的眼睛图标，可隐藏和显示调整图层效果。

2.2 处理曝光不足或曝光过度的图片

由于技术、天气、时间等原因或条件所限，网店美工在拍摄商品图片时常遇到曝光过度或者曝光不足等拍摄问题，利用Potoshop中的亮度与对比度、色阶、曲线等调整命令，可以快速解决图片发灰、发暗、曝光过度的问题。

2.2.1　提高亮度与对比度

提高亮度是指提高图像整体的亮度，为了避免图像整体偏灰或发白，提高亮度往往需要和对比度调整同时进行。对比度是指一张图像明暗区域中最亮的白色和最暗的黑色之间的差异程度。明暗区域的差异范围越大，图像对比度越高；反之，明暗区域的差异范围越小，图像的对比度就越低。拥有适当对比度的图像，有一定的空间感、视觉冲击力和清晰的画面效果。下面将调整一幅图像的亮度与对比度，提高图片品质，其具体操作如下。

STEP 01 打开“马丁靴.jpg”图片（配套资源:\素材文件\第2章\马丁靴.jpg），如图2-7所示。该图像整体偏暗，并且颜色偏灰，边缘不清晰。

图2-7　打开素材文件

STEP 02 选择【图层】/【新建调整图层】/【亮度/对比度】命令，在打开的“属性”面板中将亮度值提高为“13”，对比度值提高为“55”，如图2-8所示。

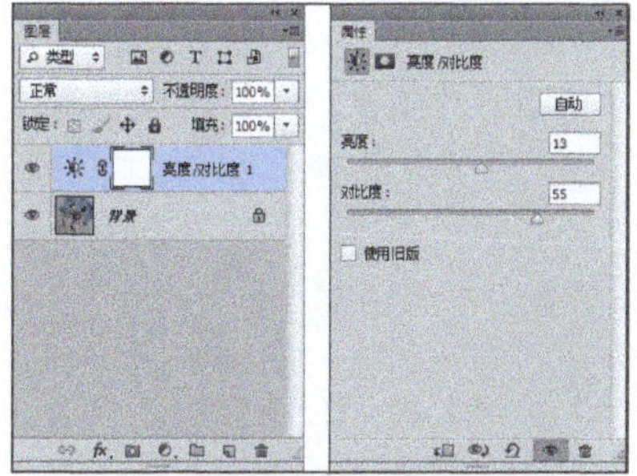

图2-8　提高亮度/对比度

经验之谈：

在“属性”面板中单击自动按钮可自动将图像中最深的颜色加强为黑色，最亮的颜色加强为白色，以提高图像的亮度和暗度的对比度。

STEP 03 查看调整后的效果，然后保存文件即可（配套资源:\效果文件\第2章\马丁靴.psd），如图2-9所示。

图2-9　最终效果

2.2.2　调整高光、阴影与中间调

高光是指图像中最亮的地方，阴影是指图像中最暗的地方，中间调是指除最暗和最亮的地方外的其他地方。调整高光、阴影与中间调，可以增加图像的层次感，合理分布图像

的光影。下面为利用“色阶”“曲线”与“阴影/高光”命令来调整图片的高光、阴影与中间调的方法。

1. 使用色阶命令调整

色阶就是用直方图描述出整张图像的明暗信息。利用色阶调整对比度的方法是将左边的黑色滑块向右移动确定直方图开始的位置，将右边的白色滑块向左移动确定直方图结束的位置。下面为利用“色阶”命令调整图像的曝光度，增加明暗对比，并将图像处理成白底图像的方法，其具体操作如下。

微课：调整色阶

STEP 01 打开“精华液.jpg”图片（配套资源:\素材文件\第2章\精华液.jpg），如图2-10所示。该图像颜色偏灰。

图2-10 打开素材文件

STEP 02 选择【图层】/【新建调整图层】/【色阶】命令，在打开的“属性”面板中将左侧滑块值设置为“27”，右侧滑块值设置为“244”，如图2-11所示。

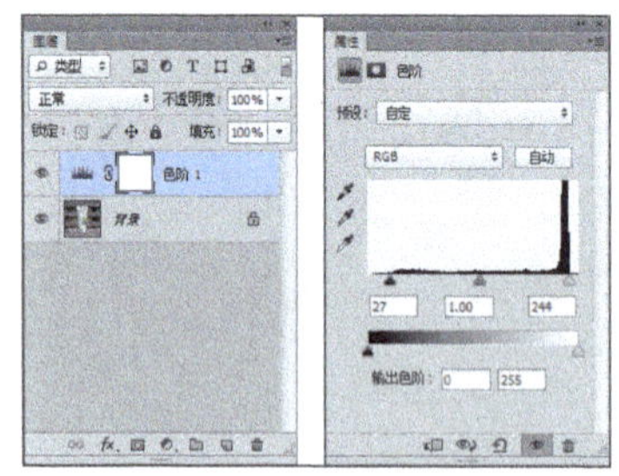

图2-11 调整色阶

经验之谈：

在色阶直方图中，黑色滑块表示暗调，灰色滑块表示中间调，白色滑块表示高光。若像素主要集中在左侧，表示图像偏暗；像素主要集中在右侧，表示图像偏亮；像素主要集中在中间，表示图像明暗对比不足；像素集中在两边，表示图像明暗对比太强烈。

STEP 03 调整色阶后的图像背景变白，瓶子的明暗对比效果增强，如图2-12所示。

图2-12 调整色阶后的效果

STEP 04 选择【图层】/【新建调整图层】/【曝光度】命令，在打开的“属性”面板中将曝光度值设置为“0.2”，给图像补光，如图2-13所示。

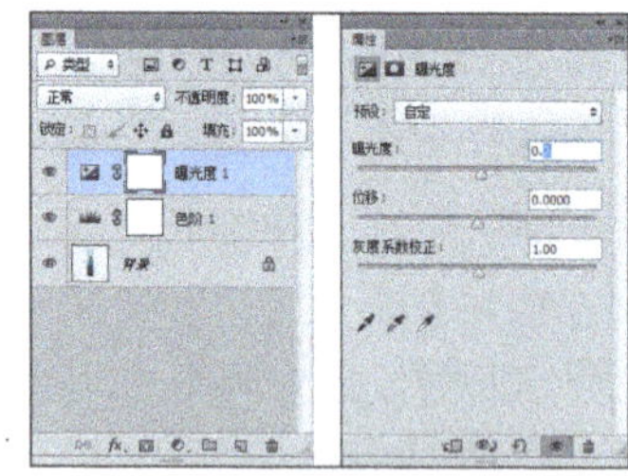

图2-13 增加曝光度

STEP 05 调整曝光度后的图像（配套资源:\效果文件\第2章\精华液.psd），明暗对比更加鲜明，能很好地体现瓶盖的剔透感，如图2-14所示。

图2-14 最终调整效果

新手试练

请你先调整童装实拍图片的亮度与对比度，然后利用“色阶”命令调整明暗对比，重点从背景中突出服装的轮廓，使调整后的服装更加清晰，参考效果如图 2-15 所示。

图2-15　童装调整前后的对比效果

2. 使用曲线命令调整

与使用色阶命令调整色调相比，使用曲线命令调整色调可以通过关键控制点精确地调整色调范围。网店美工可选择【图层】/【新建调整图层】/【色阶】命令，在打开的“属性”面板中通过拖动RGB通道的曲线快速完成调整。调整过程中可单击曲线添加控制点，拖动控制点可控制曲线的弧度。

（1）不同的曲线调整对对比度/亮度的效果影响

使用曲线调整时，曲线的形状直接影响调整后的对比度/亮度的效果，常见的曲线形状有S形曲线（提高图像的对比度）、反S曲线（降低图像的对比度）、曲线向上（提高图像的整体亮度）、曲线向下（降低图像的整体亮度），如图2-16所示。

① S 形曲线（提高图像的对比度　）

② 反 S 曲线（降低图像的对比度）

③ 曲线向上（提高图像的整体亮度）

④ 曲线向下（降低图像的整体亮度）

图2-16　不同的曲线调整对于对比度/亮度的效果影响

经验之谈：

曲线左下角的锚点用于控制亮度，向左拖动锚点可提高亮度，向右拖动锚点可降低亮度；右下角的锚点用于控制对比度，向上拖动锚点可降低对比度，向下拖动锚点可提高对比度。

（2）使用高光、阴影与中间调吸管调整

我们在调整色阶或调整曲线时，在打开的调整对话框中都会出现高光、阴影与中间调吸管，单击吸管后，可直接在图像中吸取高光、中间调和阴影像素，然后根据吸取的像素自动调整图像的亮度与对比度。下面为用“曲线”命令中的高光、阴影与中间调吸管调整“潮流风衣.jpg”图片的方法，其具体操作如下。

微课：使用高光、阴影与中间调吸管调整

STEP 01 打开“潮流风衣.jpg”图片（配套资源:\素材文件\第2章\潮流风衣.jpg），如图2-17所示。该图像整体偏暗，并且颜色偏灰，边缘不清晰。

图2-17　打开素材文件

STEP 02 选择【图层】/【新建调整图层】/【曲线】命令，在打开的“属性”面板中单击按钮，然后切换到图像窗口，单击黑色的裤子，自动调整图像暗部，如图2-18所示。

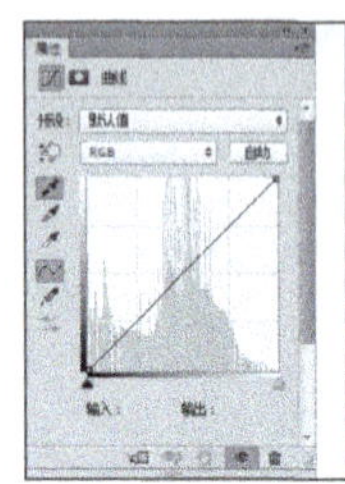

图2-18　调整图像暗部

STEP 03 单击按钮，然后切换到图像窗口，单击模特身后的墙壁，自动调整图像中间调，如图2-19所示。

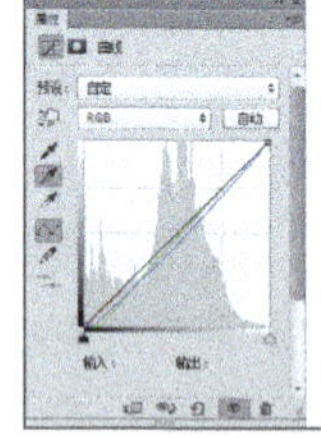

图2-19　调整图像中间调

STEP 04 单击按钮，然后切换到图像窗口，单击模特所穿的白色鞋子，自动调整图像高光，如图2-20所示。

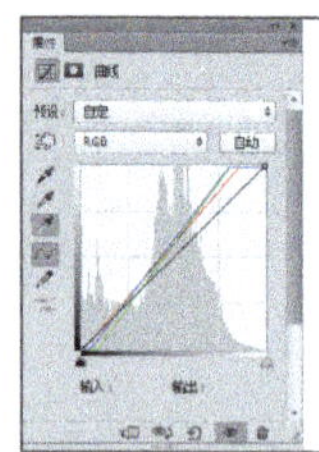

图2-20　调整图像高光

STEP 05 调整后的图像效果（配套资源:\效果文件\第2章\潮流风衣.psd），如图2-21所示。此时，图像变亮，并且对比度有所提高。

图2-21　最终效果

3. 使用“阴影/高光”命令调整

“阴影/高光”命令不仅能使图像变亮或变暗，而且能通过提亮或变暗图像中的阴影或高光的像素色调来修复图像中过亮或过暗的区域，从而使图像尽量显示更多的细节，非常适合校正因强逆光而出现剪影的图像，或修复图像中因接近闪光灯而有些发白的焦点。下面为使用“阴影/高光”命令调整“逆光.jpg”图片，使图片中的人物更加清晰的方法，其具体操作如下。

STEP 01 打开“逆光.jpg”图片（配套资源:\素材文件\第2章\逆光.jpg），如图2-22所示。在阳光的照射下，该图像画面十分朦胧。

图2-22　打开素材文件

STEP 02 按【Ctrl+J】组合键复制图层，如图2-23所示。

图2-23　复制图层

经验之谈：

由于“阴影/高光”命令无法使用调整图层进行调整，因而为了不破坏原片，我们在操作前需要先复制图层。

STEP 03 选择复制后的图层，选择【图像】/【调整】/【阴影/高光】命令，打开“阴影/高光”对话框，单击选中 ☑显示更多选项(O) 复选框，将“阴影数量、色调宽度、半径”分别设置为“30%、50%、50像素”，将“高光数量、色调宽度、半径”分别设置为“0%、50%、35像素”，将“调整颜色矫正”设置为“-15”，“中间调”对比度设置为“+30”，单击 确定 按钮，如图2-24所示。

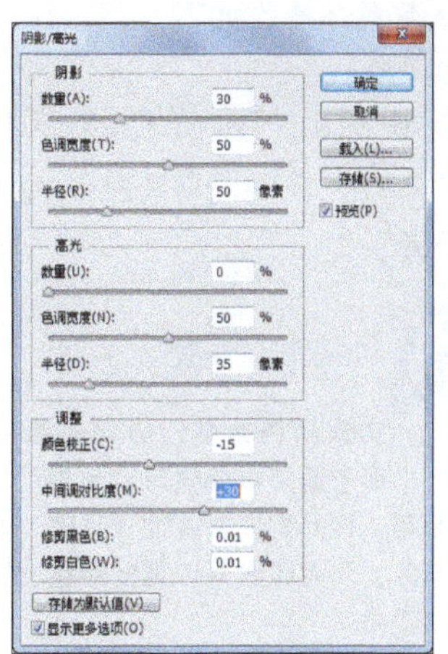

图2-24　设置“阴影/高光”参数

经验之谈：

"数量"用于设置阴影和高光的变亮程度；"色调宽度"用于控制阴影和高光的色彩修改范围；"半径"用于控制每个像素周围相邻像素的大小。

STEP 04 返回图像窗口，查看调整后的图像效果（配套资源:\效果文件\第2章\逆光.psd），如图2-25所示。

图2-25　图像调整效果

2.3 图片调色

商品图片调色可分为两个部分，即图片偏色矫正与图片特殊颜色调整。其中，图片偏色矫正是指还原图片本来的颜色，图片特殊颜色调整是指改变原图效果，制作一些有特殊风格的图片。

2.3.1 图片偏色矫正

大部分拍摄的商品图片都会有偏色问题，如阴天时拍摄的图片会偏淡蓝色，在荧光灯下拍摄的图片会偏绿色，而底片本身也可能导致图片偏色。为避免销售后期的纠纷，此时网店美工就需要对偏色的图片进行校正。有以下几个方法可以矫正偏色。

1. 使用"色相/饱和度"命令矫正单种颜色

"色相/饱和度"命令可以调整图像全图或单种颜色的色相、饱和度和明度，常被用于处理图像中不协调的单种颜色。下面为通过"色相/饱和度"命令调整"樱桃.jpg"图片的背景，使其颜色偏绿的方法，其具体操作如下。

微课：使用"色相/饱和度"命令矫正单种颜色

STEP 01 打开"樱桃.jpg"图片（配套资源:\素材文件\第2章\樱桃.jpg），如图2-26所示。

经验之谈：

背景颜色偏黄，会导致图片不够美观，由于图片中樱桃与手的颜色为红色系颜色，因此需要调整黄色通道，使其变为绿色，同时还要保证其他颜色通道不会发生变化。

图2-26　打开素材文件

STEP 02 选择【图层】/【新建调整图层】/【色相/饱和度】命令，打开"色相/饱和度”属性面板，在“预设”下方的下拉列表中选择“黄色”选项，在“色相”“饱和度”和“明度”数值框中分别输入“+20”“15”和“0”，如图2-27所示。

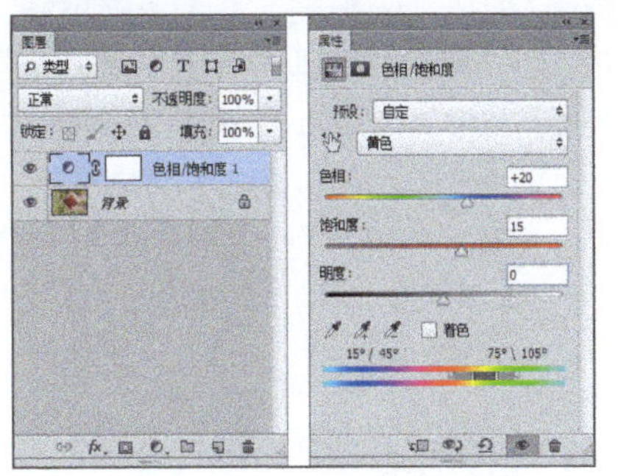

图2-27　调整可选颜色“黄色”

STEP 03 完成后的效果如图2-28所示（配套资源:\效果文件\第2章\樱桃.psd）。

图2-28　单色调整效果

2. 使用“色彩平衡”命令矫正图像颜色

“色彩平衡”命令可以更改图像总体颜色的混合程度，常被用于普通的色彩矫正。下面为通过“色彩平衡”命令调整“薰衣草香袋.jpg”图片颜色的方法，其具体操作如下。

微课：使用“色彩平衡”命令矫正图像颜色

STEP 01 打开“薰衣草香袋.jpg”图片（配套资源:\素材文件\第2章\薰衣草香袋.jpg），如图2-29所示。图像颜色为偏蓝色。

图2-29　打开素材文件

STEP 02 选择【图层】/【新建调整图层】/【色彩平衡】命令，打开“色彩平衡”属性面板，在“色调”下拉列表中选择“中间调”选项，再在“青色-红色”“洋红-绿色”和“黄色-蓝色”的数值框中分别输入“-8”“10”和“-50”，减少图像中的红色、蓝色，增加绿色，如图2-30所示。

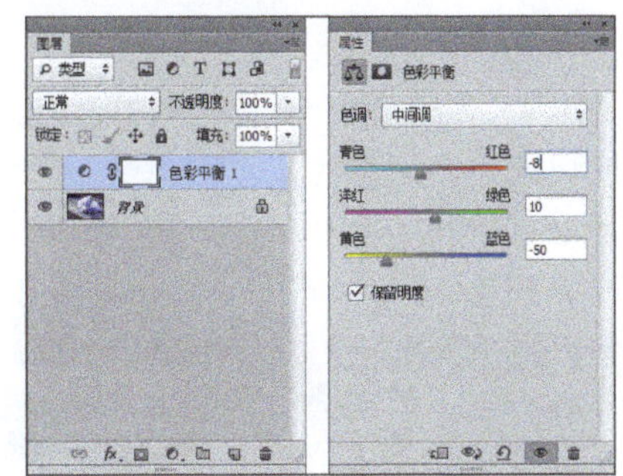

图2-30　调整中间调

STEP 03 在“色调”下拉列表中选择“阴影”选项，再在“洋红-绿色”数值框中输入“20”，增加暗部的绿色；在“色调”下拉列表中选择“高光”选项，在“青色-红色”数值框中输入“12”，为偏青色的高光补充红色，如图2-31所示。

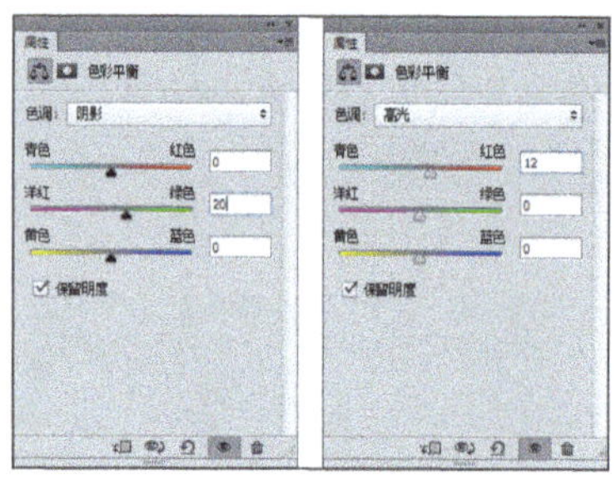

图2-31 调整色调

STEP 04 调整后的效果如图2-32所示（配套资源:\效果文件\第2章\薰衣草香袋.psd）。

图2-32 最终效果

3. 使用“匹配颜色”命令矫正偏色

使用“匹配颜色”命令中的中和功能，可以快速矫正图像的偏色。下面为通过“匹配颜色”命令矫正偏黄的“沙桶.jpg”图片的方法，其具体操作如下。

微课：使用“匹配颜色”命令矫正偏色

STEP 01 打开“茶桶.jpg”图片（配套资源:\素材文件\第2章\沙桶.jpg），如图2-33所示。该图像颜色偏黄。

图2-33 打开素材文件

STEP 02 按【Ctrl+J】组合键复制图层，选择复制的图层，选择【图像】/【调整】/【匹配颜色】命令，打开“匹配颜色”对话框，单击选中☑中和(N)复选框，此时偏色得到矫正，但图像偏暗，并且颜色沉闷，因此分别在“明亮度”“颜色强度”“渐隐”数值框中输入“200”“125”和“25”，单击 确定 按钮，如图2-34所示。

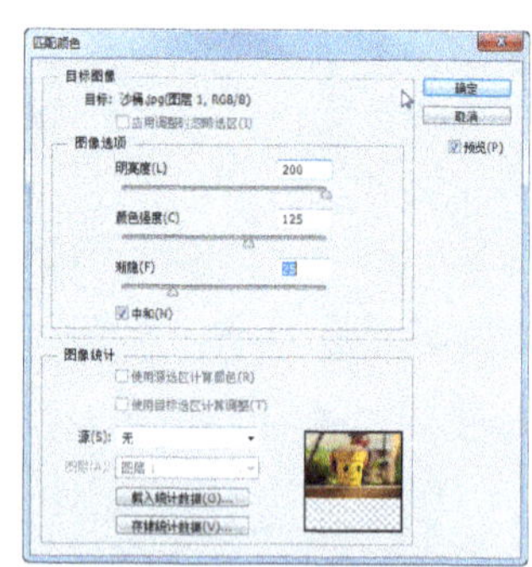

图2-34 匹配颜色

STEP 03 返回图像窗口，查看调整后的色彩效果，完成后的效果如图2-35所示（配套资源:\效果文件\第2章\沙桶.psd）。

图2-35 最终调整效果

新手试练

下面对男鞋图片进行偏色处理。首先使用“匹配颜色”命令快速矫正偏色，其次使用“色彩平衡”命令适当添加红色，最后适当提高图像的亮度与对比度，完成对男鞋图片的处理，如图2-36所示。

图2-36 最终效果

↘ 2.3.2　图片特殊颜色调整

特殊颜色调整是指为了满足需要，更改商品图片中商品的颜色，或调整图片的色调和颜色，以获得个性化的视觉效果。下面我们将利用“可选颜色”“替换颜色”“曲线”命令来进行特殊调色处理。

1. 使用“可选颜色”命令更改单种颜色

微课：使用“可选颜色”命令更改单种颜色

“可选颜色”命令可以对图像中的某种颜色进行有针对性的修改，同时不影响图像中的其他颜色。它主要是通过控制印刷油墨的含量来控制颜色的，其可控的颜色包括青色、洋红、黄色和黑色。下面为通过“可选颜色”命令将“冰淇淋.jpg”图片中的黄色背景加深的方法，其具体操作如下。

STEP 01 打开“冰淇淋.jpg”图片（配套资源:\素材文件\第2章\冰淇淋.jpg），如图2-37所示。图像颜色偏黄，且画面有些朦胧。

图2-37　打开素材文件

STEP 02 选择【图层】/【新建调整图层】/【可选颜色】命令，在打开的“属性”面板中的“颜色”下拉列表中选择“黄色”选项，将“黄色”和“黑色”分别设置为“+100”，接着选择“红色”选项，进行相同设置，增加背景黄色的浓度，如图2-38所示。

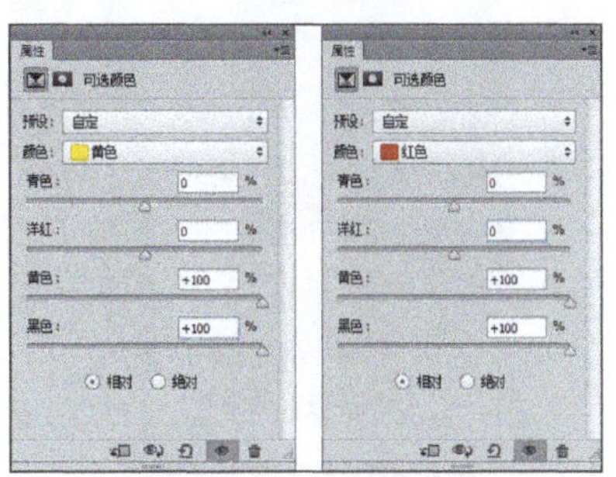

图2-38　设置背景浓度

STEP 03 在图像窗口查看调整后的图像效果，此时背景与商品的对比更加鲜明，图像色彩更加艳丽，如图2-39所示（配套资源:\效果文件\第2章\冰淇淋.psd）。

图2-39　最终效果

2. 使用“替换颜色”命令替换颜色

微课：使用“替换颜色”命令替换颜色

使用“替换颜色”命令可以将图像中所选择的颜色替换为其他颜色，并且可以对选中颜色的色相、饱和度和亮度进行调整。下面为通过“替换颜色”命令将“女大衣.jpg”图片中的红色替换为玫红色的方法，其具体操作如下。

STEP 01 打开“女大衣.jpg”图片（配套资源:\素材文件\第2章\女大衣.jpg），如图2-40所示，按【Ctrl+J】组合键复制图层。

图2-40 打开素材文件

STEP 02 选择复制的图层，使用魔棒工具为红色大衣创建选区，创建过程中，按住【Shift】键可加选选区，按住【Alt】键可减选选区。创建完成后选择【选择】/【修改】/【扩展】命令，在打开的对话框中将扩展量设置为“2像素”，单击 确定 按钮，如图2-41所示。

图2-41 创建并扩展选区

STEP 03 选择【图像】/【调整】/【替换颜色】命令，打开“替换颜色”对话框，单击按钮，在图像窗口中单击红色大衣吸取颜色，单击选中 选区(C) 选项（白色区域为颜色替换的范围），在“颜色容差”数值框中输入“200”，在“替换”栏中将“色相”和“饱和度”分别设置为“-32”“5”，单击 确定 按钮，如图2-42所示。

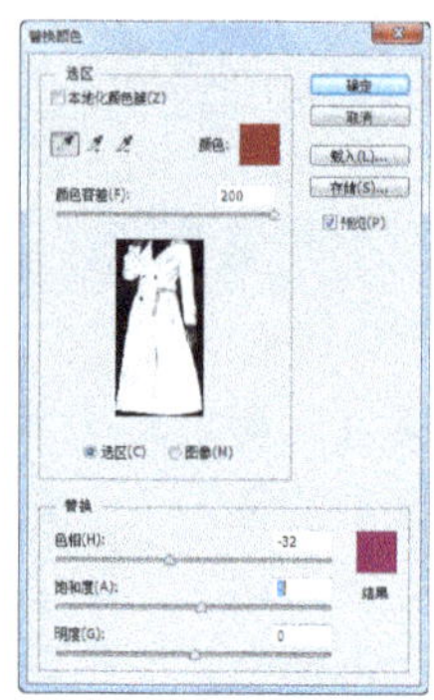

图2-42 设置替换颜色

STEP 04 返回图像窗口，按【Ctrl+D】组合键取消选区，此时大衣颜色已经由红色变为玫红色，如图2-43所示（配套资源:\效果文件\第2章\女大衣.psd）。

图2-43 最终效果

3. 使用“曲线”命令快速调色

使用“曲线”命令可以快速为图像添加特殊的色调。下面为通过“曲线”命令的“蓝色”通道为“婚鞋.jpg”图片添加梦幻蓝光效果的方法，其具体操作如下。

STEP 01 打开“婚鞋.jpg”图片（配套资源:\素材文件\第2章\婚鞋.jpg），如图2-44所示。

图2-44　打开素材文件

STEP 02 选择【图层】/【新建调整图层】/【曲线】命令，在打开的“属性”面板中拖动曲线，调整图像的亮度与对比度，如图2-45所示。

图2-45　调整亮度与对比度

STEP 03 在“预设”下方的下拉列表中选择“蓝”通道，向上拖动曲线为图像添加蓝色调，如图2-46所示，然后查看图像调整效果（配套资源:\效果文件\第2章\婚鞋.psd）。

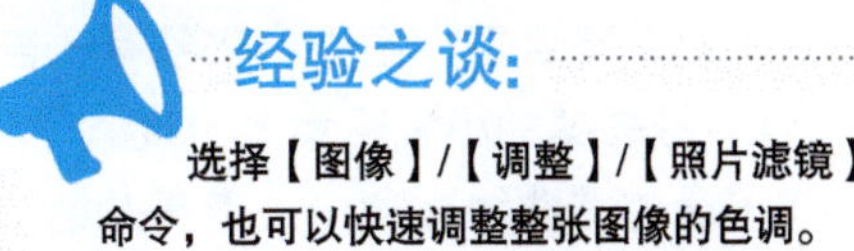

经验之谈:

选择【图像】/【调整】/【照片滤镜】命令，也可以快速调整整张图像的色调。

图2-46　添加蓝色调

2.4 实战演练

下面我们将结合本章所讲解的调色知识进行实战演练，以童装图片调色和打造街拍风格的图片为例，巩固本章所学知识。

2.4.1　童装调色

为了使拍摄的服装图片更加美观，网店美工往往都需要对图片背景进行更换，并适当调整色彩与光线，提高图片的对比度与色彩鲜艳度。下面我们将以一张童装套裙的图片为例，讲解调色处理的方法，其调色处理完成后的效果如图2-47所示。

图2-47　童装调色处理前后对比效果

1. 设计思路

处理该服装图片的设计思路如下。

（1）首先将图像中的服装抠取出来，以方便结合白色背景调整服装色彩。

（2）抠取的服装在白色背景下，颜色明显暗黄，且杂色较多，由于本例处理的是白色T恤，因此需要提高图像浅土黄色的明度，使其颜色偏白。

（3）由于图像稍微偏暗，因此可通过“色阶”命令提高服装的亮度。

（4）调整亮度后，图像中仍然有一部分黄色存在，因此需要去掉中间调的黄色值，用蒙版恢复被去掉的小猫图案上的黄色。

（5）通过“曲线”命令，提高杂色部分的亮度，达到去除杂色的目的，注意保留褶皱与缝纫线部分。

（6）添加粉色的条纹背景，美化服装图像，使其更加富有童趣。

2. 知识要点

大家若想完成本例的制作，需要掌握以下知识。

（1）使用“快速选择工具”创建选区，并羽化选区，然后将选区移动到新建的文件中。

（2）在“图层”面板底部单击“创建新的填充或调整图层”按钮，再在弹出的列表中选择调整命令，或选择【图层】/【新建调整图层】命令，新建调整图层。

（3）使用蒙版和“画笔工具”，控制色彩调整的范围。

（4）选择“替换颜色”“色阶”“可选颜色”“曲线”命令，调整图像颜色。

微课：童装调色

3. 操作步骤

下面为对童装图片进行处理的方法，其具体操作如下。

STEP 01 打开“童装.jpg”图片（配套资源:\素材文件\第2章\童装.jpg），使用“快速选择工具”在白色的服装上创建选区，按【Shit+F6】组合键打开“羽化选区”对话框，将羽化半径设置为“1.2像素”，单击 确定 按钮，如图2-48所示。

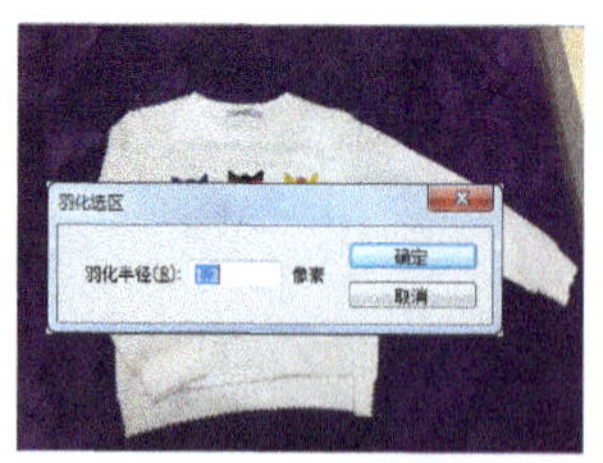

图2-48　羽化选区

STEP 02 选择【文件】/【新建】命令，在打开的对话框中将其名称设置为“童装”，将“高度”和“宽度”均设置为“800像素”，将分辨率设置为“72像素/英寸”，“背景内容”设置为“白色”，单击 确定 按钮，新建白色背景图像，如图2-49所示。

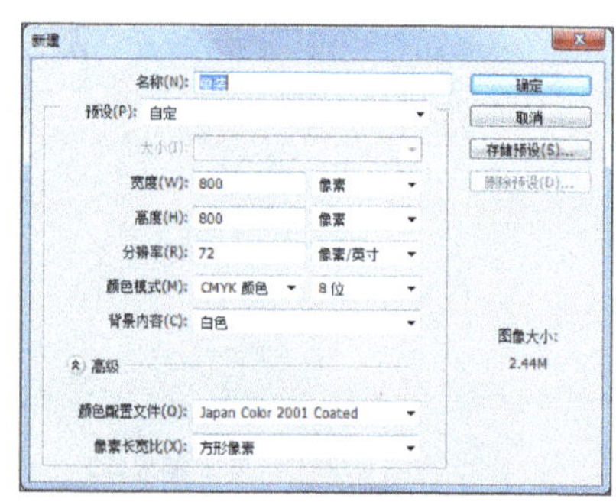

图2-49　新建白色背景图像

STEP 03 选择“移动工具”，切换到图像所在窗口，将衣服选区拖动到新建的图片中，如图2-50所示。

图2-50　移动图像到白色背景中

STEP 04 选择【图像】/【调整】/【替换颜色】命令，打开“替换颜色”对话框，单击按钮，在图像中杂色较明显的袖子处吸取颜色，单击选中 选区(C) 单选项，在“颜色容差”数值框中输入“200”，在“替换”栏中将“明度”设置为“25”，单击 确定 按钮，如图2-51所示。

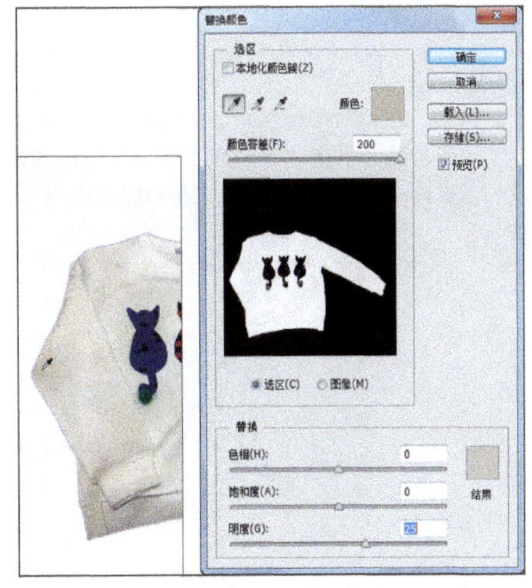

图2-51　替换颜色

STEP 05 返回查看图像，此时图像中的杂色相对减淡，效果如图2-52所示。

图2-52　减淡杂色

STEP 06 选择【图层】/【新建调整图层】/【色阶】命令，在打开的“属性”面板中将左侧滑块值设置为“12”，右侧滑块值设置为“243”，如图2-53所示，完成后图像变亮。

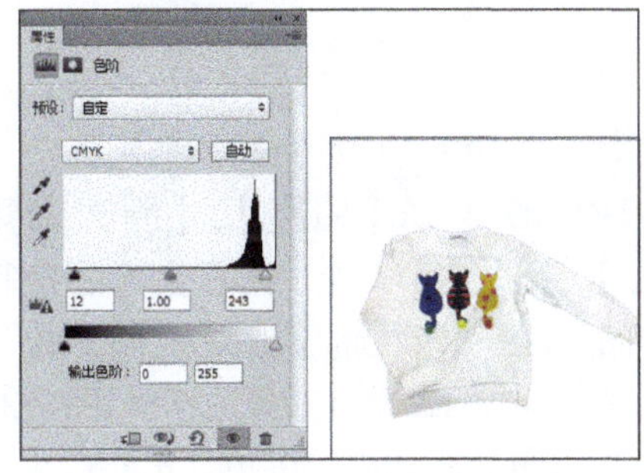

图2-53　调整色阶

STEP 07 选择【图层】/【新建调整图层】/【可选颜色】命令，在打开的“属性”面板中的“颜色”下拉列表中选择“中性色”选项，将“黄色”设置为“-28”，减少图像中的黄色，如图2-54所示，此时图像中黄色小猫的颜色发生变化。

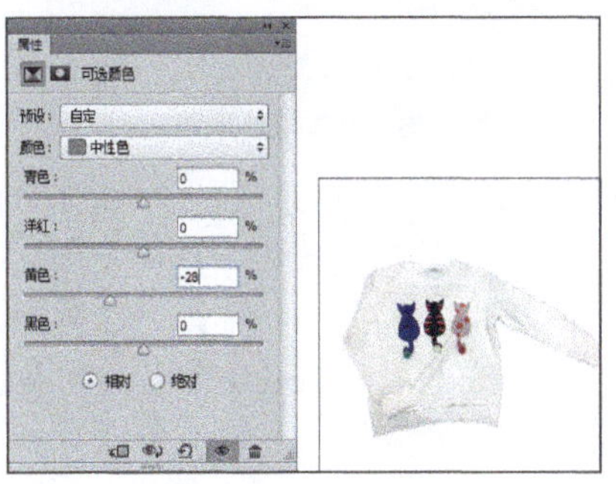

图2-54　减少图像中的黄色

STEP 08 在“图层”面板中选择“选取颜色1”图层中的白色蒙版，选中蒙版后，其四角增加边框线，如图2-55所示。将前景色设置为“黑色”，选择“画笔工具”，将画笔硬度设置为“0%”，不透明度设置为“70%”，调整画笔大小，用画笔涂抹小猫图案，使其恢复黄色。

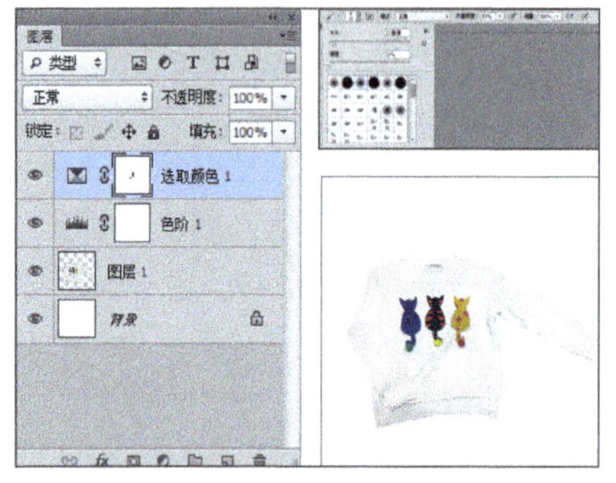

图2-55　恢复小猫的黄色

STEP 09 选择【图层】/【新建调整图层】/【曲线】命令，将左上方的控制点向下方拖动，将输出值更改为“49”，如图2-56所示，此时图像变亮，图像的对比度降低，图像中的杂色几乎不可见。

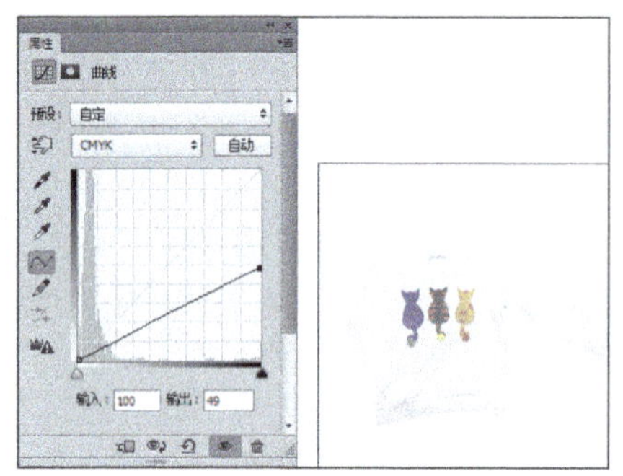

图2-56　提高亮度并降低对比度

STEP 10 在“图层”面板中选择“曲线1”图层中的白色蒙版，选中蒙版后，其四角增加边框线，将前景色设置为“黑色”，按【Alt+Delete】组合键将蒙版填充为“黑色”；将前景色设置为“白色”，选择“画笔工具”，将画笔硬度设置为“0%”，不透明度设置为“50%”，调整画笔大小，使其涂抹袖子等地方的杂色，此时杂色部分得以隐藏，如图2-57所示。

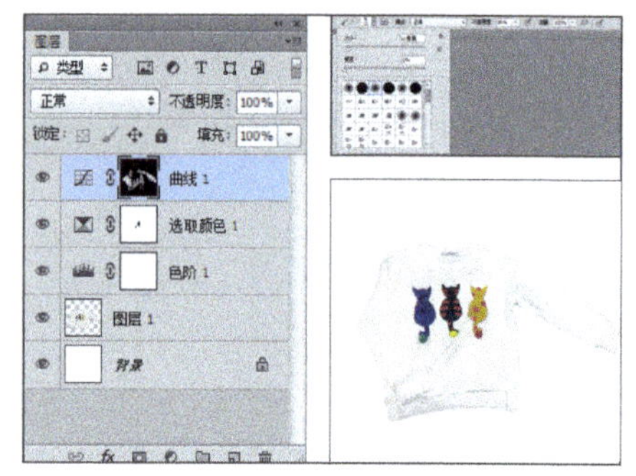

图2-57　去掉杂色

STEP 11 选择【文件】/【置入】命令，在打开的对话框中选择素材的路径，双击“粉色背景.jpg”图片（配套资源:\素材文件\第2章\粉色背景.jpg），置入背景图像，将背景图层拖动到白色背景上方，完成本例的制作，效果如图2-58所示（配套资源:\效果文件\第2章\童装.psd）。

经验之谈：

在调整图像色彩后，图像中的一些细节可能会丢失，此时网店美工可通过加深工具对缝纫线和褶皱处进行加深处理。

图2-58　最终效果

↘2.4.2　打造街拍图片风格

为了展示网店的特色，许多淘宝卖家会使用街拍图片。街拍图片广泛用于服装、鞋、箱包、围巾等商品中。而街拍的图片若不经过特殊处理，效果往往不理想。下面我们以处理服装街拍图片为例，为街拍图片打造暖色系的效果，如图2-59所示。

图2-59　处理前后的对比效果

1. 设计思路

淡淡的暖色是种比较舒适的颜色，将图片处理成暖色的设计思路如下。

（1）使用“色彩平衡”命令选择中间调调整，可以快速将图像调整为暖色系的图像。

（2）使用“可选颜色”命令来调整局部颜色，增加补光。

（3）使用“色彩平衡”命令选择高光调整，添加红色与蓝色，对图像中人物的皮肤与衣服的颜色进行渲染。

2. 知识要点

完成本例图片的制作，大家需要掌握以下知识。

（1）选择【图层】/【新建调整图层】/【色彩平衡】命令，设置“色彩平衡”参数。

（2）选择【图层】/【新建调整图层】/【可选颜色】命令，设置“可选颜色”参数。

微课：打造街拍图像风格

3. 操作步骤

下面为暖色系图片的制作方法，其具体操作如下。

STEP 01 打开“街拍.jpg”图片（配套资源:\素材文件\第2章\街拍.jpg），选择【图层】/【新建调整图层】/【色彩平衡】命令，打开“色彩平衡”属性面板，在“色调”下拉列表框中选择“中间调”选项，在“青色-红色”“洋红-绿色”和“黄色-蓝色”数值框中分别输入“0”“0”和“-49”，增加黄色，如图2-60所示。

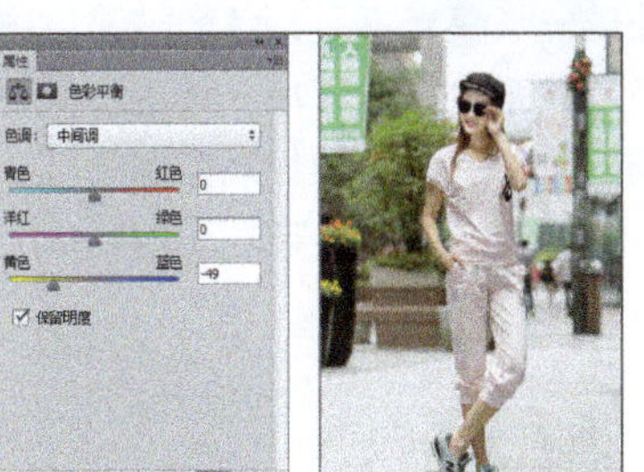

图2-60　增加黄色

STEP 02 选择【图层】/【新建调整图层】/【可选颜色】命令，在打开的“属性”面板中的“颜色”下拉列表框中选择“黄色”选项，在“青色”“洋红”“黄色”数值框中分别输入“-36”“30”“-13”，减少黄色与青色，添加洋红色，如图2-61所示。

图2-61　为黄色添加洋红色补光

STEP 03 在“颜色”下拉列表框中选择“绿色”选项，在“青色”“洋红”“黄色”数值框中分别输入“-99”“100”“-24”，为绿色添加洋红色的补光，如图2-62所示。

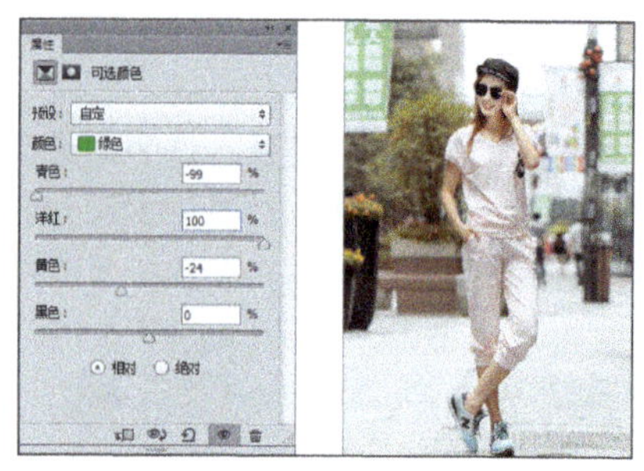

图2-62　为绿色添加洋红色的补光

STEP 04 选择【图层】/【新建调整图层】/【色彩平衡】命令，打开“色彩平衡”属性面板，在“色调”下拉列表框中选择“高光”选项，在“青色-红色”“洋红-绿色”和“黄色-蓝色”数值框中分别输入“6”“0”和“9”，为高光添加补色，使暖色调图像更加自然，最终效果如图2-63所示（配套资源:\效果文件\第2章\街拍.psd）。

图2-63　最终效果

课后练习

（1）网店美工在处理色彩鲜艳的商品图像时，需要增加图像色彩的饱和度。本练习将处理一张曝光不足、色彩暗淡的咖啡杯图片（配套资源:\素材文件\第2章\咖啡杯.jpg），处理后的图片颜色鲜艳、美观。处理时，我们首先使用“曲线”命令提高图像亮度，然后使用“色阶”命令增加明部和暗部的对比度，最后使用“色彩平衡”命令去掉背景中的黄色，调整前后的效果可参考图2-64（配套资源:\效果文件\第2章\咖啡杯.psd）。

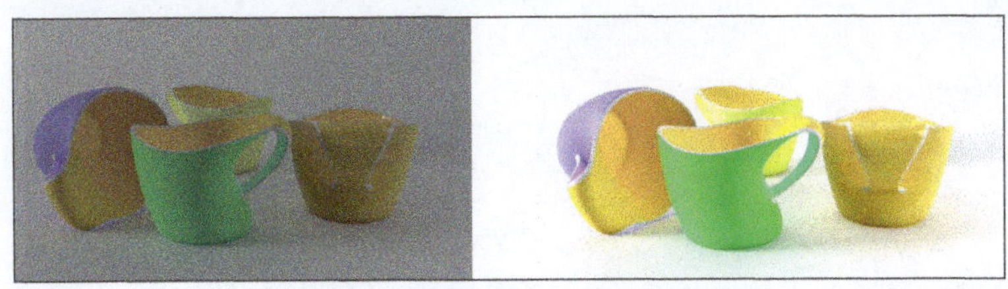

图2-64 调整前后的对比效果

（2）本练习将处理一张曝光不足、色彩暗淡的皮鞋图片（配套资源:\素材文件\第2章\皮鞋.jpg），处理后图片中皮鞋的光泽度提高，图片背景绿意浓烈、生机盎然。处理该图片时，我们首先需要适当提高图像的亮度与对比度，然后使用“可选颜色”命令对背景中的绿色进行渲染，调整前后的效果可参考图2-65（配套资源:\效果文件\第2章\皮鞋.psd）。

图2-65 调整前后的对比效果

第3章　图片修饰

图片是网店的灵魂，卖家要想将网店经营好，就一定要学会对图片进行处理。好的图片可以提高商品交易的成功率。网店美工除了可以对商品图片进行调色处理外，还可以对其进行适当的修饰，使其更加完美，如去除污点杂质、美化模特、制作金属质感的效果、添加文本修饰、制作高光与发光效果等。本章将对图片修饰的常见手法进行讲解。

学习目标：

* 认识涂抹、锐化与模糊工具
* 认识加深与减淡工具
* 认识橡皮擦工具
* 认识仿制图章工具
* 认识污点修复与修补工具
* 认识文本与形状工具

技能目标：

* 掌握污点去除、模特美化的方法
* 掌握高光、发光、背景虚化的制作方法
* 熟悉材质光滑处理的方法
* 熟悉金属材质制作的方法
* 掌握提高图片清晰度的方法
* 掌握添加文本、图形元素的方法

3.1 修饰商品图片

不同的商品图片所使用的修饰方法也有所不同，如要体现金属商品图片的金属感，就需要对其进行渐变填充处理；要使图片中的模特显瘦，就需要对其进行液化处理。本章将介绍修饰商品图片的几种常见方法。

3.1.1 清除商品上的污迹

微课：清除商品上的污迹

拍摄的商品图片上很可能因为商品本身有污渍或拍摄环境不当，而有其他物品的影子或杂点，此时网店美工可利用内容识别填充功能和内容感知移动工具来快速对其进行处理，其具体操作如下。

STEP 01 打开“小白鞋.jpg”图片（配套资源:\素材文件\第3章\小白鞋.jpg），如图3-1所示。

图3-1 打开素材文件

STEP 02 使用“套索工具”为图像左侧的污渍部分创建选区，如图3-2所示。

图3-2 创建选区

STEP 03 选择【编辑】/【填充】命令，在打开的对话框中的“使用”下拉列表框中选择“内容识别”选项，单击 确定 按钮，如图3-3所示。

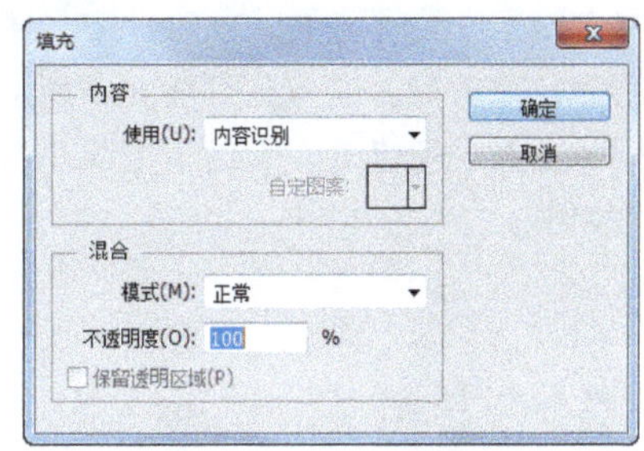

图3-3 内容识别填充

STEP 04 返回工作界面查看污渍被清除后的效果，如图3-4所示。

图3-4 清除后的效果

STEP 05 使用相同的方法为图像右侧鞋子的污渍部分创建选区，使用“内容识别”填充清除污渍，若清除不到位，可选择“内容感知移动工具”，在污渍旁边干净的面料处绘制能够覆盖污渍区域的选区，如图3-5所示。

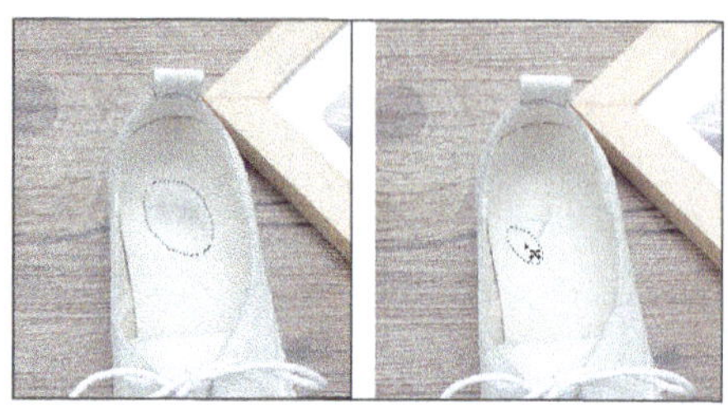

图3-5　绘制取样选区

STEP 06 将选区拖动到污渍上，即可覆盖并清除污渍，污渍被清除后的效果如图3-6所示（配套资源:\效果文件\第3章\小白鞋.jpg）。

图3-6　最终效果

3.1.2　去除背景中多余的物品

微课：去除背景中多余的物品

网店美工在处理背景较复杂的商品图片时，若需要去除背景中多余的物品，采用前面的方法可能并不能达到理想的效果，此时可结合仿制图章工具进行修复。下面为去除小包图片背景中手的方法，其具体操作如下。

STEP 01 打开“小包.jpg”图片（配套资源:\素材文件\第3章\小包.jpg），如图3-7所示，按【Ctrl+J】组合键复制图层。

图3-7　打开素材文件

STEP 02 使用任意选区创建工具为墙壁区域创建选区，选择“仿制图章工具”，按【[】键或【]】键调整印章大小，按【Alt】键在手上方的墙壁处取样，在选区内涂抹，在涂抹过程中可以不断取样墙壁上的区域，去除墙壁上的手，如图3-8所示。

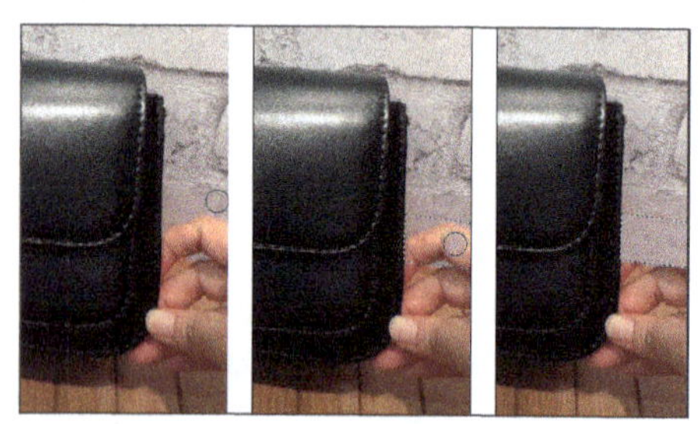

图3-8　去除墙壁上的手

STEP 03 选择多边形套索工具，为没有杂物的部分地板创建选区，按

【Ctrl+J】组合键复制选区到新图层上，按【Ctrl】键单击图层缩略图，载入选区，按【Ctrl+T】组合键进入选区编辑状态，在选区上单击鼠标右键，再在弹出的快捷菜单中选择“斜切”命令，如图3-9所示。

图3-9　斜切图像

STEP 04 拖动四角的控制点，控制地板的形状，使其覆盖地板上的手，注意要保证木纹走向与缝隙走向自然和谐，按【Enter】键完成变换，选择图层1，按【Alt】键绘制木板在包上的部分，按【Delete】键将其删除，然后按【Ctrl+D】组合键取消选区，完成地板上手的去除，如图3-10所示。

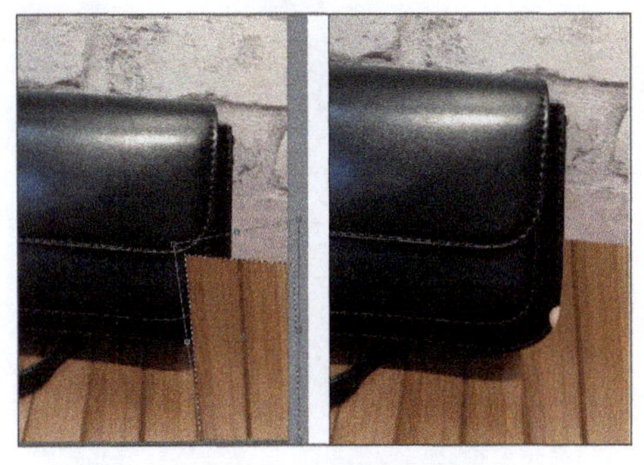

图3-10　去除地板上的手

STEP 05 使用选区创建工具为包右下角上残余的手指创建选区，选择“仿制图章工具”，按【[】键或【]】键调整其大小，按【Alt】键在包边缘缝线相似处取样，释放【Alt】键在选区位置涂抹，在涂抹过程中可以不断取样周围的图像，去除包上残余的手指，如图3-11所示。

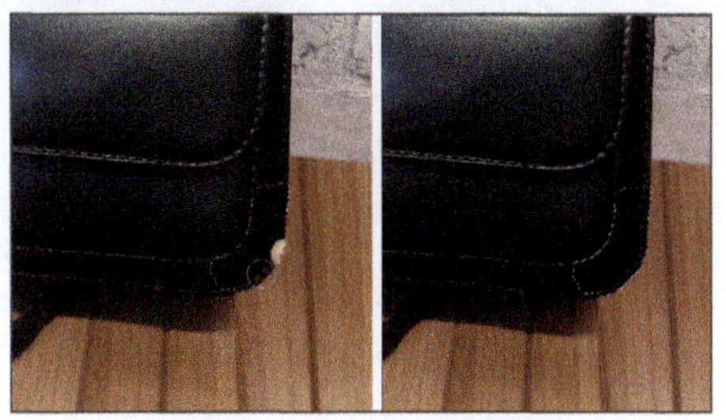

图3-11　去除包上的手指

STEP 06 新建图层3，在包右下角处创建选区，将前景色设置为“#25140a”。选择“画笔工具”，将其“大小”设置为“70像素”，“硬度”设置为“80%”，“不透明度”设置为“30%”，然后涂抹选区绘制投影，如图3-12所示。

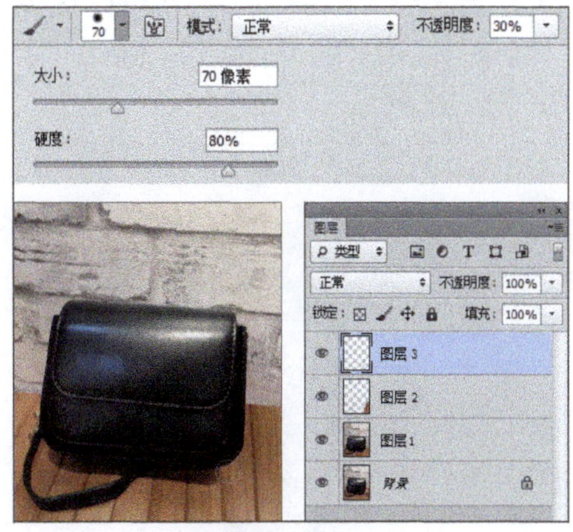

图3-12　绘制投影

STEP 07 查看绘制的投影效果，完成本例的操作，如图3-13所示（配套资源:\效果文件\第3章\小包.psd）。

图3-13　最终调整效果

新手试练

请使用仿制图章工具去除头纱右上角的杂物和文字，去除前后的效果如图 3-14 所示。

图3-14　去除杂物和文字前后的效果

3.1.3　美化模特

在网店拍摄的商品图片中，服饰等类目的商品图片都需要人物的衬托才能引起买家的购买欲望。而网店模特的身材或多或少地存在一定的瑕疵，所以网店美工应掌握一些人像身形的处理方法来解决这类问题。下面为通过液化工具为模特打造纤细身姿，突出商品美感的方法，其具体操作如下。

微课：美化模特

STEP 01 打开"女装模特.jpg"图片（配套资源:\素材文件\第3章\女装模特.jpg），如图3-15所示，按【Ctrl+J】组合键复制图层。

图3-15　打开素材文件

STEP 02 选择"向前变形工具"，将画笔大小设置为"200"，将图像显示比例更改为"83.1%"，向内侧拖动模特左侧腰部的曲线，如图3-16所示。

图3-16　收腰

STEP 03 使用相同的方法继续修改模特左侧的整体曲线，如图3-17所示。

图3-17 塑造曲线

STEP 04 选择“重建工具”，将画笔大小更改为“100”，图像显示比例更改为“200%”，使用“抓手工具”拖动图像，控制显示区域，此处为右侧袖子。选择“向前变形工具”，向内侧拖动袖子的曲线，如图3-18所示。

图3-18 瘦手臂

经验之谈：

在液化过程中，我们在左侧选择“重建工具”可还原笔刷半径内所做的修改；选择“膨胀工具”可膨胀笔刷半径内的部分，如放大眼睛、丰胸；选择“褶皱工具”可收缩笔刷半径内的部分，如收缩腹部。

STEP 05 按住鼠标左键，在其他需要调整的地方向内拖动鼠标，如下巴等，然后保存文件，完成对模特身形的处理，效果如图3-19所示（配套资源:\效果文件\第3章\女装模特.jpg）。

图3-19 模特瘦身效果

新手试练

请使用“膨胀工具”和“向前变形工具”，将模特的眼睛放大，放大前后的效果如图 3-20 所示。

图3-20 放大前后的对比效果

↘ 3.1.4　光滑材质表面

有些图片上的商品材质很粗糙，并且带有杂质，我们可利用Photoshop CS6的涂抹工具，达到光滑材质表面的目的。以下为通过涂抹工具为蜜蜡打造光滑表面的方法，其具体操作如下。

微课：光滑材质表面

STEP 01 打开“蜜蜡.jpg”图片（配套资源:\素材文件\第3章\蜜蜡.jpg），如图3-21所示，按【Ctrl+J】组合键复制图层。

图3-21　打开素材文件

STEP 02 选择“污点修复画笔工具”，按【[】键或【]】键将画笔大小调整为杂点大小，单击蜜蜡上的杂点进行杂点去除处理，如图3-22所示。

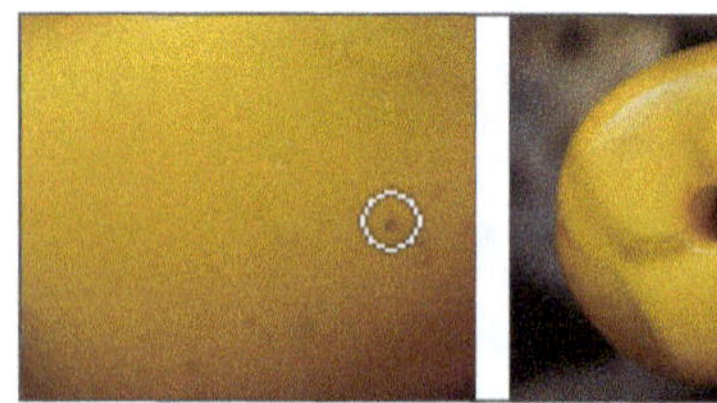

图3-22　去除杂点

STEP 03 选择“污点修复画笔工具”，将工具属性栏中的“硬度”设置为“25%”，按【[】键或【]】键调整画笔大小，在表面粗糙的地方沿着颜色的流向来回涂抹，如图3-23所示。

图3-23　涂抹蜜蜡

STEP 04 继续使用相同的方法涂抹蜜蜡所有粗糙的表面，使其光滑，效果如图3-24所示（配套资源:\效果文件\第3章\蜜蜡.jpg）。

图3-24　最终效果

↘ 3.1.5　加强亮部与暗部的对比

在处理图片时，网店美工经常会对图片的颜色进行一些明暗的局部对比度调整，此时就会用到加深和减淡工具。以下为通过加深和减淡工具对吉他图片中的部分区域进行加深与减淡，使画面对比更加鲜明的方法，其具体操作如下。

微课：加强亮部与暗部的对比

STEP 01 打开“吉他.jpg”图片（配套资源:\素材文件\第3章\吉他.jpg），如图3-25所示，按【Ctrl+J】组合键复制图层。

图3-25　打开素材文件

STEP 02 新建曲线调整图层，拖动曲线，适当调整图像的对比度与亮度，如图3-26所示。

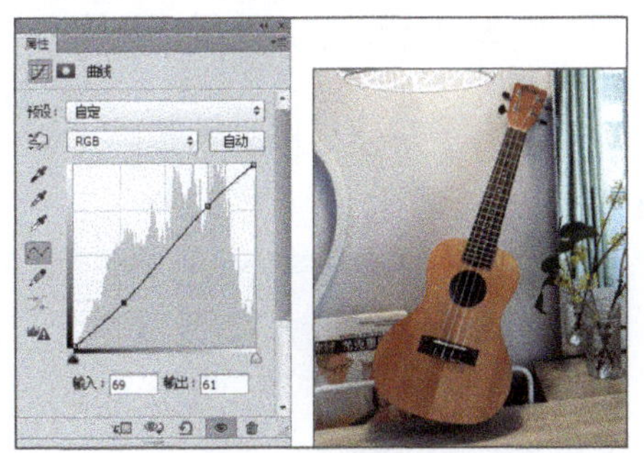

图3-26　调整曲线

STEP 03 选择“加深工具”，在工具属性栏中的“范围”下拉列表框中选择“阴影”，将“曝光度”设置为“14%”，按【[】键或【]】键调整画笔大小，涂抹图像中的阴影部分，如图3-27所示。

图3-27　局部加深图像

STEP 04 选择“减淡工具”，在工具属性栏中的“范围”下拉列表框中选择“中间调”，将“曝光度”设置为“20%”，按【[】键或【]】键调整画笔大小，涂抹图像中的墙壁、桌子和吉他，提亮部分图像，完成后保存图像，其效果如图3-28所示（配套资源:\效果文件\第3章\吉他.psd）。

图3-28　局部减淡图像后的效果

3.1.6 增加金属质感

由于金属具有比较强烈的反光性，因此网店美工在拍摄具有金属质感的商品图片时一是要体现出其光泽感。利用Photoshop中的渐变填充或图层样式可以为图像快速打造出金属质感效果；而利用“杂色”命令，则可以为商品添加磨砂的质感。以下为通过渐变填充与“杂色”命令，制作有金属磨砂质感的瓶盖的方法，其具体操作如下。

微课：增加金属质感

STEP 01 打开“精油.jpg”图片（配套资源:\素材文件\第3章\精油.jpg），为瓶子创建选区，如图3-29所示。

图3-29 创建选区

STEP 02 按【Ctrl+J】组合键复制瓶子到新图层上，在瓶子下方新建白色图层，作为背景，如图3-30所示。

图3-30 添加白色背景

STEP 03 选择“渐变工具”，在工具属性栏中单击渐变色块，打开“渐变编辑器”对话框，双击渐变条下方的色标，此处双击渐变条下方左侧第一个色标，将打开“拾色器（色标颜色）”对话框中，在“#”文本框中输入“cfa776”，单击 确定 按钮，设置该色标所在位置的颜色值，如图3-31所示。

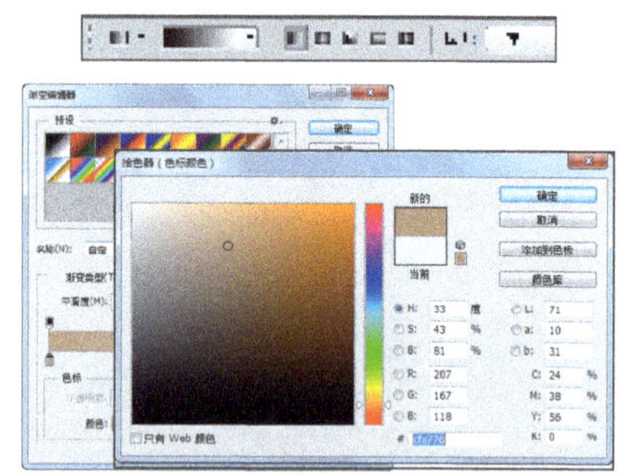

图3-31 设置色标的颜色值

STEP 04 单击渐变条下边缘空白位置可添加色标，拖动色标可调整渐变位置。使用与STEP03相同的方法设置每个色标的颜色值，如图3-32所示，单击 确定 按钮，此时工具属性栏的渐变色条发生变化。

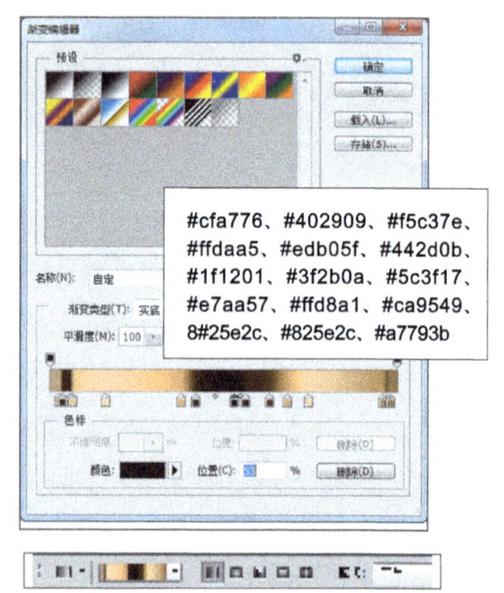

图3-32 设置渐变填充色

STEP 05 按【Shift】键，将鼠标从选区的左侧边缘拖动到右侧边缘，创建垂直的渐变填充，效果如图3-33所示。

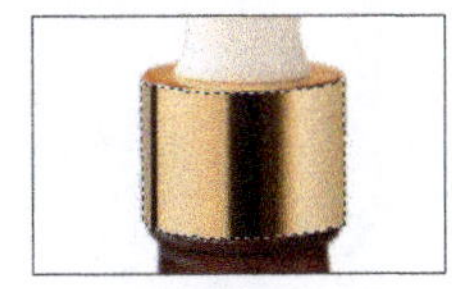

图3-33　线性渐变填充

STEP 06 在瓶盖左上角处创建选区，在渐变工具的工具属性栏中单击“径向渐变”按钮，单击渐变色条，在打开的对话框中单击颜色渐变条下方的游标，按【Delete】键将其删除，只保留两个颜色游标，分别拖动到左端和右端，将颜色游标值按STEP03的方法分别设置为“#c68e43、#ffdaa5”。同时，单击 确定 按钮，在选区内将鼠标从左侧边缘拖动到右侧边缘，创建径向渐变，如图3-34所示。

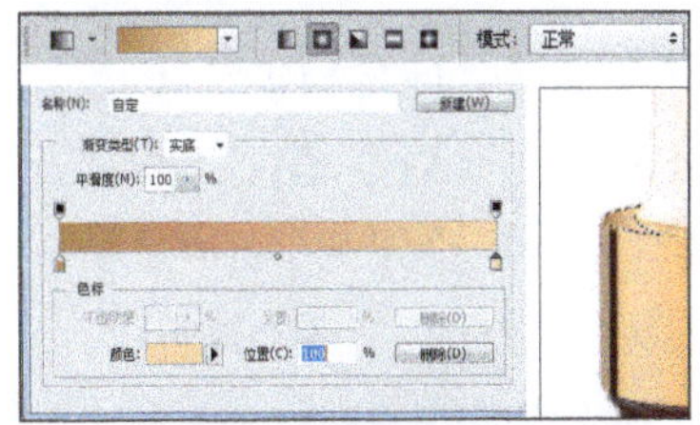

图3-34　径向渐变图形

STEP 07 为金属区创建选区，按【Ctrl+J】组合键将其复制到新图层上，如图3-35所示。

图3-35　创建新图层

STEP 08 选择【滤镜】/【杂色】/【添加杂色】命令，打开“添加杂色”对话框，将“数量”设置为“11.86%”，单击选中 平均分布(U) 单选项和 单色(M) 复选框，单击 确定 按钮，如图3-36所示。

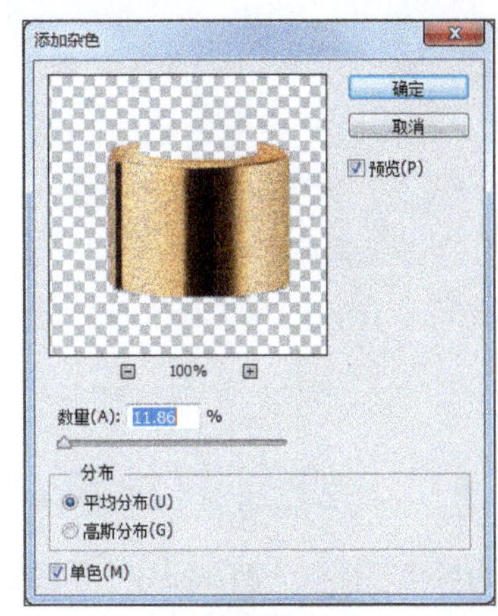

图3-36　添加杂色

STEP 09 在“图层”面板中将瓶盖图层的混合模式设置为“柔光”，如图3-37所示。

图3-37　设置图层混合模式

STEP 10 打开“橘子.jpg”图片（配套资源:\素材文件\第3章\橘子.jpg），为橘子创建选区，将其拖动到精油图像中，将图层移动到“图层1”下方，调整其大小与位置，如图3-38所示。

图3-38　添加橘子元素

STEP 11 在白色图层上方新建图层，将前景色设置为“#7f7f7f”，使用硬度为“0”的画笔在新建的图层中绘制投影，完成本例的制作，效果如图3-39所示（配套资源:\效果文件\第3章\精油.psd）。

图3-39　最终效果

3.1.7　提高图片清晰度

较为灰暗、模糊的商品图片，很难展示出商品的质感，此时网店美工可通过提高图片清晰度来提升其质感。以下为利用USM锐化和高反差保留滤镜对“毛拖鞋.jpg”图片进行清晰度处理，使其毛茸感更强的方法，其具体操作如下。

微课：提高图片清晰度

STEP 01 打开“毛拖鞋.jpg”图片（配套资源:\素材文件\第3章\毛拖鞋.jpg），此时图像的毛茸感不强。使用钢笔工具绘制拖鞋区域，按【Ctrl+Enter】组合键创建选区，如图3-40所示，按【Ctrl+J】组合键将创建的选区复制到新的图层上。

图3-40　创建选区

STEP 02 选择新建的图层，选择【滤镜】/【锐化】/【USM锐化】命令，打开“USM锐化”对话框，将数量设置为“20%”，半径设置为“150像素”，单击 确定 按钮，如图3-41所示。

图3-41　设置USM锐化参数

STEP 03 选择图层1，按【Ctrl+J】组合键，创建图层1副本。选择图层1副本，选择【滤镜】/【其他】/【高反差保留】命令，打开“高反差保留”对话框，将“半径”设置为“8像素”，单击确定按钮，如图3-42所示。

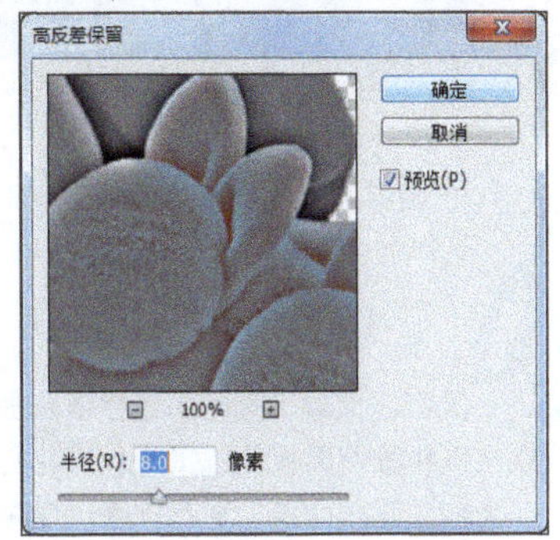

图3-42 设置高反差保留参数

STEP 04 返回图像窗口，将图层1副本的混合模式设置为“柔光”，进一步清晰化处理毛拖鞋，如图3-43所示。

图3-43 设置图层混合模式

STEP 05 选择【图层】/【新建调整图层】/【色阶】命令，在打开的“属性”面板中，将左侧滑块值设置为“23”，降低图像亮度，如图3-44所示。

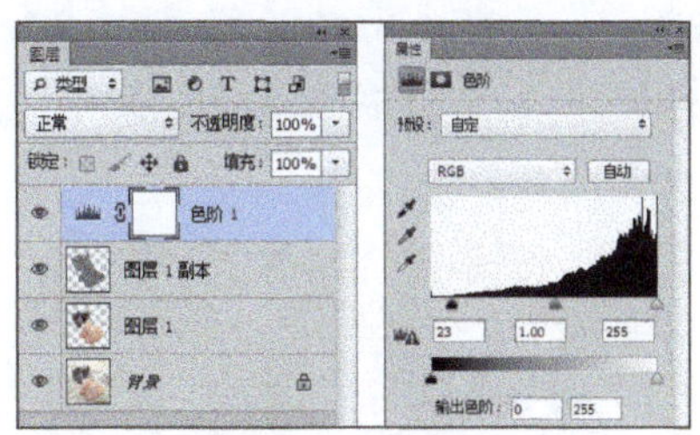

图3-44 调整色阶

STEP 06 清晰化处理后的图像毛茸感更强烈，如图3-45所示（配套资源:\效果文件\第3章\毛拖鞋.psd）。

图3-45 清晰化处理

3.2 丰富商品图片内容

网店美工在修饰商品图片时除了可以对图片中的商品和背景进行处理，还可以选择添加一些设计元素，来修饰与丰富图片。文字、形状、图案等是网店美工最常用的设计元素。

↘ 3.2.1 添加与美化图片文本

Photoshop为网店美工提供了文字工具，方便其为图片添加文本。添加文本后，网店美工还可以根据需要设置文本的字体、字号、颜色、加粗与倾斜等效果。此外，网店美工可通过编辑文字路径对文本进行造型设计，也可根据需要将图案裁剪到文本中。以下为制作促销广告中的介绍文本的方法，其具体操作如下。

微课：添加与美化图片文本

STEP 01 打开“促销广告.jpg”图片（配套资源:\素材文件\第3章\促销广告.jpg），选择“横排文字工具”T，单击鼠标定位文本插入点，输入“10月2日聚划算”，按【Enter】键完成输入。使用相同的方法继续输入其他文本，如图3-46所示。

图3-46 输入文本

经验之谈：

在输入文本前，大家可单击鼠标不放并拖动鼠标绘制文本框，这样便于段落文本的输入与编辑；选择“直排文字工具”IT可输入纵向文字。

STEP 02 选择文字，按【Ctrl+T】组合键进入自由变换模式，拖动四角的控制点设置文本的大小，也可在工具属性栏的“字号”下拉列表框中精确设置文本的字号，调整后的效果如图3-47所示。

图3-47 调整文本大小

STEP 03 选择“10月2日聚划算”图层，在工具属性栏中将字体设置为“方正粗倩简体”，然后将其他文本字体设置为“迷你简汉真广标”，如图3-48所示。

图3-48 搭配文本字体

经验之谈：

大家在文本工具的属性栏中单击“切换字符和段落面板”按钮，可在打开的“字符”和“段落”窗格中集中设置文本的字体、字号、颜色、间距、首行缩进、行距、段落对齐方式等。

STEP 04 选择“10月2日聚划算”图层，在横排文字工具的工具属性栏中单击“设置文本颜色”选项，将文本颜色设置为“白色”，使用相同的方法设置其他文本字体的颜色，其中绿色值为“#03eedf”，红色值为“#fb2f3a”，效果如图3-49所示。

图3-49 设置文本颜色

经验之谈：

若要设置一个文本图层中的某个文本的颜色、字号、字形等，我们需要将文本插入点插入该文本前，然后单击鼠标不放并拖动鼠标选中该文本。

STEP 05 选择“免单”图层，按【Ctrl+J】组合键创建副本，选择副本所在图层，单击鼠标右键，在弹出的快捷菜单中选择“转换为形状”命令，如图3-50所示。

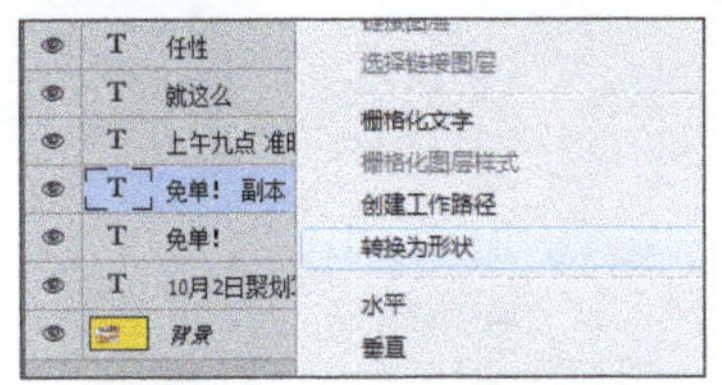

图3-50　将文本转化为形状

STEP 06 隐藏“免单”图层，选择“钢笔工具”，按住【Ctrl】键不放，单击文本形状，即可选择文字路径并显示路径上的锚点，通过编辑路径上的锚点更改“！”的外观，使用相同的方法为“任性”文本编辑外观，如图3-51所示。

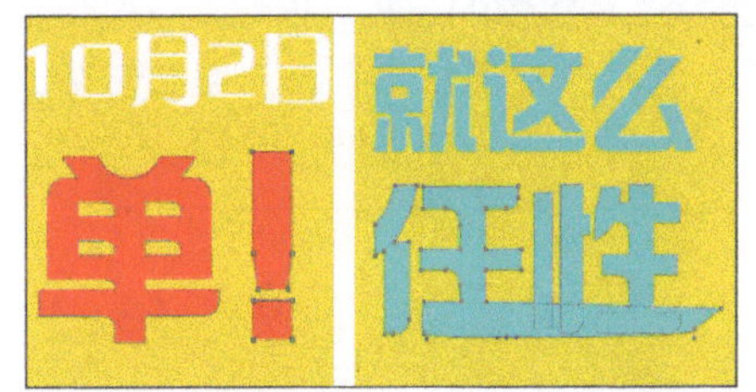

图3-51　使用钢笔工具编辑文本形状

STEP 07 选择“10月2日聚划算”图层下方的背景图层，将前景色设置为“#ff7b20”。选择“圆角矩形工具”，在工具属性栏中将“半径”设置为“10像素”，在“10月2日聚划算”文本下方绘制圆角矩形，使用相同的方法，在“上午九点准时开抢”文本下方绘制圆角矩形，并填充颜色“#fb2f3a”，如图3-52所示。

图3-52　绘制圆角矩形

STEP 08 在背景图层上方新建图层，将前景色设置为“#310e0a”，选择“钢笔工具”，在工具属性栏中将工具模式设置为“形状”，单击鼠标不放并拖动鼠标绘制所有文本的大致轮廓，如图3-53所示。

图3-53　绘制图形

STEP 09 打开“金币元素.png”图片（配套资源:\素材文件\第3章\金币元素.png），拖动金币素材到促销广告窗口中，移动其图层到背景图层上方，调整大小与位置，完成本例的制作，效果如图3-54所示（配套资源:\效果文件\第3章\促销广告.psd）。

图3-54　最终效果

经验之谈：

在文本图层上方添加花纹图像，在花纹图层上单击鼠标右键，在弹出的快捷菜单中选择“创建剪切蒙版”命令，可将图像的花纹剪切到文本中，如图3-55所示。

图3-55　最终效果

↘ 3.2.2　添加形状与图案

在修饰图片过程中，经常会用到各种各样的花纹图案、标签形状，大家可以在素材网上下载，也可自行绘制。下面我们将介绍几种不同的制作图案和形状的方法。

- 通过形状组绘制形状与图案：大家运用形状工具组中的工具可以绘制一些特定的形状，如椭圆形、圆角矩形、多边形等，选择自定形状工具，可绘制箭头、心形、手掌、污渍等形状，如图3-56所示。

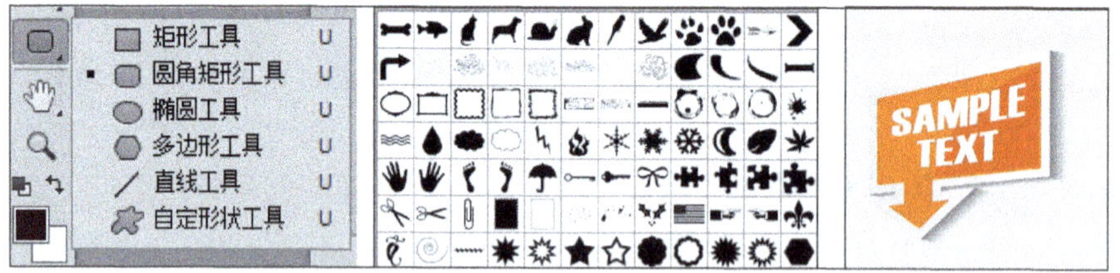

图3-56　绘制形状

- 通过钢笔工具绘制形状与图案：大家可在Photoshop中选择“钢笔工具”，并在工具属性栏中设置工具模式为“形状”，设置填充色与轮廓色，然后单击鼠标不放并拖动鼠标就可以绘制出轮廓清晰的形状与图案了，如图3-57所示。

图3-57　通过钢笔工具绘制形状与图案

- 使用画笔工具绘制图案：画笔工具为我们提供了多种样式的笔刷，大家可在选择笔刷后绘制想要的图案，也可以根据需要载入下载的水珠、烟雾、火焰、墨点等笔刷，其方法是：在工具属性栏中打开“画笔预设”面板，单击右上角的“设置”按钮，在弹出的列表中可添加其他画笔笔刷，选择“载入画笔”选项可载入计算机中的笔刷，图3-58所示为载入“雪花”笔刷并使用其绘制的图案。

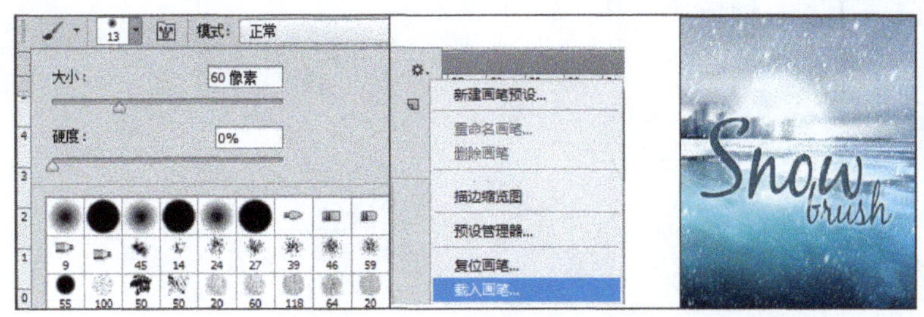

图3–58　使用画笔工具绘制图案

- **应用下载的图案：** 大家可在素材网上下载psd格式或png格式的素材，然后打开素材将其拖动到图像中，调整其大小与位置即可。图3-59所示为将下载的人物元素与水花元素合成在一起的效果。

图3–59　应用下载的素材

3.3 添加图片特效

在修饰图片过程中，为了更好地体现商品特征，网店美工可以对其进行一些特殊的处理，如为背景添加虚化效果，为商品添加发光效果，或添加一些高光与阴影效果。

3.3.1　虚化背景

微课：虚化背景

虚化背景是指将商品图片的背景颜色由深变浅，使焦点聚集在主体上，营造主体与背景间的一种前清后虚的效果。对背景进行虚化处理，是为了避免背景喧宾夺主，影响主体。以下为进行背景虚化处理的方法，其具体操作如下。

STEP 01 打开“背景虚化.jpg”图片（配套资源:\素材文件\第3章\背景虚化.jpg），选择“套索工具”，在图像中沿着人物轮廓绘制选区，然后按【Shift+Ctrl+L】组合键反选选区，如图3-60所示。

图3-60　为背景创建选区

经验之谈：

大家在为图像创建选区时，最好使选区与图像的边缘之间有一定的距离，避免在绘制选区的过程中出错。

STEP 02 选择【选择】/【修改】/【羽化】命令，打开“羽化选区”对话框，在“羽化半径”文本框中输入羽化值“50像素”，如图3-61所示，单击 确定 按钮，让选区的边缘更加柔和。

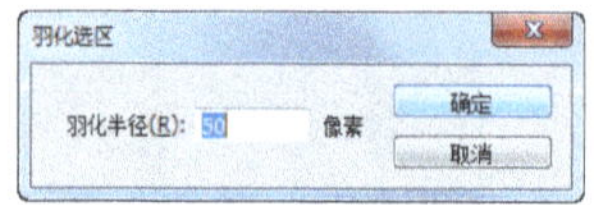

图3-61　设置羽化半径

STEP 03 选择【滤镜】/【模糊】/【镜头模糊】命令，打开“镜头模糊”对话框，将“半径”和“叶片弯度”的值设置为“30”和“5”，如图3-62所示。

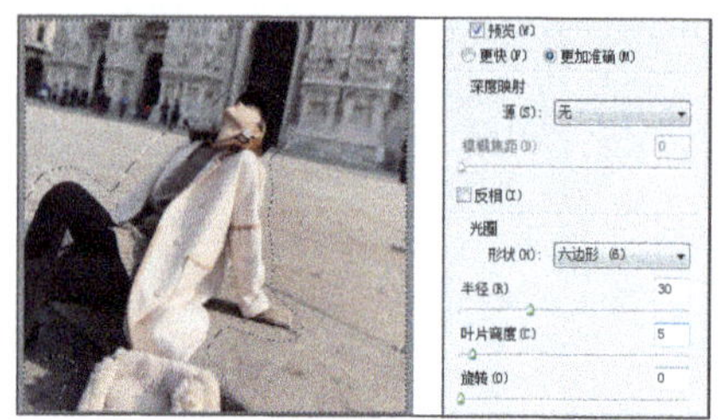

图3-62　镜头模糊

STEP 04 单击 确定 按钮，返回工作界面可查看模糊后的效果。然后按【Ctrl+D】组合键取消选区，选择“模糊工具”，在工具属性栏中将“强度”设置为“50%”，涂抹人物边缘，进行模糊处理，效果如图3-63所示（配套资源:\效果文件\第3章\背景虚化.jpg）。

图3-63　虚化背景效果

3.3.2　添加发光效果

网店在出售剃须刀、鼠标、计算机等科技型商品时，常常通过添加发光效果来体现商品图片的科技感，突出商品主体。大家在“图层样式”对话框中选择“内发光”命令可沿图像边缘向内添加发光效果；选择“外发光”命令可沿图像边缘向外添加发光效果。以下为添加发光效果的方法，其具体操作如下。

微课：添加发光效果

STEP 01 打开“剃须刀背景.psd”图像（配套资源:\素材文件\第3章\剃须刀背景.psd），如图3-64所示。

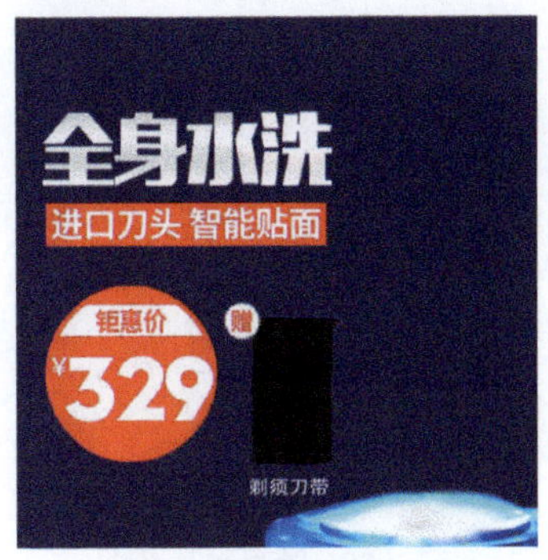

图3-64 打开素材文件

STEP 02 打开“剃须刀.png”图片（配套资源:\素材文件\第3章\剃须刀.png），将剃须刀拖动到背景图像中，调整大小与位置，使其位于文本图层下方，如图3-65所示。

图3-65 添加剃须刀

STEP 03 双击剃须刀图层，在打开的“图层样式”对话框中单击选中 内发光 复选框；单击选中“设置发光颜色”单选项，将“发光颜色”设置为“#75f8f7”，“混合模式”设置为“滤色”，“不透明度、方法、大小、范围”分别设置为“75%、柔和、18像素、50%”，单击选中 边缘(G) 单选项，如图3-66所示。

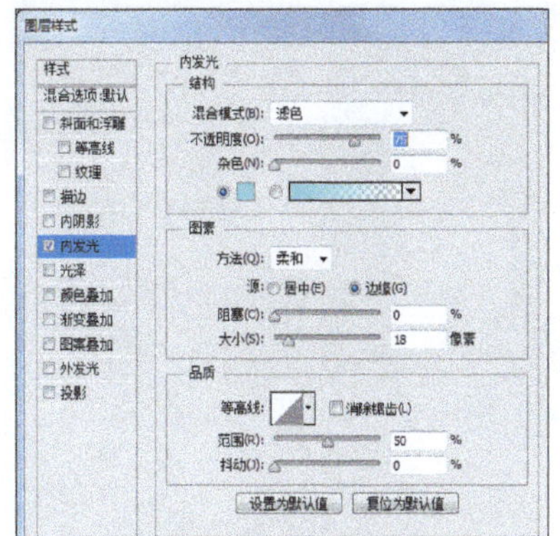

图3-66 添加内发光

经验之谈:

选择不同的混合模式，将得到不同的发光效果。“阻塞”用于设置内发光的范围大小，其值越大，发光范围越大。

STEP 04 在图像窗口中查看添加的内发光效果，如图3-67所示。

图3-67 内发光效果

STEP 05 单击选中 外发光 复选框；单击选中“渐变色”单选项，单击渐变色条，将“渐变色”设置为“#75f8f7到#0276db”，将“混合模式”设置为“点光”，“不透明度、方法、大小、范围”分别设置为“86%、柔和、185像素、48%”，如图3-68所示。

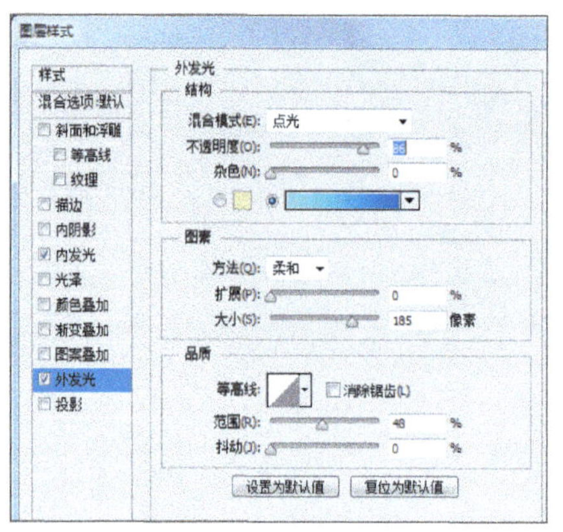

图3-68　添加外发光

STEP 06 单击 确定 按钮，返回查看外发光效果，如图3-69所示（配套资源:\效果文件\第3章\剃须刀.psd），保存图像完成本例的制作。

图3-69　外发光效果

3.3.3　添加高光与阴影效果

利用光影的原理，为一些高反光的物品添加高光与阴影可以增强商品的立体感。添加高光与阴影的方法是相似的，不同的是其各自应用的颜色不同。下面我们以为红酒瓶添加高光为例进行讲解，其具体操作如下。

STEP 01 打开“红酒.jpg”图片（配套资源:\素材文件\第3章\红酒.jpg），拖动标尺创建辅助线，方便抠图，如图3-70所示。

图3-70　打开素材文件

STEP 02 使用钢笔工具分别为“瓶身”“标签”“瓶盖”抠图，按【Ctrl+J】组合键分别将抠图放到不同的图层上，如图3-71所示。

图3-71　拆分抠图

STEP 03 在“瓶身”图层上方新建“高光”图层，使用钢笔工具绘制瓶身的高光区域，如图3-72所示。

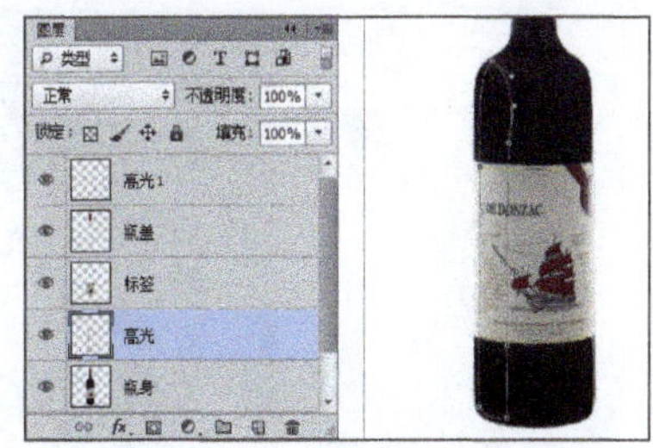

图3-72 绘制高光区域

STEP 04 按【Ctrl+Enter】组合键将绘制的高光区域转化为选区，选择“渐变工具”，在渐变工具的工具属性栏中单击“线性渐变”按钮，单击渐变色条，再在打开的对话框中将左下方的游标颜色设置为“白色”，将右侧渐变条上方的游标的不透明度设置为“0”，如图3-73所示。

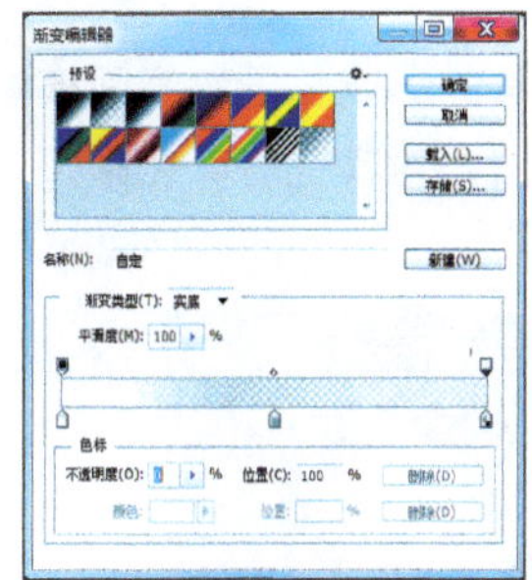

图3-73 设置渐变

STEP 05 单击确定按钮，在选区内单击鼠标不放，并拖动鼠标从左侧边缘到右侧边缘，创建径向透明渐变，继续为瓶子的其他地方如瓶颈、右侧等位置创建白色渐变，打造高光效果，如图3-74所示。

图3-74 制作瓶身高光

STEP 06 选择瓶盖图层，选择【图像】/【调整】/【自然饱和度】命令，在打开的对话框中将“自然饱和度”设置为“+100”，单击确定按钮，如图3-75所示。

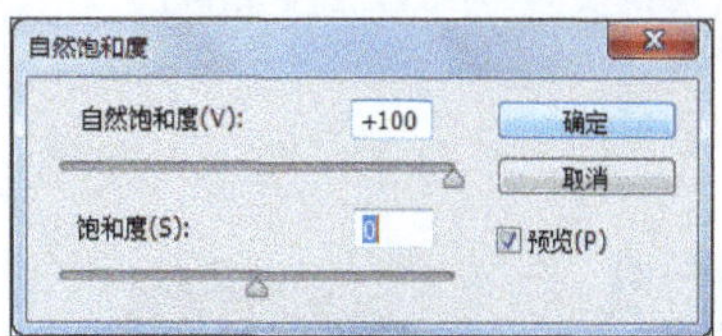

图3-75 调整饱和度

STEP 07 在“瓶盖”图层上方新建图层，使用钢笔工具绘制高光区域，按【Ctrl+Enter】组合键将其转化为选区，使用渐变工具为其添加白色到透明的渐变效果，如图3-76所示。

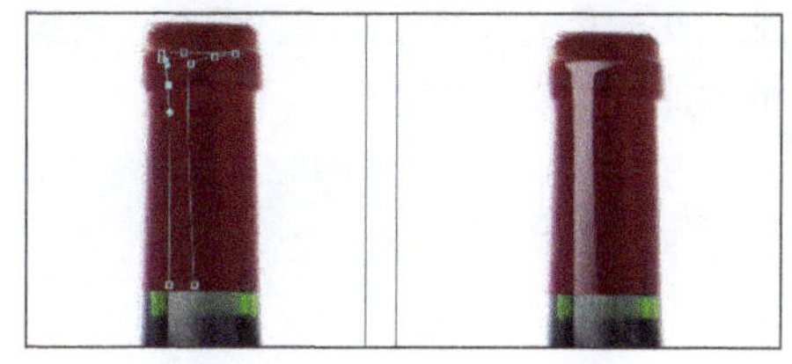

图3-76 为瓶盖添加高光

STEP 08 选择【滤镜】/【模糊】/【高斯模糊】命令，在打开的对话框中将半径设置为“5像素”，单击确定按钮，如图3-77所示。

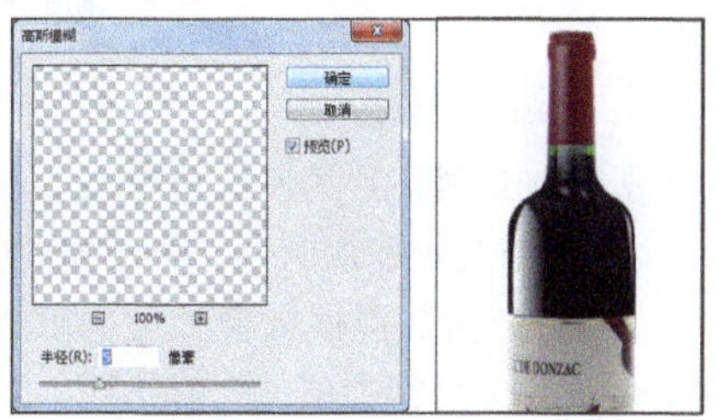

图3-77 柔化高光

STEP 09 选择所有图层，按【Ctrl+E】组合键合并所有图层，将合并后的瓶子移动到“红酒背景.jpg”图像中（配套资源:\素材文件\第3章\红酒背景.jpg），新建图层并载入瓶身选区，将“填充”设置为“100%”，“图层混合模式”设置为“变暗”，“不透明度”设置为“15%”，效果如图3-78所示（配套资源:\效果文件\第3章\红酒.psd）。

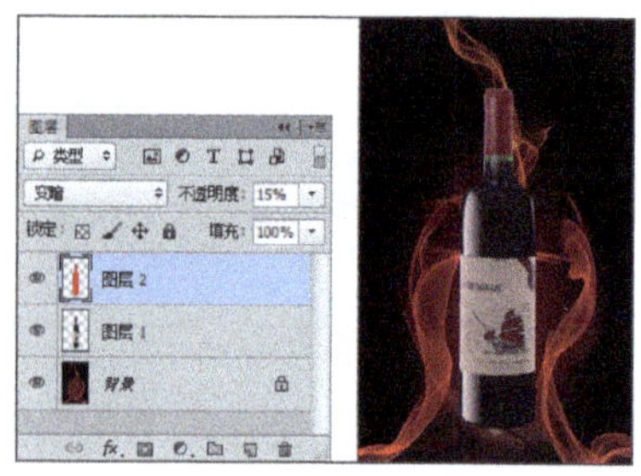

图3-78 最终效果

3.4 实战演练

下面我们将结合本章所讲解的调色知识进行实战演练，以修饰图片中的空气加湿器和羽绒服为例，巩固本章所学知识。

3.4.1 修饰空气加湿器

实拍的加湿器图片可能由于受到拍摄环境与拍摄工具的影响，导致画面模糊、光影错乱，此时我们可通过抠图、调色、涂抹、渐变等修饰手法，对其进行美化修饰，修饰前后的对比效果如图3-79所示。

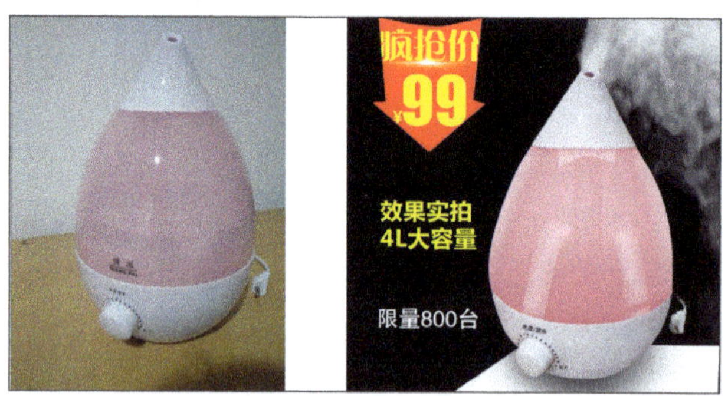

图3-79 修饰前后对比效果

1. 设计思路

处理加湿器图片的设计思路如下。

（1）首先抠取加湿器，再创建白色背景，方便后期的处理。

（2）分析加湿器需要处理的部分：加湿器在白色背景下，颜色明显暗黄，杂色较多，阴影部分显得很脏、光影错乱。

（3）为了突出加湿器的可爱外形，首先为加湿器添加可爱的粉色渐变，并通过添加高光、加深、减淡与擦除等方式，制作光泽度好、表面干净的粉色外壳。

（4）通过调整曲线，提高白色部分的对比度和亮度，然后使用涂抹工具涂抹阴影，去除杂质，使表面更加光滑，并为其添加红色调颜色，使其与粉色的外壳协调。

（5）最后修复文字与圆点，添加带喷雾的黑色背景，突显加湿器。

2. 知识要点

完成本例加湿器图片的修饰，大家需要掌握以下知识。

（1）选择“渐变工具”，设置渐变颜色并创建渐变。

（2）选择“加深工具”或“减淡工具”，设置涂抹的范围与曝光度，加深与减淡图像。

（3）选择“橡皮擦工具”，设置不透明度与流量，擦除图像的颜色，控制图像的不透明度。

（4）选择“涂抹工具”，设置涂抹强度，沿着加湿器本身的颜色走向进行涂抹，去除杂质，光滑表面。

（5）选择“修补工具”，为污点创建选区，拖动选区并修复污点。

（6）使用“高斯模糊”滤镜，柔滑高光。

微课：修饰空气加湿器

3. 操作步骤

如下为对加湿器进行修饰的方法，其具体操作如下。

STEP 01 打开“加湿器.jpg”图片（配套资源:\素材文件\第3章\加湿器.jpg），使用钢笔工具沿着加湿器边缘绘制路径，将其转化为选区，按【Ctrl+J】组合键将其复制到新图层上，在抠取的加湿器图层下方新建白色图层，方便后期处理，如图3-80所示。

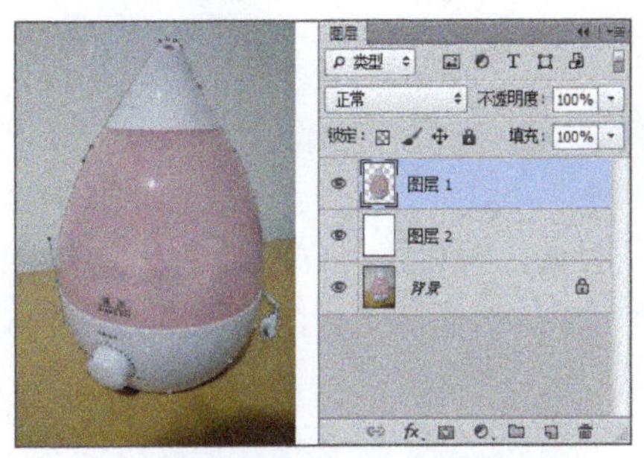

图3-80 抠取加湿器并新建白色图层

STEP 02 为红色部分创建选区，选择“渐变工具”，在渐变工具的工具属性栏中单击“线性渐变”按钮，接着单击渐变色条，在打开的对话框中从左往右依次将“渐变颜色”设置为“#edb1bf、#e08a9d、#e08a9d”，调整颜色滑块位置为“79%”，单击 确定 按钮，返回工作界面，单击鼠标不放，从上向下拖动鼠标为选区创建渐变，如图3-81所示。

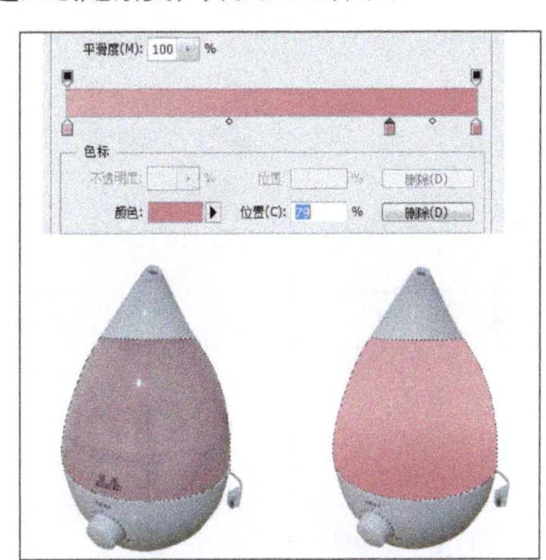

图3-81 创建渐变填充

STEP 03 选择“加深工具”，涂抹需要加深的上下边缘部分以及两侧。选择“减淡工具”，将“曝光度”设置为“20%”，涂抹需要提亮的两侧边缘，如图3-82所示。

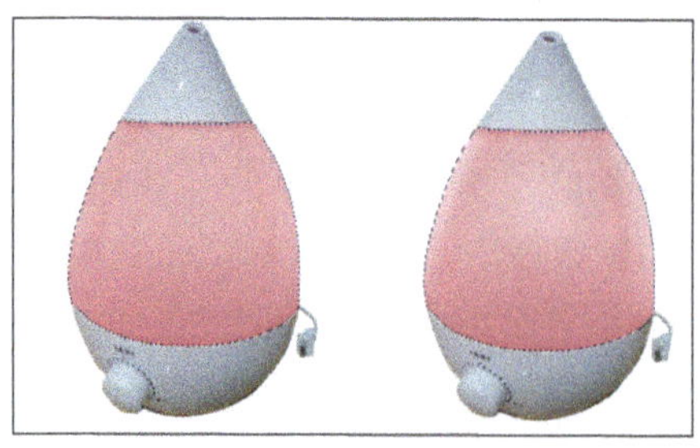

图3-82　加深与提亮图像

STEP 04 新建图层，使用钢笔工具绘制高光区域，并将其转化为选区，填充为白色，在“图层”面板中将“不透明度”设置为“41%”，效果如图3-83所示。

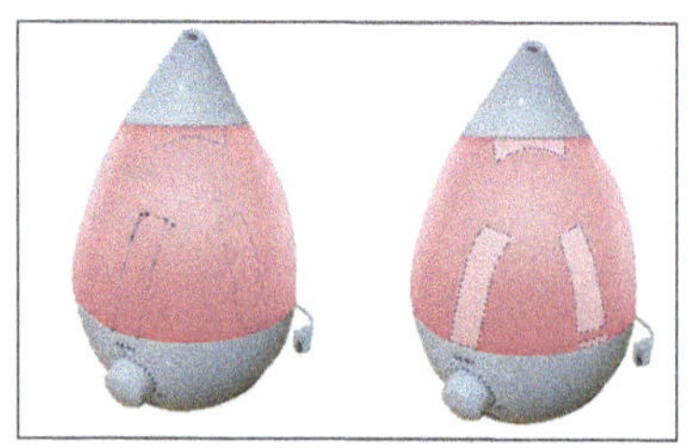

图3-83　绘制高光

STEP 05 选择“橡皮擦工具”，将其不透明度设置为“50%”，笔刷硬度设置为“0%”，涂抹高光边缘增加透明度，在加湿器正中间绘制选区，将填充设置为“#e79fb0”，继续使用橡皮擦工具降低中间的不透明度，如图3-84所示。

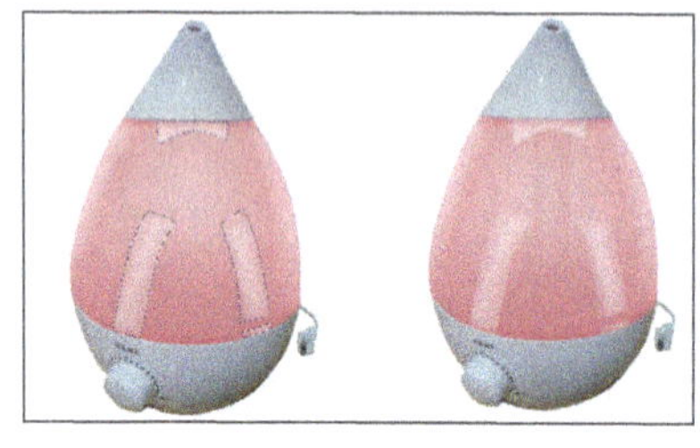

图3-84　调整色阶

STEP 06 为加湿器粉色外的区域创建选区，选择【图像】/【调整】/【曲线】命令，在打开的对话框中拖动曲线调整亮度，如图3-85所示。

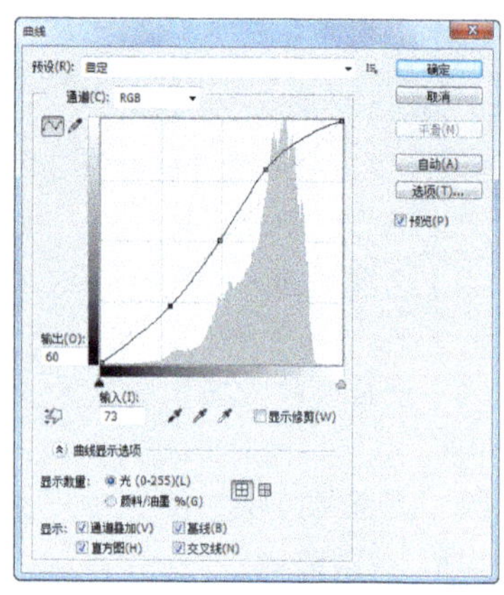

图3-85　调整曲线

STEP 07 单击确定按钮返回工作界面，此时加湿器变白。选择“涂抹工具”，将涂抹强度设置为“50%”，画笔硬度设置为“0%”，涂抹杂色区域，涂抹时，注意保留部分阴影效果，如图3-86所示。

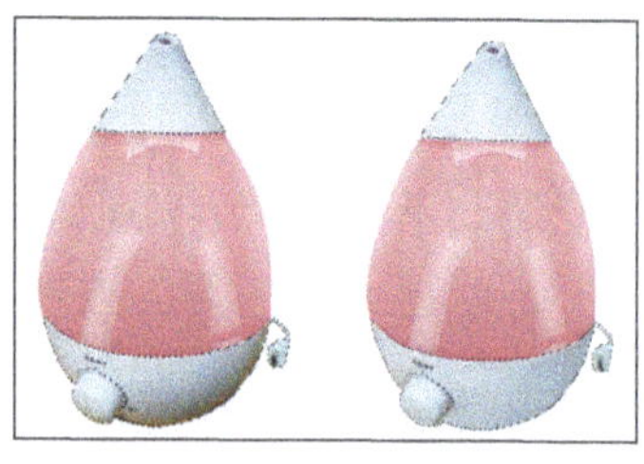

图3-86　涂抹白色区域

STEP 08 选择【图像】/【调整】/【色彩平衡】命令，在打开的对话框中增加红色值，将色阶的第一个数值框中的参数设置为“+47”，单击确定按钮，如图3-87所示。

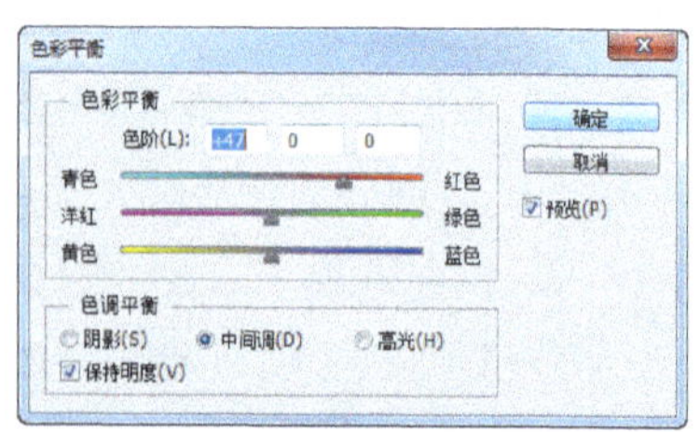

图3-87　调整偏红色调

STEP 09 选择“修补工具”，为文字创建选区，向右拖动选区去除文字。将前景色设置为“#2e222a”，将字体设置为“方正黑体简体”，输入去除的文本，调整文本大小与角度；新建图层，使用椭圆选框工具绘制按钮周围丢失的小点，按【Alt+Delete】组合键填充前景色，调整位置与大小，如图3-88所示。

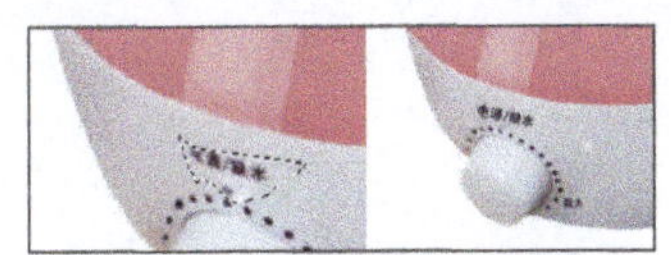

图3-88 修复文本与图形

STEP 10 隐藏背景图层和白色画布图层，按【Ctrl+Shift+Alt+E】组合键创建加湿器的合并图层。打开“加湿器背景.jpg”图片（配套资源:\素材文件\第3章\加湿器背景.jpg），将合并图层后的加湿器移动到此窗口中，调整其大小与位置，效果如图3-89所示（配套资源:\效果文件\第3章\加湿器.psd）。

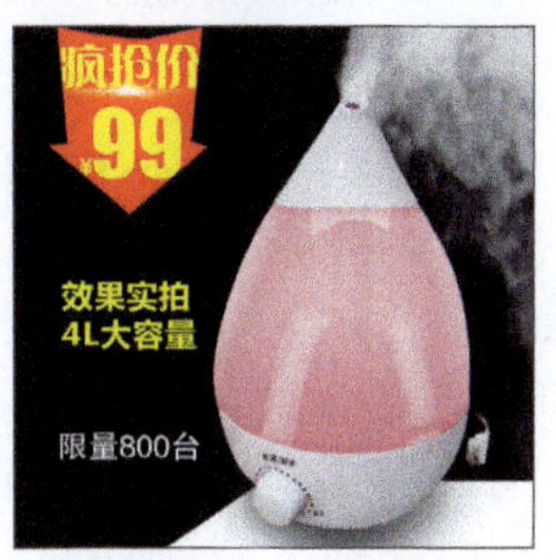

图3-89 最终效果

3.4.2 修饰羽绒服

带有棉等成分的商品往往容易出现褶皱，在高清拍摄的商品图片中，这些褶皱更是清晰可见的，十分影响美观。此时，我们可以通过提高羽绒服的亮度并清晰化处理羽绒服，来去除羽绒服上的部分褶皱，修饰羽绒服前后的效果如图3-90所示。

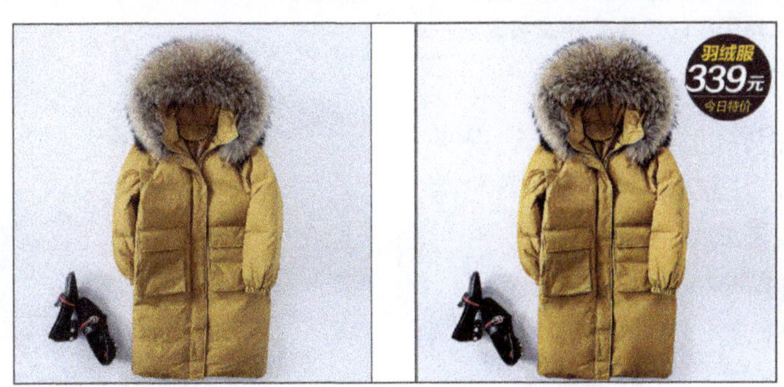

图3-90 修饰前后的对比效果

1. 设计思路

本例对图片中羽绒服的美化主要从去除褶皱、光滑材质、提高羽绒服鲜艳度3个角度出发，其设计思路如下。

（1）首先使用修补工具处理褶皱。

（2）整体提高羽绒服的亮度与对比度，然后使用涂抹工具光滑材质。

（3）结合“高反差保留”命令与图层混合模式提高羽绒服的清晰度。

2. 知识要点

完成本例羽绒服图片的修饰，大家需要掌握以下知识。

（1）选择“修补工具”和“涂抹工具”来修饰图像。

（2）选择【滤镜】/【其他】/【高反差保留】命令，设置滤镜强度，应用滤镜，设置图层混合模式，通过图层叠加提高图像的清晰度。

微课：修饰羽绒服

3. 操作步骤

以下为对羽绒服图片进行修饰处理的方法，其具体操作如下。

STEP 01 打开“羽绒服.jpg”图片（配套资源:\素材文件\第3章\羽绒服.jpg），按【Shift+J】组合键复制背景图层，选择“修补工具”为褶皱创建选区，向右拖动选区去除褶皱，如图3-91所示。

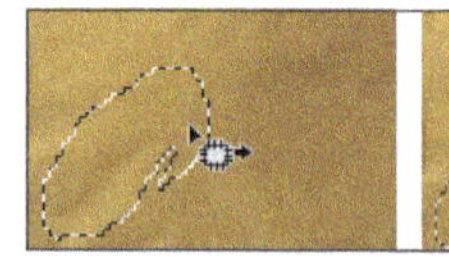
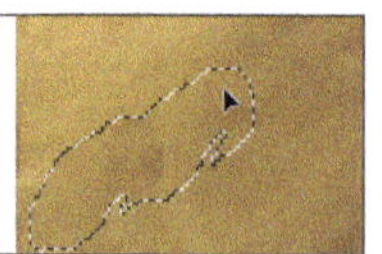

图3-91　去除褶皱

经验之谈：

“修补工具”是使用选中的图像来修补另一个区域图像的工具，它也会将源区域和目标区域的纹理、明暗等进行匹配。

STEP 02 使用相同的方法继续处理衣服上的其他褶皱，注意保留缝线周围的褶皱，处理后的效果如图3-92所示。

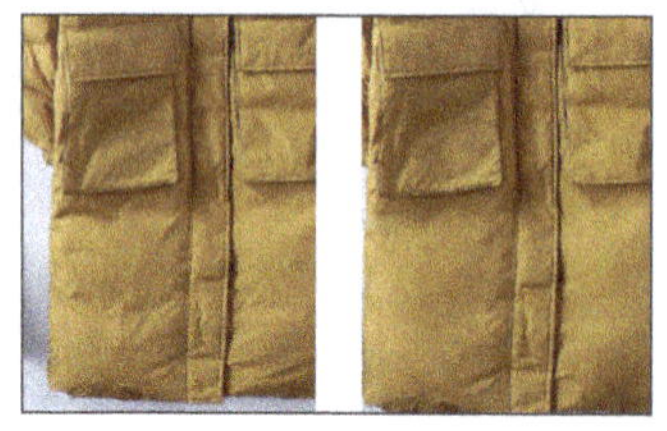

图3-92　去除其他褶皱

STEP 03 选择【图像】/【调整】/【色阶】命令，在打开的对话框中将两端的滑块值设置为“11、248”，单击 确定 按钮，如图3-93所示。

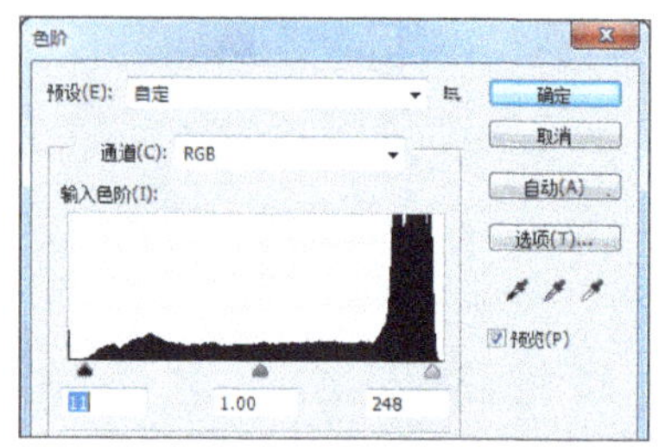

图3-93　调整色阶

STEP 04 放大图像，选择“涂抹工具”，将“强度”设置为“44%”，按【[】键或【]】键调整画笔大小，涂抹粗糙的面料表面，光滑材质，如图3-94所示。

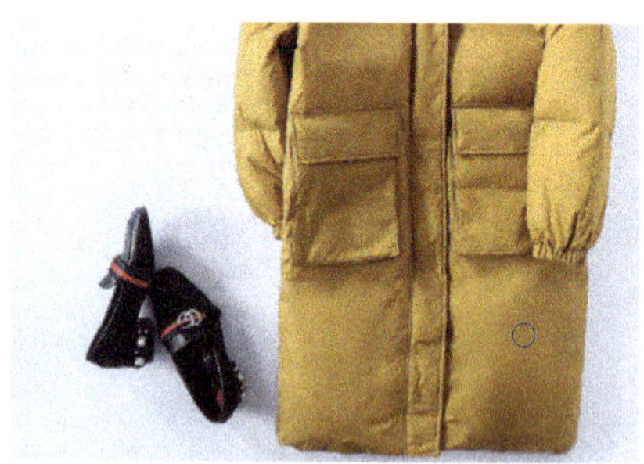

图3-94　光滑材质

STEP 05 选择图层1，为羽绒服创建选区，按【Ctrl+J】组合键复制羽绒服到新图层上，选择抠取的羽绒服图层，选择【滤镜】/【其他】/【高反差保留】命令，打开“高反差保留”对话框，将“半径”设置为“8像素”，单击 确定 按钮，如图3-95所示。

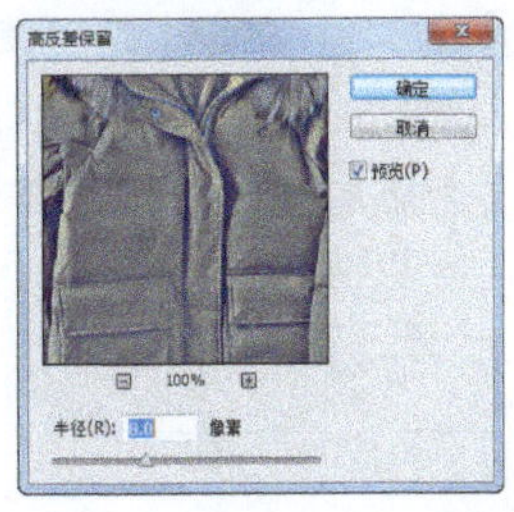

图3-95　设置高反差保留参数

STEP 06 返回图像窗口，将抠取的羽绒服图层的混合模式设置为“柔光”，加亮并清晰化处理羽绒服，如图3-96所示。

图3-96　设置混合模式

STEP 07 打开“羽绒服标签.png”图片（配套资源:\素材文件\第3章\羽绒服标签.png），将其拖动到羽绒服图像中，调整大小与位置，最终效果如图3-97所示（配套资源:\效果文件\第3章\羽绒服.psd）。

图3-97　最终效果

课后练习

（1）大家在处理色彩鲜艳、材质光滑的玉佩时，需要增加图像色彩的饱和度与光滑度。本练习将处理一张实拍的玉佩图片（配套资源:\素材文件\第3章\玉佩.jpg、玉佩背景.jpg），处理后的图片色彩鲜艳、美观。处理玉佩时，我们首先将其从背景图中抠出，通过调整曲线提高图像的亮度与对比度，增加玉佩的鲜艳度，然后使用涂抹工具来光滑玉佩表面，最后添加背景、文字与投影，处理前后的效果如图3-98所示（配套资源:\效果文件\第3章\玉佩.psd）。

图 3-98　处理前后的效果

（2）本练习将处理一张精油小瓶子的图片（配套资源:\素材文件\第3章\渐变瓶子.jpg、水珠背景.jpg），处理后图片中瓶盖的金属感更强。处理该图片时，我们首先需要抠图，再通过调整曲线提高图像的对比度和亮度，然后再次为瓶盖创建选区，渐变填充瓶盖，通过黑白灰的渐变来体现瓶盖的金属质感，最后添加水珠背景对瓶盖进行渲染，调整前后的效果如图3-99所示（配套资源:\效果文件\第3章\渐变瓶子.psd）。

图 3-99　调整前后的效果

第3篇 店铺装修

第4章 店铺首页核心模块设计

店面设计的好坏直接影响着买家对店铺的第一印象，专业、规范的店铺设计可以为商品加分，增加买家对商品的信任度，延长买家在店铺停留的时间，提高买家购买商品的概率。店铺首页作为店铺的门面，其装修至关重要。本章将对店铺首页核心模块进行设计，包括店招、导航、海报、优惠券等的设计。

学习目标：

* 熟悉店招制作规范
* 掌握文本输入与设置的方法
* 掌握形状的绘制方法

技能目标：

* 掌握店招设计的方法
* 掌握分类导航设计的方法
* 掌握海报设计的方法
* 熟悉优惠券设计的方法

4.1 店招设计

店招即店铺的招牌，它位于店铺页面的顶端。店招主要包括店铺广告语、收藏按钮、关注按钮、促销商品、优惠券、活动信息、搜索框、店铺公告、网址、第二导航条、联系方式等。买家单击店招上的信息模块可以直接跳转到相应的页面。

4.1.1 店招制作规范

就淘宝网而言，店招按尺寸大小可以分为常规店招和通栏店招两类，按元素是否会改变可以分为动态店招与静态店招两类。其中，常规店招的尺寸为950像素×120像素；通栏店招包括页头背景（店招的左右两侧）、常规店招和导航条（导航条位于店招下方），其尺寸多为1 920像素×150像素。常规店招与通栏店招的区别如图4-1所示。

图4-1　常规店招与通栏店招

需注意的是，为了便于店招的上传，页头背景图的大小最好小于200KB，店招大小最好小于80KB，店招的格式也应设置成JPG、GIF、PNG或SWF等格式。为了便于网店商品的推广，让店招便于记忆，网店美工在设计店招时，除了需要使其新颖别致、易于传播外，还应遵循以下两个基本的原则。

- **植入品牌形象：**品牌形象可以通过店铺名称、标志来给予展示。
- **抓住商品定位：**商品定位是指展示店铺所卖商品的类别，精准的商品定位可以快速吸引目标消费群体进入店铺。如图4-2所示，店招左侧的名称体现出了该店铺的商品定位为“男装”，右侧放置的牛仔裤可以突出店铺热卖的商品种类为“牛仔裤”。这样的店招不仅能让买家直观地看出该店铺卖的是什么商品，还能让买家知道其热卖牛仔裤的样式，从而准确判断该店铺的商品是否是自己所需的。

图4-2　男装店招

4.1.2 制作常规店招

下面我们将介绍制作美妆专卖店“清新农场”常规店招的方法。由于该店铺名称与“农场”有关，因此其店招在设计时要突出“农场”氛围。以下为通过使用黄色纹理填充背景与绿色文字来营造“农场”氛围的方法，其具体操作如下。

微课：制作常规店招

STEP 01 新建大小为950像素×120像素，分辨率为72像素/英寸，名称为“常规店招”的文件，效果如图4-3所示。

图4-3　新建文件

STEP 02 选择“油漆桶工具”，在工具属性栏中将填充方式设置为“图案”，在其后的“图案”下拉列表框的右上角单击“设置”按钮，再在弹出的下拉列表中选择“彩色纸”选项，在打开的对话框中单击 确定 按钮，用彩色纸图案替换当前的图案，选择“白色纹理纸”图案，单击背景填充彩色纸图案，如图4-4所示。

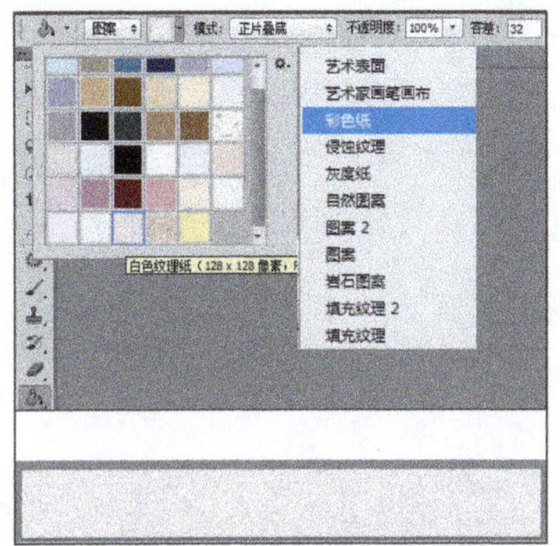

图4-4　设置纹理填充

STEP 03 选择【图层】/【新建调整图层】/【色彩平衡】命令，在打开的属性面板中将“中间调”和“阴影”的“黄色-蓝色”的值设置为“-100”，为背景增加黄色，如图4-5所示。

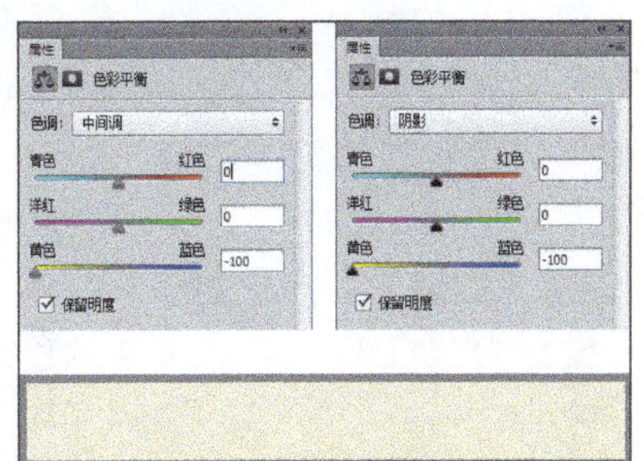

图4-5　更改颜色

STEP 04 选择“椭圆工具”，在工具属性栏中将描边颜色设置为“#384e19”，粗细设置为“1.8点”，取消填充，将其大小设置为“80像素×80像素”，按住【Shift】键，在页面左侧绘制圆，如图4-6所示。

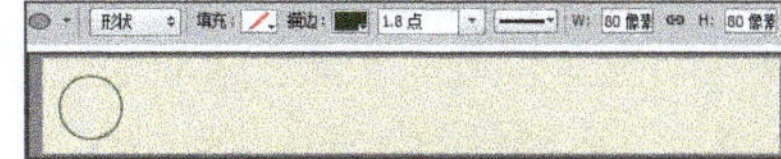

图4-6　绘制圆

STEP 05 复制圆形状图层，在工具属性栏中将其粗细更改为“1点”，大小更改为“50像素×50像素”，然后将其移动到大圆的中心位置，效果如图4-7所示。

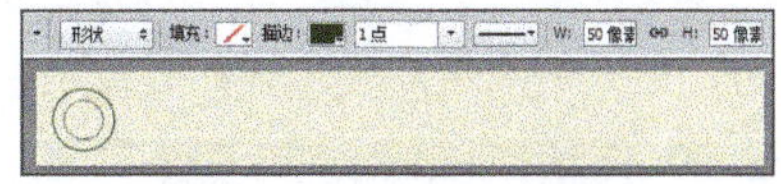

图4-7　复制并缩小圆

STEP 06 选择“直排文字工具”，将字体设置为“方正藏体简体”，字号设置为“22.5点”，输入“美妆”文本；选择“横排文字工具”，将字体设置为“幼圆”，字号设置为“10点”，输入“正品保证”“官方直营”文本，效果如图4-8所示。

图4-8　输入文本

STEP 07 选择“正品保证”文本，在工具属性栏中单击“创建文字变形”按钮，再在打开的对话框中将样式设置为“扇形”，弯曲度设置为“+62%”，单击 确定 按钮，继续为“官方直营”文本创建弯曲度为“-50%”的扇形变形效果，调整文本位置，效果如图4-9所示。

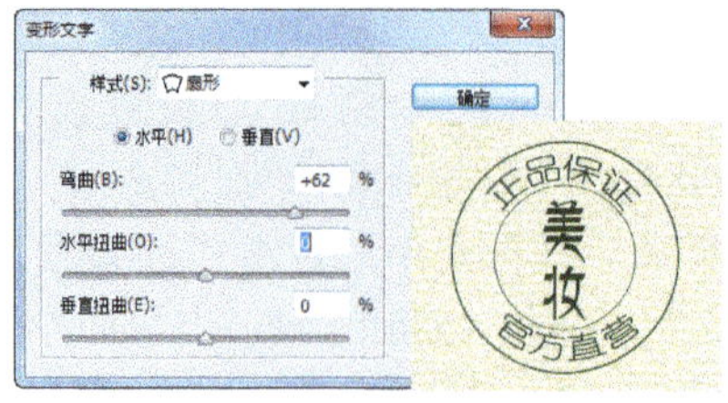

图4-9 创建扇形变形

STEP 08 选择“直线工具”，在工具属性栏中将填充颜色设置为“#384e19”，无描边，将直线粗细设置为“1像素”。按住【Shift】键在店标右侧绘制直线，并移动直线位置，效果如图4-10所示。

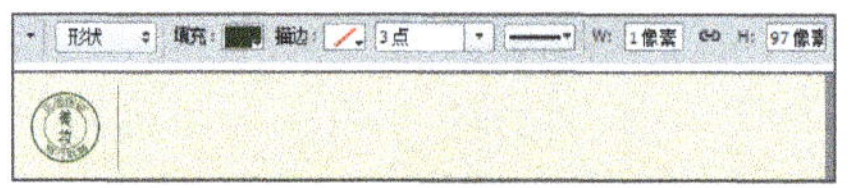

图4-10 绘制直线

STEP 09 选择“横排文字工具”，在工具属性栏中单击“切换字符和段落面板”按钮，打开“字符”面板，将字体设置为“方正品尚准黑简体”，字号设置为“22.7点”，单击“仿粗体”按钮，输入“清新农场”文本；然后将字体设置为“汉仪中圆简、仿粗体”，字号设置为“15点”，设置“字距”为“50”，输入“一|首|肌|肤|畅|想|曲”文本；再将字体设置为“Arial、仿粗体”，字号设置为“9点”，输入“—— SINCE 1970 ——”文本，如图4-11所示。

图4-11 添加文本

STEP 10 打开“美妆商品”图像（配套资源:\素材文件\第4章\美妆商品.psd），将其中的商品分别拖动到“常规店招”中，调整位置和大小，如图4-12所示。

图4-12 添加热销商品

STEP 11 双击某一商品所在图层的缩略图，在打开的对话框的左侧列表中单击选中投影复选框，将“混合模式、不透明度、角度、距离、大小”分别设置为“正片叠底、50%、180度、4像素、3像素”，单击确定按钮，如图4-13所示。

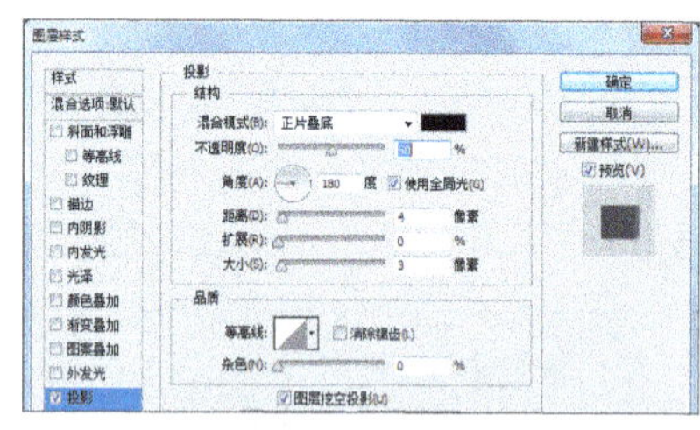

图4-13 添加投影

STEP 12 在“图层”面板中按住【Alt】键拖动“图层样式”图标到另一个商品的图层上，复制投影效果，如图4-14所示。

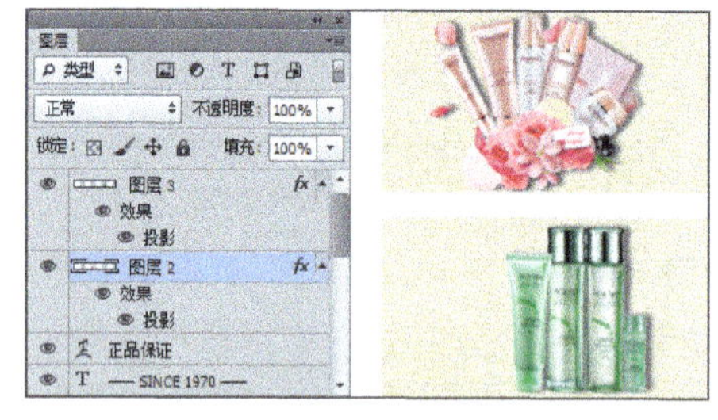

图4-14 复制投影效果

STEP 13 选择“横排文字工具”，输入促销标签文本，将“补水神器礼盒”的字体设置为“方正兰亭中粗黑_GBK”，字号设置为“20点”，文本颜色设置为“#1b1b1b”，将“活动价：¥”的字体设置为“方正兰亭黑简体”，字号设置为“11.18点”，文本颜色设置为“#c60706”，将“329”的字体设置为“方正兰亭中粗黑_GBK、仿粗体”，字号设置为“20点”，文本颜色设置为“#c60706”，将“高品质玫瑰”的字体设置为“方正兰亭黑简体”，字号设置为“14.67点”，文本颜色设置为“白色”，并在其下方绘制半径为“10像素”，填充为“#c60706”的圆角矩形，如图4-15所示。

图4-15　输入文本

STEP 14 新建“补水神器”组，将商品标签的所有图层拖动到该组中，复制组，将其命名为“深层清洁”，调整位置，并修改文本，制作“深层清洁”商品的标签，如图4-16所示。

图4-16　复制图层与修改文本

STEP 15 常规店招效果如图4-17所示（配套资源:\效果文件\第4章\常规店招.psd）。

图4-17　常规店招效果

4.1.3　制作通栏店招

微课：制作通栏店招

大家在常规店招的基础上制作通栏店招时，首先需要新建通栏店招文件，添加常规店招位置的辅助线，然后将常规店招拖入其中，调整显示位置，添加导航条形状与文本，其具体操作如下。

STEP 01 新建大小为1 920像素×150像素，分辨率为72像素/英寸，名称为“通栏店招”的文件，选择【视图】/【标尺】命令在工作区中显示标尺，如图4-18所示。

图4-18　显示标尺

STEP 02 选择“矩形选框工具”，在工具属性栏中将“样式”设置为“固定大小”，“宽度”设置为“485像素”，在图像左上角的灰色区域单击创建选区，从左侧的标尺上拖动参考线到选区右侧对齐，使用相同的方法在文件右侧创建参考线，如图4-19所示。

图4-19　添加参考线

经验之谈：

由于每台计算机屏幕的大小不同，因此，其所显示的店招范围也不同，为了保证店招中的信息显示完整，我们需要在两边留出485像素的宽度，不放置店招信息。

STEP 03 选择“矩形选框工具”，在工具属性栏中将宽度设置为“1 920像素”，高度设置为“30像素”，在图片下面的灰色区域单击创建选区。选择“渐变工具”，在渐变工具的工具属性栏中单击“线性渐变”按钮，单击渐变色条，在打开的对话框中将渐变颜色分别设置为“#5d7b0b、#55700a、#496009”，然后从上向下拖动鼠标创建垂直渐变，如图4-20所示。

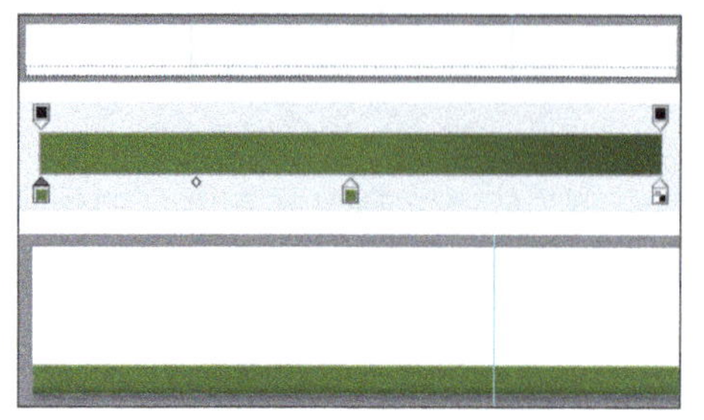

图4-20　创建渐变导航条

STEP 04 为白色区域创建选区，选择“油漆桶工具”，单击选区为其创建“白色纹理纸”填充效果，如图4-21所示。

图4-21　填充图案

STEP 05 全选“常规店招”文件中除背景外的所有图层，将其拖动到“通栏店招”文件中，调整位置，使其居中，效果如图4-22所示。

图4-22　添加常规店招

STEP 06 为背景中的导航条创建选区，按【Ctrl+J】组合键将其复制到新图层上，在“图层”面板中拖动图层到调整图层上方，恢复色彩；将字体设置为“方正兰亭中粗黑_GBK”，字号设置为“18点”，文本颜色设置为“白色”，输入导航条文本与竖线，完成通栏店招的制作（配套资源:\效果文件\第4章\通栏店招.psd），如图4-23所示。

图4-23　通栏店招效果

4.1.4　制作动态店招

制作动态店招的目的一般有两个：一是吸引买家的眼球；二是能展现更多店铺的商品。以下为利用时间轴，在通栏店招的基础上制作简单的动态店招，轮流展现两组店铺的热卖商品的方法，其具体操作如下。

微课：制作动态店招

STEP 01 分组管理图层，将补水神器相关图层都拖动到“补水神器”组中，将深层清洁相关图层都拖动到“深层清洁”组中，添加素材中的“大瓶保湿乳”“石榴滋润”组到图像中（配套资源:\素材文件\第4章\美妆商品2.psd），隐藏“补水神器”组和“深层清洁”组，调整大小与位置，如图4-24所示。

图4-24　添加商品

STEP 02 选择【窗口】/【时间轴】命令，在工作界面底部打开“时间轴”面板，自动创建一帧动画，单击“时间轴”面板底部的“复制所选帧”按钮 ，复制这一帧动画，单击选择复制的帧，显示“补水神器”组和“深层清洁”组，隐藏“大瓶保湿乳”和“石榴滋润”组，设置帧播放时间为“1秒”，单击“一次”按钮，在弹出的下拉列表中选择“永远”选项，如图4-25所示。

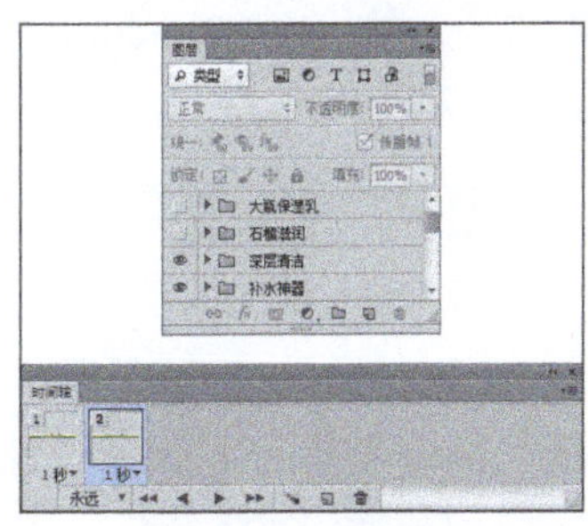

图4-25　添加动画

STEP 03 在“时间轴”面板底部单击“播放”按钮 ，可播放设置的动画效果。选择【文件】/【储存为Web所用格式】命令，在打开的对话框中将格式设置为“GIF”，单击 存储... 按钮，在打开的对话框中将保存格式设置为“HTML和图像”，保存文件，完成动态店招的制作，如图4-26所示（配套资源:\效果文件\第4章\动态店招.psd、动态店招.html、images\）。

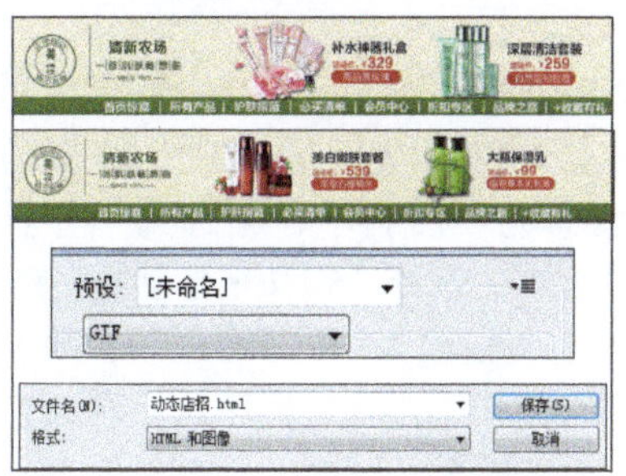

图4-26　保存动态店招

经验之谈：

大家在“时间轴”面板底部单击“创建过渡帧”按钮 ，可在两个帧之间创建过渡帧，如设置不透明度到透明度的过渡帧，可以制作出星星闪烁的效果。

4.2　分类导航设计

为了满足卖家分类放置不同商品的要求，同时方便买家更好地搜索商品，淘宝网提供了分类导航的功能，卖家可以根据自己商品的类型设置不同的分类。

4.2.1　分类导航制作规范

如果卖家根据淘宝网默认的设置添加分类导航，则分类导航全部将以文字的方式进行显示。不过为了使店铺更美观、更有个性，卖家也可以自定义制作店铺的分类导航。下面对分类导航的制作和设置的相关规范进行介绍。

- 为了店铺美观，卖家可以专门为商品分类导航制作图片或图标。
- 自定义制作的分类导航，其颜色、风格等应该与店铺的整体风格相适应。
- 商品分类图片的宽度最好不超过160像素，否则当显示器分辨率小于或等于1 024像素×768像素时，店铺首页宝贝分类栏右侧的商品列表容易下移。

- 卖家还可在商品分类中添加子分类。为了方便操作，卖家可先完成子分类的创建，再将商品转入相关分类下。

4.2.2 设计分类导航按钮

微课：设计分类导航按钮

分类导航按钮的设计比店招简单一些，一般可以使用Photoshop将其制作成好看的图片格式。以下为使用Photoshop CS6制作店铺分类导航按钮的方法，其具体操作如下。

STEP 01 在Photoshop CS6中新建大小为150像素×200像素，分辨率为72像素/英寸，背景为“透明”，名称为“分类导航”的文件。选择“圆角矩形工具”，将其填充色设置为“#5d8634”，绘制半径为“5像素”的两个矩形，组合成如图4-27所示的图形。

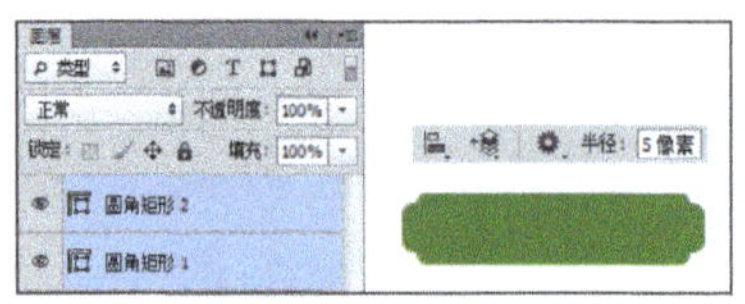
图4-27 绘制矩形

STEP 02 选择两个矩形图层，按【Ctrl+E】组合键合并图层，双击合并后的图层，在打开的对话框的左侧列表中单击选中 内阴影 复选框，将“混合模式、颜色、不透明度、角度、距离、大小”分别设置为“正片叠底、#1b2710、75%、90度、3像素、2像素”，单击 确定 按钮，如图4-28所示。

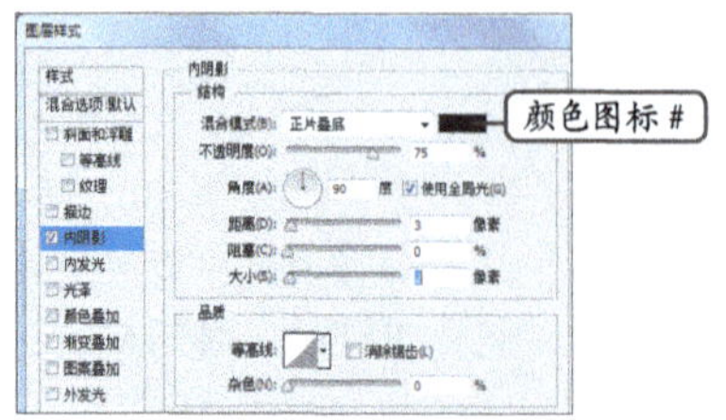

图4-28 添加内阴影

STEP 03 将前景色设置为“#223114”，选择“钢笔工具”，在画布中绘制不规则矩形路径，首先单击鼠标确定锚点的位置，然后依次绘制其他锚点，并拖动鼠标调整锚点，然后按【Ctrl+Enter】组合键将其转化为选区，按【Alt+Delete】组合键填充前景色，如图4-29所示。

图4-29 绘制图形

STEP 04 选择“横排文字工具”，输入文字“爆款直销”，将字体设置为“方正兰亭中粗黑_GBK”，字号设置为“14点”，并调整文本的位置，如图4-30所示。

图4-30 输入文本

STEP 05 双击文本图层，在打开的对话框的左侧列表中单击选中 外发光 复选框，将“混合模式、不透明度、颜色、扩展、大小”分别设置为“滤色、22%、白色、14%、4像素”，单击 确定 按钮，如图4-31所示。

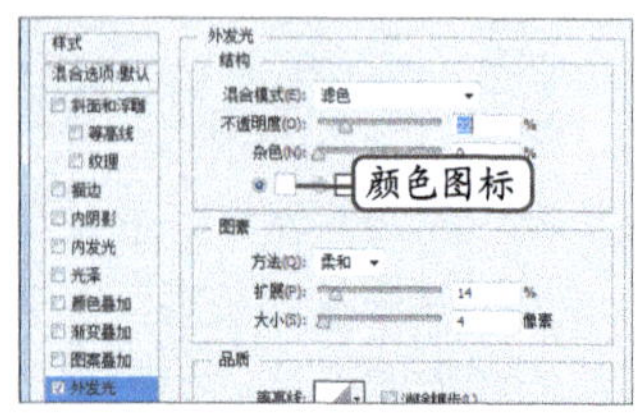

图4-31 添加外发光

STEP 06 在“图层”面板中按住【Alt】键拖动“图层样式”图标 fx 到“图层1”上，复制发光效果，选择“圆角矩形2”

和“爆款直销”图层，按【Ctrl+J】组合键复制图层，修改文本，制作其他分类按钮，效果如图4-32所示。

图4-32　制作其他分类按钮

STEP 07 为按钮创建参考线，选择“切片工具”，根据参考线绘制按钮的矩形外框，对按钮进行切片，切片效果如图4-33所示。

图4-33　创建切片

STEP 08 选择【文件】/【存储为Web所用格式】命令，打开“存储为Web所用格式”对话框，在“预设”栏中将图片格式设置为“PNG-8”，单击 存储... 按钮，打开“将优化结果存储为”对话框，设置切片文件的保存位置，将其格式设置为“HTML和图像”，单击 保存(S) 按钮，如图4-34所示（配套资源:\效果文件\第4章\导航按钮.psd、导航按钮.html、images\）。

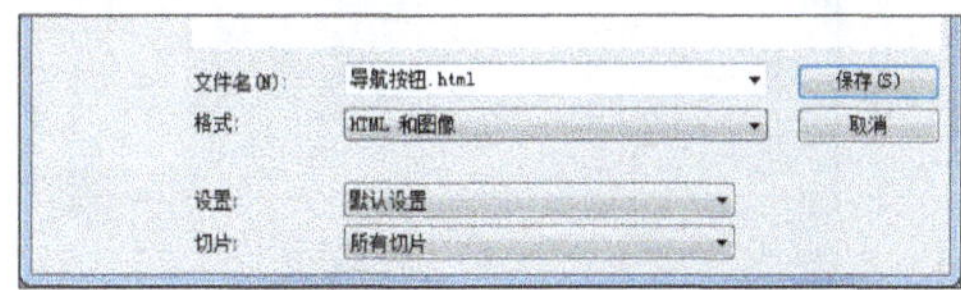

图4-34　储存切片

4.3 海报设计

海报的尺寸是与店铺的布局紧密相关的，与店招一样，卖家也可以根据需要设置常规海报和全屏海报。

- **全屏海报：**首页的全屏海报常见于导航的下方，占有较大的面积，具有震撼的视觉效果，一般用于放置店铺的活动与促销信息。全屏海报的宽度为1 920像素，高度以不大于540像素为最佳。
- **常规海报：**常规海报应符合淘宝模块的尺寸要求，其高度应为100像素~600像素，大小要小于300KB，其宽度可设置为950像素、750像素和190像素。

4.3.1　制作全屏海报

网店美工在制作全屏海报时要保证其在构图技巧、配色方式、文本排版等方面简洁美观、主题突出、能够吸引买家。此外，由于计算机显示器的分辨率高低不同，为了保证全屏海报在任何显示器中都能完整地显示出图片中的重要信息，网店美工在制作时需要对图片的两边进行“留白”处理，即左右两侧宽度为360像素的区域中不放置人物或商品图片，也不放置文案。以下为制作美妆商品的全屏海报的方法，其具体操作如下。

STEP 01 新建大小为1 920像素×540像素，分辨率为72像素/英寸，名称为“全屏海报”的文件，打开素材文件（配套资源:\素材文件\第4章\全屏海报\），依次拖动背景、商品、水纹、树叶素材到“全屏海报”文件中，按【Ctrl+T】组合键调整图像大小与位置，效果如图4-35所示。

图4-35 打开素材文件

STEP 02 选择“横排文字工具” T，将其字体设置为“汉仪中圆简”，字号设置为“73.8点”，颜色设置为“#339760”，分两行输入“丝滑缔造 水润柔肌”文本；再将字体设置为“方正兰亭中粗黑_GBK”，字号设置为“23.22点”，颜色设置为“#939393”，输入其他文本，效果如图4-36所示。

图4-36 输入文本

STEP 03 选择“直线工具” ，在工具属性栏中将填充颜色设置为“#dcdcdc”，无描边，粗细设置为“1像素”，按住【Shift】键，在“水润柔肌”文字下方绘制水平直线，如图4-37所示。

图4-37 绘制直线

STEP 04 单击“创建新图层”按钮新建图层，选择“钢笔工具” ，绘制树叶路径，如图4-38所示。

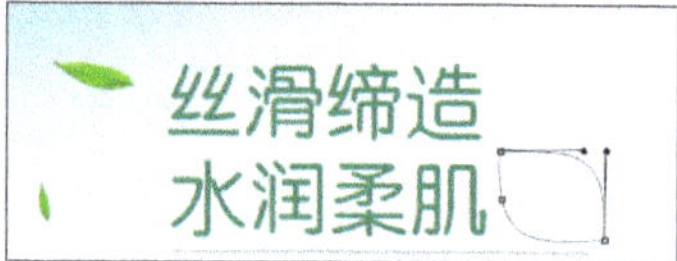

图4-38 绘制树叶路径

STEP 05 按【Ctrl+Enter】组合键将其转化为选区，将前景色设置为“#aece23”，按【Alt+Delete】组合键进行填充，按【Ctrl+J】组合键复制树叶形状，缩小并更改其颜色为“#18b56a”，如图4-39所示。

图4-39 填充并复制树叶

STEP 06 选择“横排文字工具” T，将字体设置为“方正兰亭中粗黑_GBK”，字号设置为“27点”，文本颜色设置为“白色”，输入“HOT”文本，如图4-40所示（配套资源:\效果文件\第4章\全屏海报.psd），然后保存文件完成操作。

图4-40 全屏海报效果

4.3.2 制作常规海报

常规海报根据放置的位置不同，其宽度也有所不同，一般包括950像素、750像素、190像素3种类型。虽然海报的尺寸不同，但其制作方法相似。下面我们以制作宽度为750像素的常规海报为例进行讲解，其具体操作如下。

STEP 01 新建大小为750像素×250像素，分辨率为72像素/英寸，名称为“常规海报”的文件。打开素材文件（配套资源:\素材文件\第4章\常规海报\），依次拖动背景、篮子素材到“常规海报”文件中，按【Ctrl+T】组合键调整图像大小与位置，如图4-41所示。

图4-41 打开素材文件

STEP 02 将素材中的商品拖动到篮子上，调整其大小与位置，选择商品图层，使用钢笔工具绘制被遮挡的篮子路径，按【Ctrl+Enter】组合键将其转化为选区，如图4-42所示。

图4-42 绘制选区

STEP 03 按【Ctrl+Shift+L】组合键反选选区，在“图层”面板中单击“创建矢量蒙版”按钮，为商品图层添加蒙版，并隐藏选区外的图像，合成篮子中的商品，如图4-43所示。

图4-43 创建矢量蒙版

STEP 04 双击篮子图层，在打开的对话框的左侧列表中单击选中 投影 复选框，将“混合模式、不透明度、角度、距离、大小”分别设置为“正片叠底、30%、78度、7像素、7像素”，单击 确定 按钮，如图4-44所示。

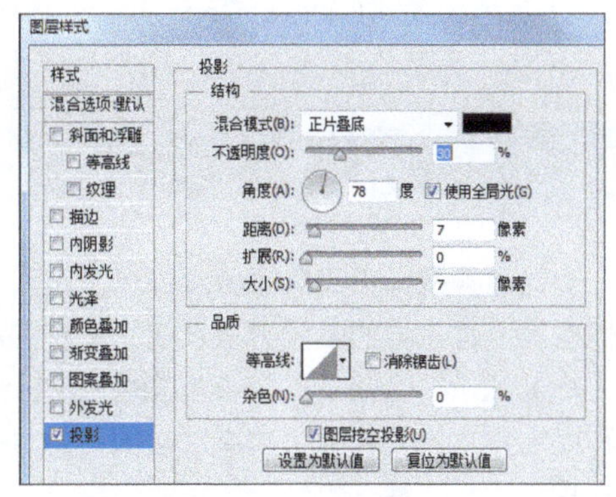

图4-44 添加投影

STEP 05 在“图层”面板中按住【Alt】键拖动“图层2”上的图标 fx 到商品图层上，复制投影效果，如图4-45所示。

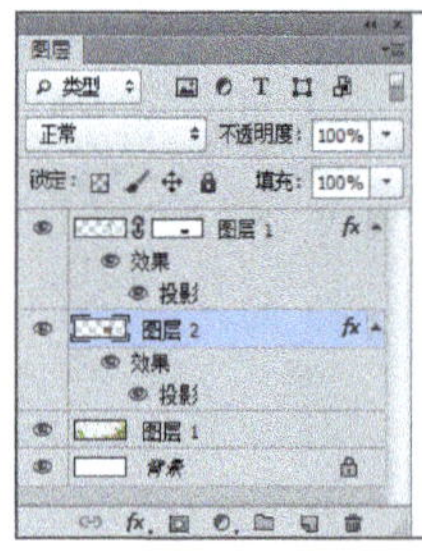

图4-45　复制投影效果

STEP 06 选择“横排文字工具” T，将字体设置为“方正兰亭中粗黑_GBK”，字号设置为“18点”，文本颜色设置为“#878787”，输入“SPRING”文本；将字体设置为“方正剪纸简体”，字号设置为“55点”，文本颜色设置为“#47a47c”，输入“出游”文本；将字号更改为“88点”，文本颜色更改为“#77a754”，输入“记”文本；将字体设置为“汉仪中圆简”，字号设置为“22.5点”，文本颜色设置为“白色”，输入“初春出游　元秒”文本；将字体设置为“Britannic Bold”，字号设置为“50.5点”，文本颜色设置为“#f4d421”，输入“1”文本；选择“矩形工具”，将填充色设置为“#ea5755”，在“初春出游　元秒”文本底部绘制矩形，将图层移至图层3上，效果如图4-46所示。

图4-46　输入文本并绘制矩形

STEP 07 在“图层”面板中按【Alt】键拖动篮子图层后侧的“图层样式”图标 fx 到文本“1”图层上，复制投影效果，如图4-47所示。

图4-47　复制投影效果

STEP 08 常规店招的整体效果如图4-48所示（配套资源:\效果文件\第4章\常规海报.psd），保存文件完成操作。

图4-48　常规店招效果

4.4 优惠券设计

优惠券是指在买家收藏店铺以及购买商品或参加其他活动时，卖家赠送给买家的店铺优惠券。优惠券的设置方法及规则多种多样，目前店铺优惠券主要的发放方式有消费满减（满就送）、会员折扣和买家自主领取3种。店铺优惠券是店铺常用的促销手段，也是一种网店推广方式和吸引买家二次消费的策略，若卖家开通了店铺优惠券功能，则可对优惠券模块进行个性化的设计。

4.4.1 优惠券的设计原则

优惠券在首页模块中展示的信息有限，一般只展示优惠的数字，但一张完整的优惠券内还包括了很多信息，这些信息只有在买家点击领用后才会显示，包括使用条件、有效时间、发行店铺等。

- **优惠券的使用范围：**明确使用的店铺，以及使用的方式（是在全店通用，还是在店内的单款、新品或者某系列商品上使用），以此限定消费的对象，起到引导流量走向的作用。
- **优惠券的使用条件：**优惠券实现了有条件的打折，它在刺激买家消费的同时，可以最大限度地保证利润空间。
- **优惠券的使用时间限制：**一般情况下，如果店铺是短期推广，应当限定使用日期，一般设置的优惠券到期时间以接近消费周期为佳。这能让买家产生过期浪费的心理，提高买家的使用率。
- **设置使用张数限制：**如“每笔订单限用一张优惠券”，这可以防止折上折的情况出现。
- **优惠券的最终解释权：**如“优惠券的最终解释权归本店所有”，这在一定程度上保留了店铺在法律上的权利，能避免在后期活动执行中出现不必要的纠纷。

4.4.2　制作优惠券

“满减”形式的优惠券是店铺常见的优惠券模式，如消费满100元优惠5元、满160元优惠10元等。下面我们将介绍制作美妆类商品的满减优惠券的方法，为了配合前面制作的店招与海报风格，在制作本例的优惠券时，其颜色与字体会沿用前面店招的颜色与字体，其具体操作如下。

微课：制作优惠券

STEP 01 新建大小为950像素×228像素，分辨率为72像素/英寸，名称为“优惠券”的文件。打开“木牌.png”图片（配套资源:\素材文件\第4章\木牌.png），将木牌拖动到“优惠券”文件中，按【Ctrl+T】组合键调整图像大小与位置。选择“横排文字工具” T，将字体设置为“方正兰亭中粗黑_GBK、仿倾斜”，字号设置为“18点”，文本颜色设置为“#40623c”，输入“点击领券”文本，如图4-49所示。

图4-49　输入文本

STEP 02 选择“椭圆工具”，在工具属性栏中将填充色设置为“#387436”，按住【Shift】键绘制绿色圆，如图4-50所示。

图4-50　绘制圆

STEP 03 选择“横排文字工具” T，将字体设置为“Impact”，字号设置为“48点”，文本颜色设置为“#ece76e”，输入“3”文本；将字体更改为“方正兰亭中粗黑_GBK”，字号更改为“14点”，输入“元”文本；将文本颜色更改为“白色”，输入“优惠券”文本；将字号更改为“12点”，输入“满99元使用”文本，如图4-51所示。

图4-51　输入文本

STEP 04 选择“直线工具”，在工具属性栏中将填充颜色设置为“#ede76F”，无描边，将其粗细设置为“1.5像素”，按住【Shift】键在优惠券下方绘制水平直线，效果如图4-52所示。

图4-52　绘制直线

STEP 05 双击圆图层，在打开的对话框的左侧列表中单击选中投影复选框，将“混合模式、不透明度、角度、距离、大小”分别设置为“正片叠底、75%、123度、3像素、2像素”，单击确定按钮，如图4-53所示。

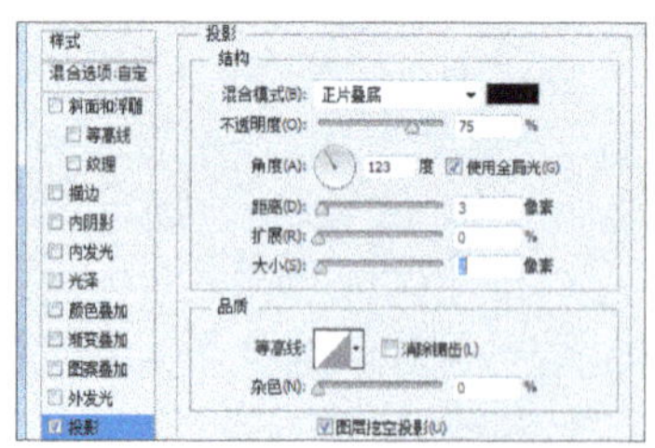

图4-53　添加投影

STEP 06 选择圆形内所有优惠券图层，按【Ctrl+G】组合键将其创建为组1，选择“选择工具”，在工具属性栏中设置自动选择“组”，按【Alt】键移动并复制组，得到其他两张优惠券，如图4-54所示。

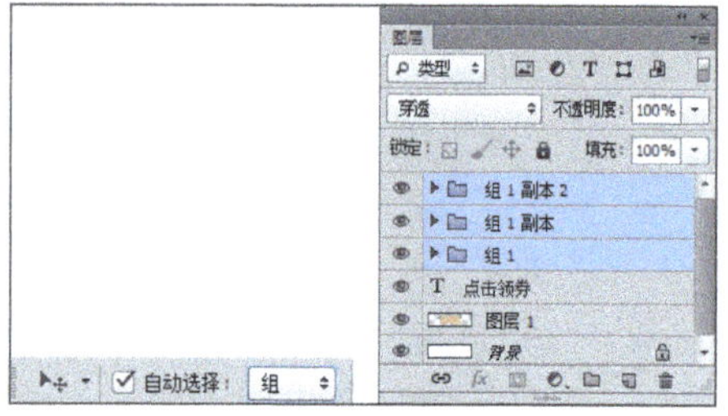

图4-54　复制组

STEP 07 修改券面金额与满减条件，完成后保存文件，完成优惠券的制作，效果如图4-55所示（配套资源:\效果文件\第4章\优惠券.psd）。

图4-55　优惠券效果

新手试练

下面我们对潮流男装的“10元”“20元”“30元”满减优惠券进行设计。为了吸引买家眼球，突出优惠券，我们在设计优惠券时主要选用黄色作为主色，效果如图4-56所示。

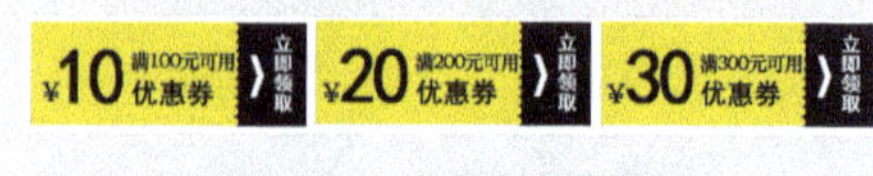

图4-56　优惠券参考效果

4.5 实战演练

下面我们将结合本章所讲解的相关知识进行实战演练，以制作女装店招、女装海报为例，巩固本章所学知识。

↘ 4.5.1　制作女装店铺店招

本例将制作潮流女装店铺的通栏店招，该通栏店招的配色以红色、黄色与白色为主，字体以黑体为主，店名文字的字体选用了纤细并富有变化的艺术性字体，以体现其女性特征。此外，该店招中还包含了店铺名称、收藏按钮、主要类别与优惠券等信息。完成后的效果如图4-57所示。

图4–57　店招效果

1. 设计思路

制作本例店招的设计思路如下。

（1）新建文件，创建店招空白区域与导航区域的辅助线。

（2）输入文本，制作文字类型的店标。

（3）添加分类图像，并结合形状与文字使用。

（4）利用直线分割矩形，输入文本，制作优惠券。

（5）输入导航条文本，并添加标签。

2. 知识要点

大家若想完成本例店招的制作，需要掌握以下知识。

（1）文字店标的设计。如果文字店标是基于店铺名称而制作的，其设计方式通常是将品牌的名称、名称缩写或是抽取的个别有趣的文字，通过排列、扭曲、颜色变化等方法制作成店招。

（2）导航条的设计。导航条需要与店招的风格和颜色相互呼应，为了便于查看，我们在设计导航条时要尽量简洁。

（3）文本的输入。选择“横排文字工具” 和“直排文字工具”，设置文本的字体、大小、颜色、字形、字间距等，并输入文本。

（4）图形的绘制。选择“矩形工具”、“直线工具” 和“自定形状工具” 绘制图形。

微课：制作女装店招

3. 操作步骤

以下为女装店铺店招的制作方法，其具体操作如下。

STEP 01 新建大小为1 920像素×150像素，背景为白色，分辨率为72像素/英寸，名称为“女装店招”的文件，按【Ctrl+R】组合键显示标尺，创建距离两边485像素，距离下边30像素的参考线，如图4-58所示。

图4–58　新建文件并创建参考线

STEP 02 选择“横排文字工具”，将字体设置为“ParisianC”，字号设置为“46点”，文本颜色设置为“黑色”，将字间距设置为“50”，输入“SHAYU”文本；将字体设置为“黑体、仿粗体”，字号设置为“20点”，输入“傻羽”“®”文本；将字体设置为“汉仪细圆简”，字号设置为“13点，文本颜色设置为“#908f8f”，输入“专注每一个细节”文本；将字号设置为“12点”，文本颜色设置为“黑色”，输入“收藏店铺”文本，如图4-59所示。

图4-59　输入文本

STEP 03 选择“自定形状工具”，在工具属性栏中将填充颜色设置为“#e71f19”，选择心形形状，在“收藏店铺”左侧绘制收藏图标，如图4-60所示。

图4-60　绘制收藏图标

STEP 04 选择“矩形工具”，在工具属性栏中将填充颜色设置为“#da2944”，将大小设置为“160像素×110像素”，双击鼠标，在打开的对话框中单击确定按钮，绘制矩形，然后复制3个相同的矩形，并进行排列，如图4-61所示。

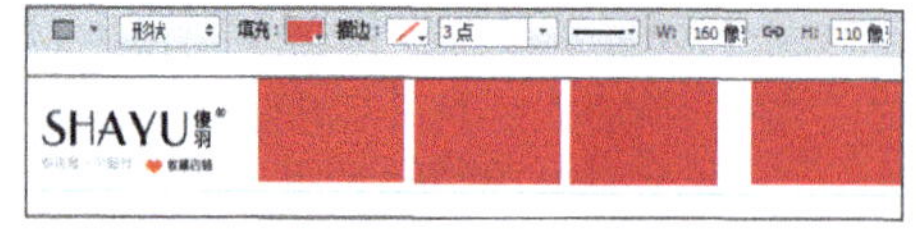

图4-61　绘制并复制矩形

STEP 05 打开素材（配套资源:\素材文件\第4章\女装店招\），将素材拖动到图像中，分别将素材调整到3个矩形图层上，如图4-62所示，在图像图层上单击鼠标右键，在弹出的快捷菜单中选择“创建剪切蒙版”命令，使用下层的矩形裁剪素材，调整素材的大小与位置。

图4-62　打开素材文件

STEP 06 选择“直排文字工具”，将字体设置为“黑体、仿粗体”，字号设置为“18点”，文本颜色设置为“白色”，输入类别文本，效果如图4-63所示。

图4-63　输入文本

STEP 07 选择“矩形工具”，在工具属性栏中将填充颜色设置为“#f9d291”，在右侧的矩形上绘制黄色矩形；选择“直线工具”，在工具属性栏中将填充颜色设置为“白色”，直线粗细设置为“2像素”，按住【Shift】键绘制两条直线平均分割矩形，将矩形分割为3个部分，如图4-64所示。

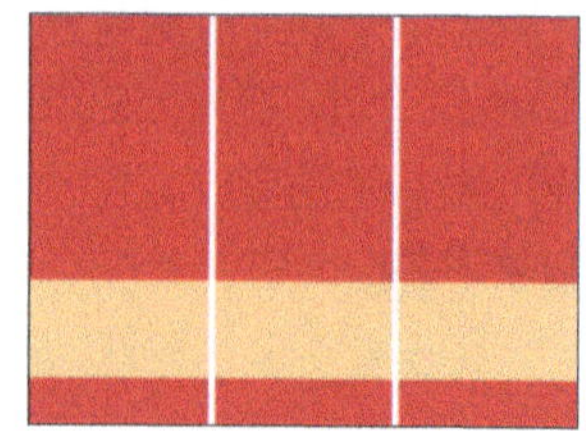

图4-64　绘制矩形与线条

STEP 08 选择“横排文字工具”，将字体设置为“黑体、仿粗体”，文本颜色设置为“白色”，输入优惠金额与使用条件文本，将文本颜色更改为“#da2944”，输入“抢先领＞”文本，调整文本的大小，如图4-65所示。

图4-65　制作优惠券

STEP 09 选择“横排文字工具” T，将字体设置为“黑体”，字号设置为“17点”，输入导航条文本，如图4-66所示。

图4-66　输入导航条文本

STEP 10 将前景色设置为“#df1933”，选择“钢笔工具”，在首页左侧绘制首页图标；选择“自定形状工具”，在工具属性栏中将填充颜色设置为“#da2944”，选择标注形状，在“新品”右上角绘制标签，并输入“hot”文本，效果如图4-67所示（配套资源:\效果文件\第4章\女装店招.psd）。

图4-67　最终效果

4.5.2　制作女装店铺海报

本例制作的海报以红色作为主色，其背景颜色与大衣颜色属于同一色调，整体和谐、平衡。该海报以白色和绿色为点缀色，以突出文案。此外，海报中的矩形框与直线也很好地实现了商品与文案的串联，起到了平衡画面的效果，制作后的海报效果如图4-68所示。

图4-68　海报效果

1. 设计思路

女装店铺海报可以根据女装的季节性、款式特点、面料特点、穿着场所等进行设计。制作本例中的海报的设计思路如下。

（1）确定主色调，红色可以营造温暖的氛围，烘托外套的保暖性。

（2）填充背景，绘制矩形框进行页面的大致构图。

（3）在页面左侧添加文本，在页面右侧添加女装模特素材，并为模特添加投影，增加其立体感。

2. 知识要点

完成本例海报的制作，大家需要掌握以下知识。

（1）海报设计要点：具有强烈的视觉冲击力，可以通过图片和色彩来实现；海报表达的内容精练，主题文字醒目，能够抓住主要诉求点；海报内容不可过多，一般以图片为主，文案为辅。

（2）文本的输入：选择“横排文字工具” T 和“直排文字工具” IT，设置文本的字体、大小、颜色、字形、字间距等，并输入文本。

（3）图形的绘制：选择“矩形工具” 和“直线工具” 绘制图形。

3. 操作步骤

以下为海报的制作方法，其具体操作如下。

STEP 01 新建大小为950像素×540像素，分辨率为72像素/英寸，名称为“女装海报”的文件，将其前景色设置为“#db2b48”，按【Alt+Delete】组合键填充背景；选择“矩形工具” ，在工具属性栏中将描边颜色设置为“白色”，描边粗细设置为“3点”，无填充，在页面右侧绘制矩形，如图4-69所示。

图4-69　填充背景并绘制矩形

STEP 02 打开“女装模特.png”图片（配套资源:\素材文件\第4章\女装模特.png），将素材拖动到“女装海报”文件中，按【Ctrl+T】组合键调整图像大小与位置，将其放置在方框中间位置，如图4-70所示。

图4-70　打开素材文件

STEP 03 双击模特素材图层，在打开的对话框的左侧列表中单击选中 投影 复选框，将“混合模式、不透明度、角度、距离、大小”分别设置为“正片叠底、85%、120度、12像素、16像素”，单击 确定 按钮，如图4-71所示。

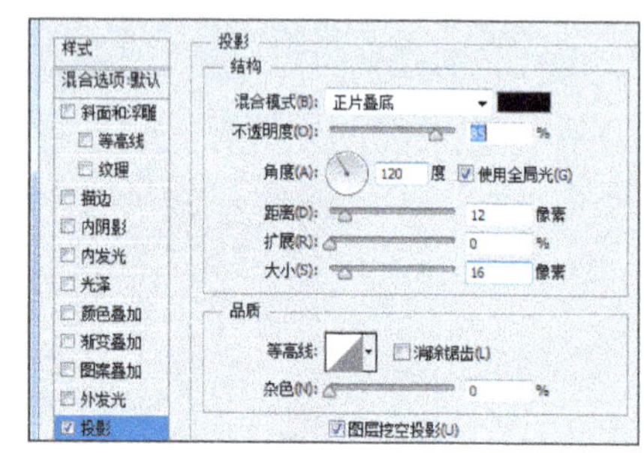

图4-71　添加投影

STEP 04 返回工作界面查看为人物添加的投影效果，如图4-72所示。

图4-72　添加投影后的效果

STEP 05 选择“横排文字工具” T，将其字体设置为“方正兰亭粗黑简体”，字号设置为“64点”，文本颜色设置为“白色”，输入“GO!”“OUT SIDE”文本；将字号设置为“43点”，输入“‘新’品发布会秋冬有约”文本；将字体设置为“方正兰亭圆简体”，字号设置为“30点”，输入“全场7折起”文本，将字号更改为“22点”，输入“先领券再购物 尊享折上折”文本；将字号更改为“21点”，输入“好货特惠 限时疯抢”文本，如图4-73所示。

图4-73　输入文本

STEP 06 选择“矩形工具”，在工具属性栏中将填充颜色设置为“#b6dfe3”，在“‘新’品发布会秋冬有约”文本下层绘制矩形，将图层移至图层1的上一层，将上层文本颜色更改为背景色；选择“直线工具”，在工具属性栏中将填充颜色设置为“白色”，直线粗细设置为“1.5像素”，按住【Shift】键，在“先领券再购物 尊享折上折”文本下方绘制直线，完成本例的制作，效果如图4-74所示（配套资源:\效果文件\第4章\女装海报.psd）。

图4-74　海报效果

课后练习

（1）本练习将利用耳机图像（配套资源:\素材文件\第4章\耳机素材.psd/）制作耳机专卖店“尚音阁”的常规店招。由于数码商品的店招一般要求简洁大气，因此我们在设计时不用过多装饰，可采用方正字体和简单的图形来体现。蓝色不仅能表现声音的纯净，而且能彰显耳机的品质，因此我们在设计时以蓝色为主色，搭配深蓝与浅蓝，并以渐变填充进行颜色的过渡，制作后的效果如图4-75所示（配套资源:\效果文件\第4章\耳机店招.psd）。

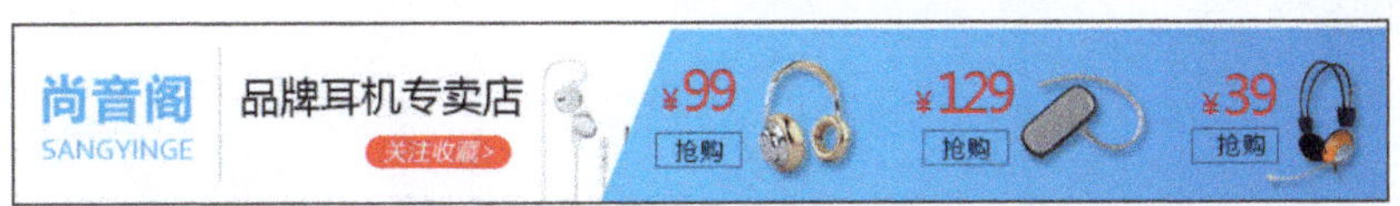

图4-75　店招效果

（2）本练习将应用“女包海报”文件夹（配套资源:\素材文件\第4章\女包海报\）中的素材制作两张女款包的全屏海报，以便于轮播。第一张海报以店铺冬季热销的商品为主，通过模特、商品的陈列、唯美的背景，以及梅花、雪花的对比来渲染冬季美好的画面，突出“寒冷冬季，有我与你相依”的主题；第二张海报延续了第一张海报的简约风格，通过包的陈列、深绿色的背景、放射状的图形，营造出高端、时尚的氛围，制作后的效果如图4-76所示（配套资源:\效果文件\第4章\女包海报\）。

暖冬新品
时尚随即来
FASHION
IMMEDIATELY TO
寒冷冬季，有我与你相依
秋装抢鲜
意大利米兰时尚
极简风格
99元
FASHION
IMMEDIATELY TO
COWBOY ERO
经典手提女包
时尚随即来

图4-76　海报效果

第5章 详情页视觉设计

买家在网店中单击心仪的商品图片后，一般会直接进入该商品的详情页，详情页的好坏直接决定了该笔订单的成败。因此，商品详情页的装修在店铺装修中至关重要，只有做好详情页视觉设计，才能进一步提高成交量与转化率。本章将对详情页中的设计要点进行介绍，并通过制作常见的详情页模块，帮助大家提高详情页的制作水平。

学习目标：

* 掌握详情页设计要点
* 熟悉宝贝描述的策划要点
* 熟悉宝贝描述的内容分析方法

技能目标：

* 掌握制作焦点图的方法
* 掌握制作功能描述图的方法
* 掌握制作卖点说明图的方法
* 掌握制作信息展示图的方法

5.1 详情页设计要点

商品详情页不仅能向买家展示商品的规格、颜色、细节、材质等具体信息，还能向买家展示宝贝的优势。买家是否喜欢该商品，常取决于商品详情页是否能深入人心，打动买家。

5.1.1 商品详情页制作规范

美观的商品详情页可以为商品增色、吸引买家关注、增加商品的售出概率，而为了使制作出的详情页规范完整，网店美工应注意以下几个方面内容。

- 商品详情页的风格应该与店标风格、店招风格等一致，以免造成页面整体不协调的问题。
- 商品详情页的内容一般都比较多，为了避免买家在浏览详情页时出现加载过慢的问题，大家在对其进行装修时最好不要使用太大的图片。
- 在店铺管理页面中直接制作商品详情页十分不方便，因此大家可先通过Photoshop制作好商品详情页，再进行上传。
- 淘宝网对商品详情页的尺寸一般没有具体要求，但其宽度一般在750像素以内。

5.1.2 商品详情页的内容分析与策划要点

商品详情页的内容需要根据商品进行策划，一般包括细节展示、宝贝参数、功能展示、宝贝推荐、宝贝细节等。网店美工若想要商品详情页的内容引发买家的兴趣，在策划时需要把握以下4点。

- 引发兴趣、激发潜在需求：网店美工可在商品详情页中加入创意焦点图来吸引买家眼球，焦点图上可以呈现商品的销量优势、商品的功能特点、商品的促销信息等，以激发买家的潜在需求。图5-1所示的详情页焦点图以火焰、放大的橙色文字来渲染烘鞋器的“温暖”功能。

图5-1　商品功能焦点图

- 赢得买家信任：网店美工若想通过商品详情页赢得买家信任，可从商品细节的完善、买家痛点和商品卖点的挖掘、同类商品对比、第三方评价、品牌附加值、消费者情感、塑造拥有后的感觉等方面入手。图5-2所示为通过对比使用唇膏前后的效果，说服买家购买的详情页内容。
- 替买家做决定：网店美工通过品牌介绍、提高客单价、优惠时间限制、数量有限、库存紧张、预购从速等手段号召犹豫不决的买家快速下单。图5-3所示为通过限制时间“今日下单减5元”的方式来刺激犹豫不决的买家快速下单的详情页内容。

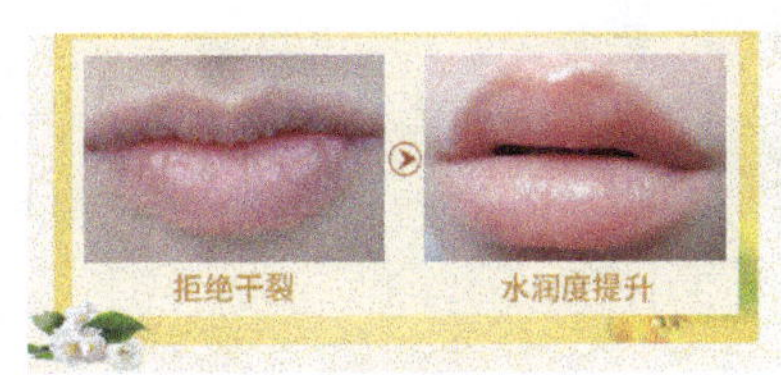

图5-2 赢得买家信任

图5-3 今日下单减5元

- **关联推荐：**若买家浏览完整个详情页后仍然没有下单，网店美工可通过相关推荐模块进行商品推荐，给买家更多选择与下单的机会。图5-4所示为某款呢子大衣的关联推荐。

图5-4 关联推荐

5.2 宝贝描述核心模块设计

宝贝描述是商品详情页的重点部分，精确到位的商品描述是促成买家下单的关键。不同的商品，其描述重点也不相同，如新品详情页的描述重点是品牌、款式与品质；热卖单品详情页的描述重点是热销盛况、好评；促销单品详情页的描述重点是突出活动力度；而常规商品详情页的描述重点是给出足够的购买理由，如展示其优势、功能、性价比，或通过营销活动让买家产生购买欲望。下面我们以美妆商品为例，对常见的宝贝描述模块进行设计。

5.2.1 宝贝焦点图设计

宝贝焦点图一般位于宝贝基础信息的下方，是为推广该款宝贝而设计的海报，它由商品、主题与卖点3部分组成，目的在于吸引买家购买该商品。下面为制作芦荟喷雾焦点图的方法，我们采用绿色背景来配合商品的颜色，并添加木板、树叶、水珠、芦荟、文本等元素装饰焦点图，其具体操作如下。

微课：宝贝焦点图设计

STEP 01 新建大小为750像素×880像素，分辨率为72像素/英寸，名称为“宝贝焦点图”的文件。打开“芦荟背景.jpg”图片（配套资源:\素材文件\第5章\芦荟背景.jpg），框选绿色背景，将其拖动到“商品焦点图”文件中，调整大小与位置，如图5-5所示。

图5-5 添加素材

STEP 02 在“图层”面板中单击“添加图层蒙版”按钮，为绿色背景添加蒙版；单击选择蒙版，选择“渐变工具”，在工具属性栏中单击“线性渐变”按钮，单击渐变色条，在打开的对话框中设置“白色-透明-透明-白色”的渐变，按住鼠标左键不放，并从上到下拖动鼠标，创建透明渐变效果，如图5-6所示。

图5-6 创建透明渐变效果

STEP 03 将“芦荟背景.jpg”图片中的木板拖动到当前窗口中，按【Ctrl+T】组合键调整大小，将鼠标移动到四角外的旋转控制柄上，按住鼠标进行旋转，将其移动到合适位置，按【Enter】键完成变换，如图5-7所示。

图5-7 添加并编辑木板

STEP 04 将芦荟瓶和芦荟（配套资源:\素材文件\第5章\芦荟喷雾.png、芦荟.png）添加到图像中，调整其位置和大小；将前景色设置为“#0d361b”，选择“画笔工具”，将其硬度设置为“0%”，将不透明度设置为“24%”，在芦荟瓶和芦荟素材下方新建图层，绘制投影，如图5-8所示。

图5-8 添加素材并绘制投影

STEP 05 将水珠（配套资源:\素材文件\第5章\水珠.png）添加到图像中的瓶子上，按【Ctrl+T】组合键调整其大小与位置，按【Alt】键拖动复制水珠，调整大小与位置，将其放在芦荟上，如图5-9所示。

图5-9 添加水珠

STEP 06 选择“横排文字工具”，将字体设置为“方正兰亭圆简体”，字号设置为“21点”，文本颜色设置为“白色”，输入“芦荟保湿舒缓喷雾150mL”文本；将字体设置为“方正兰亭纤黑简体”，字号设置为“53点”，输入“活力水嫩 焕发光彩”文本；将字体设置为“方正兰亭中粗黑_GBK”，字号设置为“24点”，输入“—— 92%芦荟畅销款，”文本，将字体更改为“方正兰亭纤黑简体”，输入“补水新升级 ——”文本，如图5-10所示。

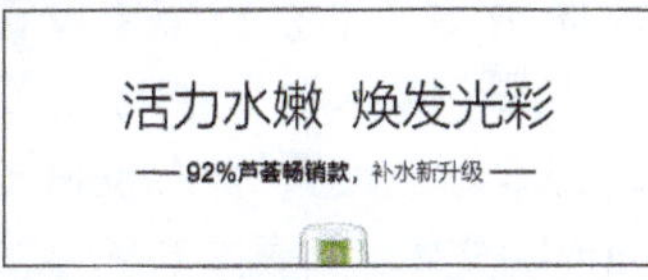

图5-10　输入文本

STEP 07 选择“圆角矩形工具”，在工具属性栏中将填充颜色设置为“#7baa2c”，半径设置为“15像素”，在“芦荟保湿舒缓喷雾150mL ”下一图层上绘制圆角矩形，将树叶（配套资源:\效果文件\第5章\宝贝焦点图.psd）添加到图像中，如图5-11所示（配套资源:\素材文件\第5章\树叶.png），完成制作。

图5-11　宝贝焦点图效果

5.2.2　功能描述图设计

功能无疑是商品最为重要的卖点之一，而简单地使用文字陈述其功能，可能会导致买家对其失去购买的兴趣，此时将商品的各功能总结起来，以图文搭配的形式来呈现，在视觉上更能让人接受。以下为制作芦荟喷雾的功能描述图，并加入线条、形状、水花等元素进行视觉美化的方法，其具体操作如下。

STEP 01 新建大小为750像素×770像素，分辨率为72像素/英寸，名称为“功能描述图”的文件。选择“矩形工具”，在工具属性栏中将填充颜色设置为“#e2eddd”，在页面左上角绘制矩形；选择“直线工具”，在矩形上绘制斜线，如图5-12所示。

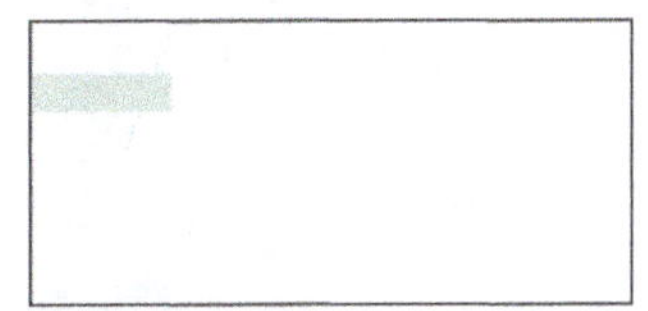

图5-12　绘制矩形与线条

STEP 02 在“图层”面板的矩形图上单击鼠标右键，在弹出的快捷菜单中选择“栅格化图层”命令，使用“多边形套索工具”，为线条右侧的矩形部分创建选区，按【Delete】键删除部分矩形，复制矩形和形状图层，将其移动至右侧并进行旋转和移动调整，效果如图5-13所示。

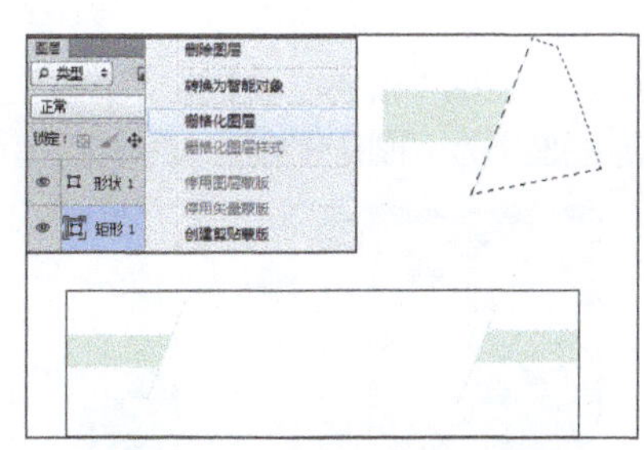

图5-13　栅格化并删除部分图像

STEP 03 选择“横排文字工具”，将字体设置为“方正兰亭纤黑简体”，字号设置为“37点”，文本颜色设置为“#498c37”，输入“天然芦荟 天然呵护”文本；将字体设置为“方正兰亭粗黑简体”，字号设置为“105点”，输入

“5”文本，将字号更改为“44点”，输入“大芦荟美容功效”文本，如图5-14所示。

图5-14　输入文本

STEP 04 将水纹、水花、芦荟喷雾（配套资源:\素材文件\第5章\水纹.png、水花.png、芦荟喷雾.png）添加到图像中，调整叠放顺序、位置和大小，效果如图5-15所示。

图5-15　添加素材

STEP 05 选择芦荟喷雾所在图层，按【Ctrl+J】组合键复制，按【Ctrl+T】组合键向下拖动上边的控制点，垂直翻转图像，将图层不透明度设置为“25%”，移至原图像下方，制作倒影，如图5-16所示。

图5-16　制作倒影

STEP 06 选择“圆角矩形工具”，在工具属性栏中将填充颜色设置为“#488c37”，半径设置为“15像素”，绘制178像素×32像素的圆角矩形。选择“横排文字工具”T，将字体设置为“方正兰亭圆简体”，字号设置为“26点”，文本颜色设置为“白色”，输入“舒缓保湿”文本；将字体设置为“方正兰亭中黑_GBK”，字号设置为“14点”，文本颜色设置为“#8e8c8c”，输入详细说明文本，如图5-17所示。

图5-17　输入文本

STEP 07 选择STEP06的所有图层，按【Ctrl+G】组合键将其创建为组1；选择“选择工具”，在工具属性栏中设置自动选择“组”，按【Alt】键移动并复制组，得到其他4个组，如图5-18所示。

图5-18　新建并复制组

STEP 08 选择“横排文字工具”T，修改各组中的文本内容，完成功能描述图的制作，如图5-19所示（配套资源:\效果文件\第5章\功能描述图.psd）。

图5-19　功能描述图效果

5.2.3　信息展示图设计

由于网上的商品是虚拟的，因此卖家只有在详情页中尽可能多地展示商品信息才能让买家充分了解该商品。除了基本参数外，卖家通常还需要对商品的尺寸、颜色或细节等内容进行充分的展示。以下为制作芦荟喷雾信息展示图的方法，其具体操作如下。

STEP 01 新建大小为750像素×900像素，分辨率为72像素/英寸，名称为“信息展示图”的文件，复制“功能描述图.psd”文件中的分类部分，修改为与“商品实拍”相关的文本；选择“钢笔工具”，将绘图模式设置为“形状”，描边颜色设置为“#49912d”，描边粗细设置为“1点”，绘制如图5-20所示的图形。

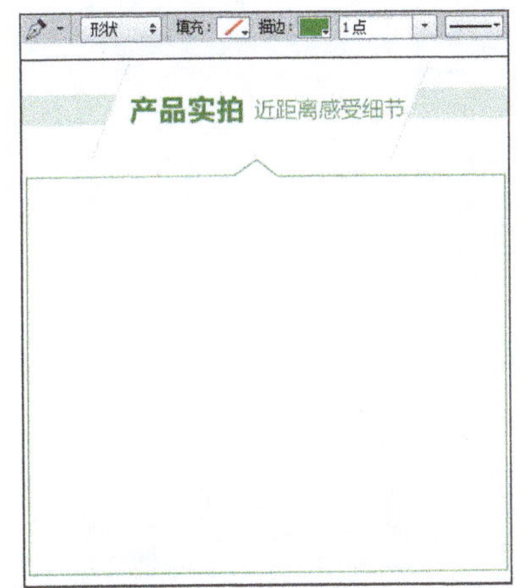

图5-20　绘制方框

STEP 02 选择“矩形工具”，设置与方框相同的描边颜色与粗细，按【Shift】键绘制矩形；选择“椭圆工具”，按【Shift】键在矩形中绘制圆；选择“直线工具”，将填充颜色设置为“#49912d”，取消描边，按【Shift】键绘制垂直和水平的直线，栅格化处理线条，框选线条中间部分，按【Delete】键删除部分线条，如图5-21所示。

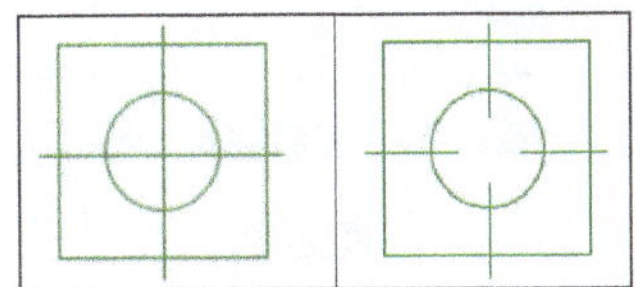

图5-21　制作图标

STEP 03 选择“横排文字工具”，将字体设置为“方正兰亭圆简体”，字号设置为“30点”，文本颜色设置为“#49912d”，输入“产品正面”文本；将字体设置为“方正兰亭纤黑简体”，字号设置为“19点”，文本颜色设置为“#4c4c4c”，输入“密封包装，精致外观”文本，如图5-22所示。

图5-22　输入文本

STEP 04 选择“直线工具”，在工具属性栏中取消填充，将描边颜色设置为“#a0a0a0”，粗细设置为“3.5点”，描边样式设置为“虚线”，按【Shift】键在两行文本之间绘制虚线，如图5-23所示。

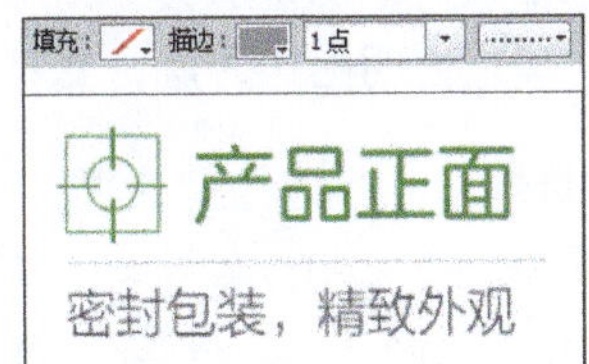

图5-23　绘制虚线

STEP 05 选择STEP02~04的所有图层，

按【Ctrl+G】组合键将其创建为组1；选择“选择工具” ，在工具属性栏中设置自动选择“组”，按【Alt】键移动并复制组，得到其他2个组，修改文本，效果如图5-24所示。

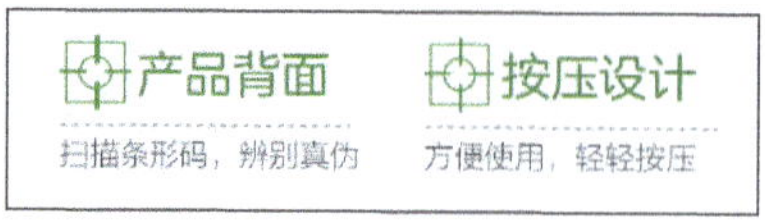

产品背面
扫描条形码，辨别真伪
按压设计
方便使用，轻轻按压

图5-24　复制并修改组

STEP 06 将芦荟喷雾的实拍图（配套资源:\素材文件\第5章\商品正面.jpg、商品背面.jpg、商品喷口.jpg、商品底部.jpg）添加到图像中，调整叠放顺序、位置和大小，效果如图5-25所示（配套资源:\效果文件\第5章\信息展示图.psd）。

图5-25　信息展示图效果

新手试练

不同商品展示的信息也有所不同，如服装类商品需要展示尺码、颜色、面料细节等，下面请试着制作一款连衣裙的细节展示图，参考效果如图 5-26 所示。

图5-26　细节展示图效果

5.2.4　卖点说明图设计

微课：卖点说明图设计

在制作焦点图和功能描述图时，我们已经对卖点进行了提炼，而此时，可以通过增加卖点的详细说明，如原料优势、产地优势、品牌理念等来增强商品的说服力。以下为制作芦荟喷雾“无添加”与“优质原料”卖点说明图的方法，其具体操作如下。

STEP 01 新建大小为750像素×1 450像素，分辨率为72像素/英寸，名称为“卖点说明图”的文件。复制“信息展示图.psd”文件中的分类部分，修改为与“无添加”相关的文本，如图5-27所示。

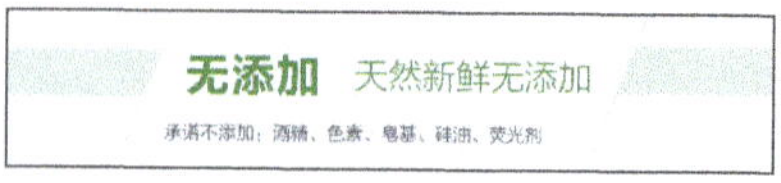

无添加　天然新鲜无添加
承诺不添加：酒精、色素、皂基、硅油、荧光剂

图5-27　制作“无添加”模块

STEP 02 选择“矩形工具” ，将描边颜色设置为“#49912d”，描边粗细设置

为“1.33点”，绘制矩形；选择“横排文字工具” T，将字体设置为“方正兰亭粗黑简体”，字号设置为“22点”，文本颜色设置为“#498c37”，输入“无酒精”文本；将字体设置为“方正兰亭黑简体”，字号设置为“19点”，文本颜色设置为“#4e4d4d”，输入“不含酒精”等文本，如图5-28所示。

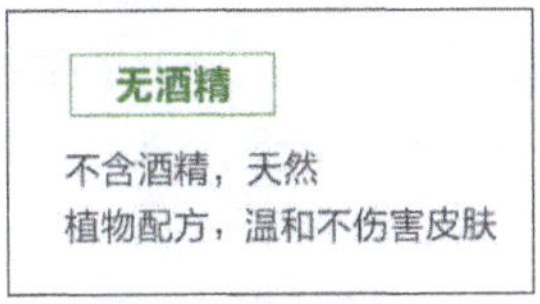

图5-28 输入文本

STEP 03 选择STEP02中的所有图层，按【Ctrl+G】组合键将其创建为组1；选择“选择工具”，在工具属性栏中设置自动选择“组”，按【Alt】键移动并复制组，得到其他两个组，修改文本，如图5-29所示。

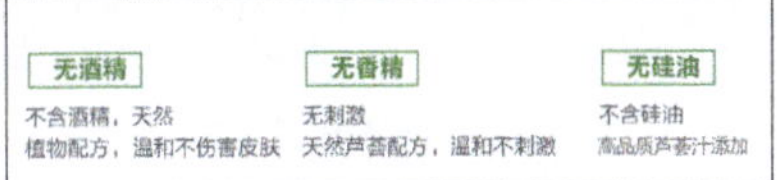

图5-29 创建并复制组

STEP 04 将芦荟（配套资源:\素材文件\第5章\芦荟.jpg）添加到图像中，调整位置和大小，“无添加”说明图效果如图5-30所示。

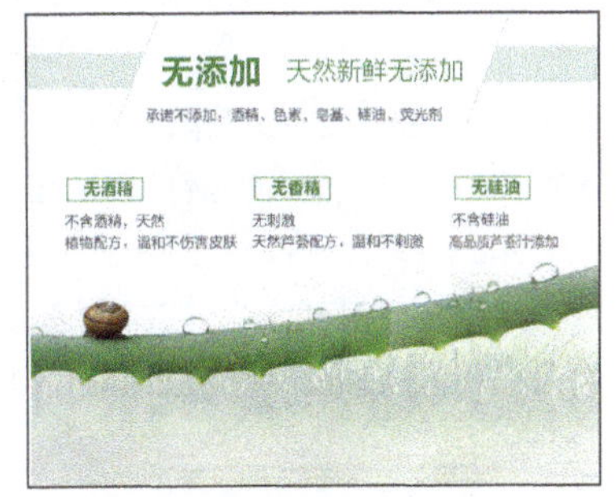

图5-30 “无添加”说明图效果

STEP 05 将“无添加”的分类部分创建为组2，复制组，修改为与“优质原料”相关的文本，制作“优质原料”模块，如图5-31所示。

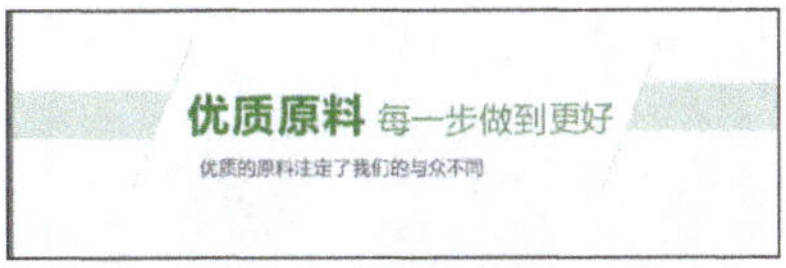

图5-31 制作“优质原料”模块

经验之谈：

大家在制作详情页的各个板块时，为板块设置相同的颜色、图形与文本样式，可以使页面保持简洁统一的视觉效果。

STEP 06 选择“矩形工具”，将其填充颜色设置为“#49912d”，按【Shift】键绘制矩形；复制并缩小矩形，将填充颜色更改为“#eeeeee”，如图5-32所示。

图5-32 制作矩形框

STEP 07 选择“圆角矩形工具”，在工具属性栏中取消填充，将描边颜色设置为“#a0a0a0”，描边粗细设置为“1点”，描边样式设置为“虚线”，在矩形框内绘制圆角矩形框；按【Alt】键移动并复制两个虚线框，水平均匀排列，如图5-33所示。

图5-33　绘制并复制圆角矩形

STEP 08 将原料图片（配套资源:\素材文件\第5章\原料1.jpg、原料2.jpg、原料3.jpg）添加到图像中，调整其位置和大小，分别将其放到虚线框中，效果如图5-34所示。

图5-34　添加素材文件

STEP 09 选择“横排文字工具” T，将字体设置为“方正兰亭粗黑简体”，字号设置为“28点”，文本颜色设置为“#fe9b01”，输入“有机种植”文本；将字体设置为“方正兰亭黑简体”，字号设置为“16点”，文本颜色设置为“#4c4c4c”，输入详细说明的文本，将“天然纯净”的文本颜色更改为“#49912d”；选择“直线工具” ，在工具属性栏中将其填充颜色设置为“#49912d”，粗细设置为“1.5像素”，按【Shift】键在文本之间绘制直线，如图5-35所示。

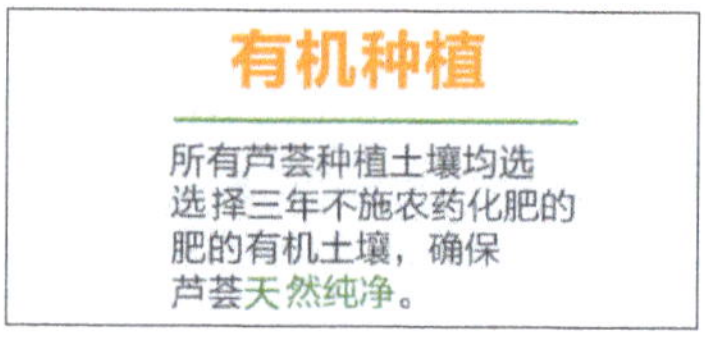

有机种植

所有芦荟种植土壤均选
选择三年不施农药化肥的
肥的有机土壤，确保
芦荟天然纯净。

图5-35　输入文本

STEP 10 选择STEP09中的所有图层，按【Ctrl+G】组合键将其创建为组3；选择“选择工具” ，在工具属性栏中设置自动选择“组”，按【Alt】键移动并复制组，得到其他2个组，修改文本，如图5-36所示。

图5-36　创建并复制组

STEP 11 选择“椭圆工具” ，按【Shift】键在矩形中绘制圆，在工具属性栏中将填充颜色设置为“#49912d”，按【Ctrl+J】组合键复制圆，按【Ctrl+T】组合键单击复制的这一层，按【Shift+Alt】组合键向内拖动四角的任意一角，向中心等比例缩小圆，取消填充颜色，将描边颜色设置为“白色”，描边粗细设置为“1点”，描边样式设置为虚线，效果如图5-37所示。

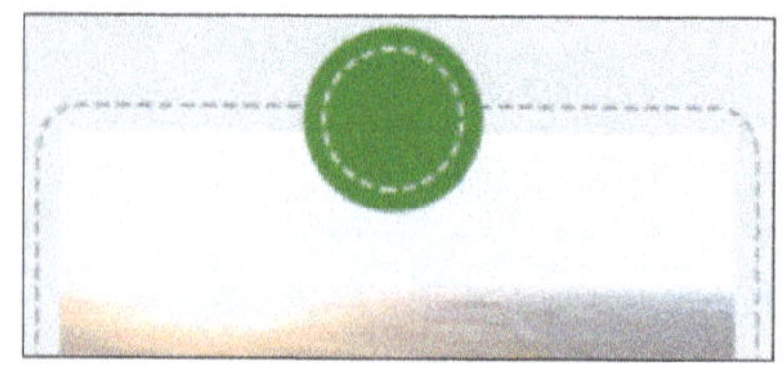

图5-37　绘制图

STEP 12 在圆中输入白色文本“1”，将字体设置为“方正中圆简体、仿粗体”。选择STEP11和圆中的白色文本图层，按【Ctrl+G】组合键将其创建为组4，移动并复制组，得到其他2个组，修改文本，制作后的“优质原料”说明图如图5-38所示（配套资源:\效果文件\第5章\“优质原料”说明图.psd）。

图5-38　“优质原料”说明图效果

5.3 实战演练

本实战将从“家纺四件套”四大优势以及情景展示、细节展示等方面入手，进行“家纺四件套”的详情页设计，其目的在于展示宝贝精良的品质，吸引买家购买。

↘ 5.3.1　制作四件套焦点图

本例将使用鲜艳的深蓝色作为背景，以突出显示白色的文字，并且和四件套的浅蓝色相呼应，这能在突出商品的同时，使页面和谐美观。我们在制作时加入了卷边、模特等元素，起到了点缀修饰的作用，完成后的效果如图5-39所示。

图5-39　四件套焦点图效果

1. 设计思路

制作焦点图的设计思路如下。

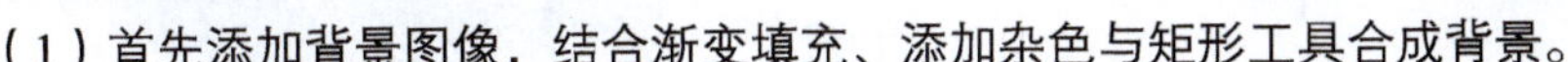

（1）首先添加背景图像，结合渐变填充、添加杂色与矩形工具合成背景。

（2）使用钢笔工具和渐变填充工具对背景进行处理，制作卷边效果。

（3）添加商品图和模特图，添加投影增加其立体感。

（4）输入说明文本，完成焦点图的制作。

2. 知识要点

大家若想完成本例焦点图的制作，需要掌握以下知识。

（1）选择“矩形工具”，设置填充与描边颜色，绘制矩形。

（2）在钢笔工具和形状工具的工具属性栏中设置渐变填充颜色、渐变填充方式、渐变位置，创建渐变填充图形。

（3）双击图层，打开“图层样式”对话框，设置投影参数，为图层添加投影效果。

（4）选择“横排文字工具” T，设置字体格式，输入文本。

3. 操作步骤

以下为四件套的焦点图制作方法，其具体操作如下。

STEP 01 新建大小为750像素×900像素，分辨率为72像素/英寸，名称为“四件套焦点图”的文件。打开“芦荟背景.jpg”图片（配套资源:\素材文件\第5章\芦荟背景.jpg），将其拖动到当前图像中，调整大小与位置，如图5-40所示。

图5-40 添加背景

STEP 02 选择“矩形工具”，取消描边，在“填充”下拉列表中单击“渐变”按钮，依次双击游标，在打开的对话框中分别将“渐变颜色”设置为“#0c1e60、#19398c、#0c1e60”，“角度”设置为“0”，在木板上方绘制渐变矩形，如图5-41所示。

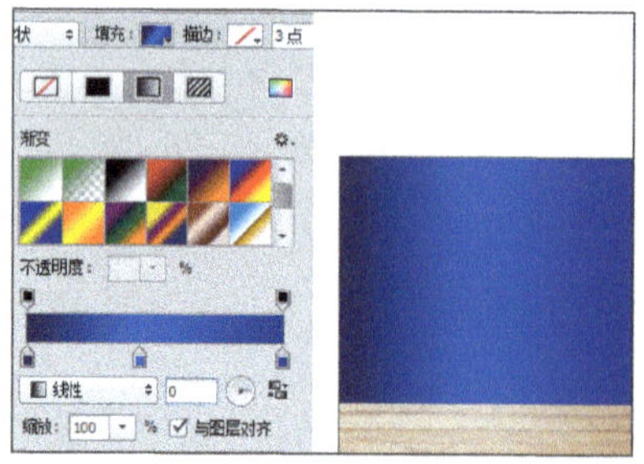

图5-41 绘制渐变矩形

STEP 03 选择【图层】/【栅格化】/【形状】命令，栅格化矩形图层；选择【滤镜】/【杂色】/【添加杂色】命令，打开“添加杂色”对话框，将“数量”设置为“4%”，单击选中 平均分布(U) 单选项和 单色(M) 复选框，单击 确定 按钮，如图5-42所示。

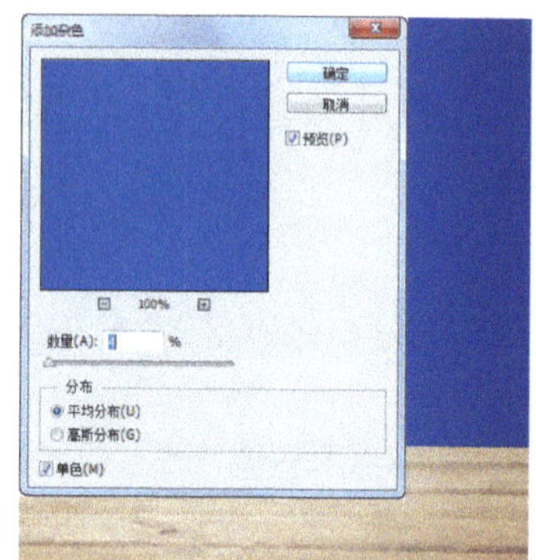

图5-42 为背景添加颗粒感

STEP 04 选择“钢笔工具”，将绘图模式设置为“形状”，在“填充”下拉列表中单击“渐变”按钮，依次将渐变颜色设置为“#928f8f、#ffffff、#928f8f”，角度设置为“79”，在蓝色图形右下角绘制卷边图形，如图5-43所示。

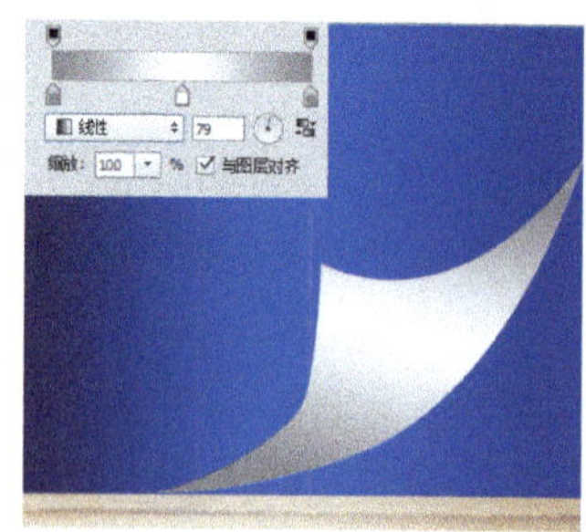

图5-43 绘制卷边图形

STEP 05 双击卷边形状图层，在打开的对话框左侧列表中单击选中 投影 复选框，将“混合模式、不透明度、角度、距离、大小”分别设置为“正片叠底、75%、-59度、7像素、13像素”，单击 确定 按钮，如图5-44所示。

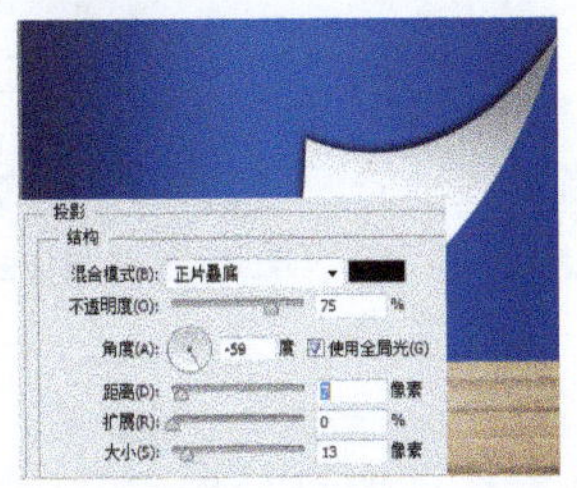

图5-44　添加投影

STEP 06 为卷边右下角的蓝色图形创建选区，按【Delete】键将其删除，效果如图5-45所示。

图5-45　删除部分图像

STEP 07 打开“四件套.png”图片（配套资源:\素材文件\第5章\四件套.png），将其拖动到当前图像中，调整大小与位置，为其添加投影，将“混合模式、不透明度、角度、距离、大小”分别设置为“正片叠底、75%、98度、11像素、10像素”，如图5-46所示。

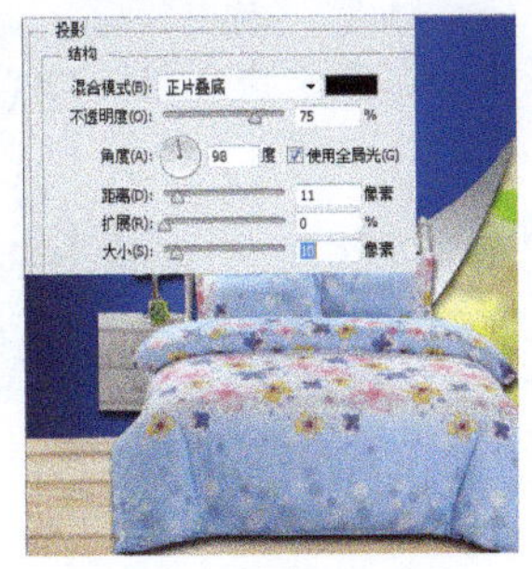

图5-46　打开素材文件

STEP 08 打开“模特.png”图片（配套资源:\素材文件\第5章\模特.png），将其拖动到当前图像中，调整大小与位置，按【Alt】键拖动四件套图层上的样式图标 fx 到模特图层上，复制四件套的投影，如图5-47所示。

图5-47　添加模特并复制投影效果

STEP 09 选择“横排文字工具” T，将字体设置为“方正宋三简体”，字号设置为“120点”，文本颜色设置为“白色”，输入“FLOWER”文本；将字体设置为“方正兰亭黑简体”“方正兰亭粗黑简体”，分别输入其他文本（配套资源:\素材文件\第5章\文本素材.txt），调整文本的大小与位置，完成本例的制作，如图5-48所示（配套资源:\效果文件\第5章\四件套焦点图.psd）。

图5-48　焦点图效果

经验之谈：

大家在应用文本描述图像时，所选用的文本颜色需要与背景颜色对比鲜明。

↘ 5.3.2 制作四件套描述图

本例从“家纺四件套”四大优势、印染技术以及情景展示方面进行四件套的描述，向买家展示该宝贝的印染精、不掉色、不起球等优点，以吸引买家下单购买，制作完成后的效果如图5-49所示。

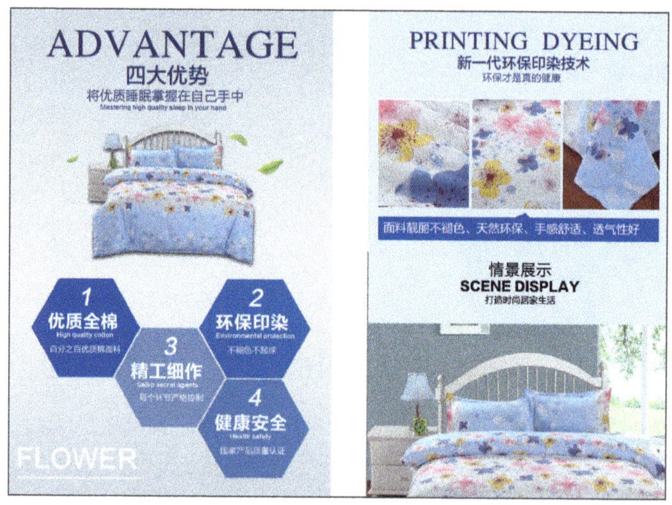

图5-49 四件套描述图效果

1. 设计思路

制作本例描述图的设计思路如下。

（1）首先为背景创建渐变填充，然后输入分类文本。

（2）添加商品，结合细节图像、形状与文本阐述卖点。

2. 知识要点

大家若想完成本例描述图的制作，需要掌握以下知识。

（1）选择“矩形工具”，创建渐变填充图形。

（2）选择“多边形工具”，设置边数，绘制多边形，并旋转多边形。

（3）选择“横排文字工具”T，设置字体格式，输入文本。

3. 操作步骤

以下为四件套描述图的制作方法，其具体操作如下。

STEP 01 新建大小为750像素×2 567像素，分辨率为72像素/英寸，名称为“四件套描述图”的文件，选择“矩形工具”，取消描边，在“填充”下拉列表中单击“渐变”按钮，双击游标，在打开的对话框中分别将渐变颜色设置为“#d8dbe2、#f0f0f2、#d8dce2”，角度设置为“90”，在画布中拖动鼠标绘制750像素×1 100像素的渐变矩形，如图5-50所示。

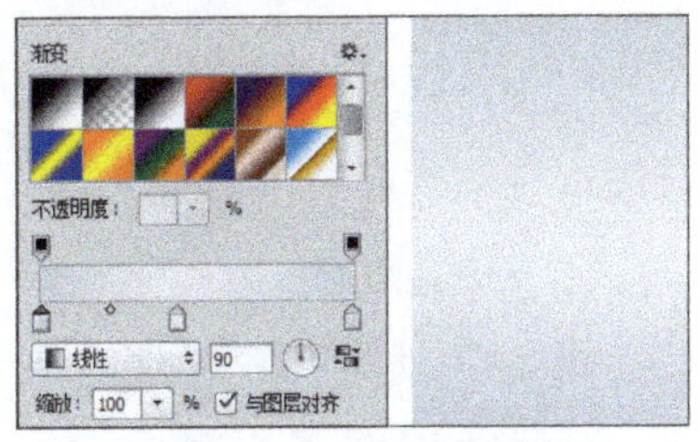
图5-50　绘制渐变矩形

STEP 02 选择"横排文字工具" T，将字体设置为"方正宋三简体"，字号设置为"90点"，文本颜色设置为"#002671"，输入"ADVANTAGE"文本；将字体设置为"方正兰亭中黑_GBK"，字号设置为"47.5点"，输入"四大优势"文本；将字体设置为"方正兰亭黑简体"，字号设置为"30点"，输入"将优质睡眠掌握在自己手中"文本；将字体设置为"方正兰亭粗黑简体"，字号设置为"14点"，输入其他文本，如图5-51所示。

图5-51　输入文本

STEP 03 将四件套和树叶素材（配套资源:\素材文件\第5章\四件套.png、树叶.png）添加到当前图像中，调整大小与位置，为四件套添加投影，将"混合模式、不透明度、角度、距离、大小"分别设置为"正片叠底、75%、101度、5像素、8像素"，效果如图5-52所示。

图5-52　添加素材

STEP 04 选择"多边形工具"，将绘图模式设置为"形状"，填充颜色设置为"#154e9d"，边数设置为"6"，在四件套下方绘制六边形。按【Ctrl+T】组合键进入选区编辑状态，在工具属性栏中将旋转角度设置为"75度"，如图5-53所示。

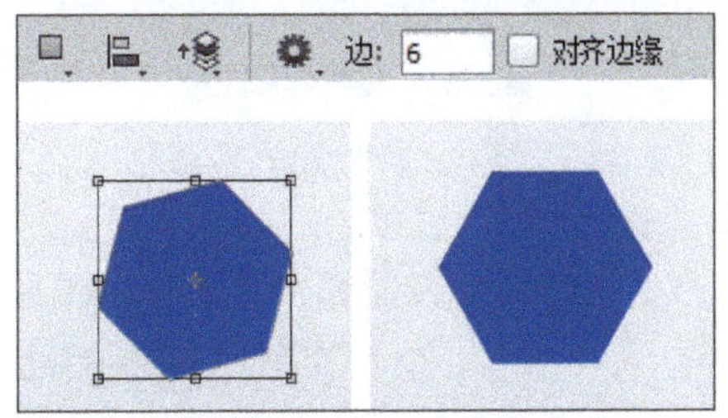

图5-53　绘制与旋转多边形

STEP 05 选择"横排文字工具" T，将字体设置为"方正兰亭粗黑简体、仿斜体"，字号设置为"48点"，文本颜色设置为"白色"，在六边形中输入文本"1"；取消仿斜体，将字号设置为"41点"，输入"优质全棉"文本；将字号设置为"13.5点"，输入"High quality cotton"文本；将字体设置为"方正兰亭黑简体"，字号设置为"18.5点"，输入"百分之百优质棉面料"文本，如图5-54所示。

图5-54　输入文本

STEP 06 选择STEP04~05中的所有图层，按【Ctrl+G】组合键将其创建为组；选择"选择工具"，在工具属性栏中设置自动选择"组"，按【Alt】键移动并复制组，得到其他3个组，排列组并修改六边形的颜色与其中的文本，效果如图5-55所示。

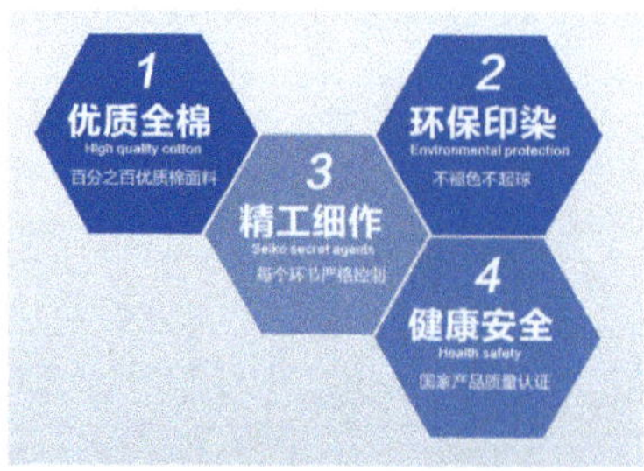

图5-55 复制并修改组

STEP 07 选择“横排文字工具” T，将字体设置为“Arial”，字号设置为“64点”，文本颜色设置为“白色”，在左下角空白处输入“FLOWER”文本。选择“直线工具” ，在工具属性栏中将填充颜色设置为“白色”，粗细设置为“1像素”，在文本下方按住【Shift】键绘制直线，如图5-56所示。

图5-56 输入文本并绘制直线

STEP 08 选择背景图层，将其颜色填充为“#e3eaf4”，输入与印染技术相关的分类文本，设置与STEP 02相似的字体与字体颜色，将文本字号分别调整为“60、36、24”，将面料素材（配套资源:\素材文件\第5章\面料 (1).jpg、面料 (2).jpg、面料 (3).jpg）添加到图像中，调整位置与大小，均匀排列成行，如图5-57所示。

图5-57 制作印染技术模块

STEP 09 选择“钢笔工具” ，将绘图模式设置为“形状”，填充颜色设置为“#154e9d”，在面料下方绘制标注图形，在图形上输入面料优势说明文本，将文本字体设置为“方正兰亭黑简体”，字号设置为“28点”，文本颜色设置为“白色”，如图5-58所示。

图5-58 输入面料优势说明

STEP 10 选择“横排文字工具”，将字体设置为“方正兰亭黑简体”，字号设置为“36点”，文本颜色设置为“黑色”，输入“情景展示”文本；将字体设置为“方正兰亭特黑简体”，字号设置为“30点”，输入“SCENE DISPLAY”文本；将字体设置为“方正兰亭圆简体”，字号设置为“21点”，输入“打造时尚居家生活”文本。将场景图素材（配套资源:\素材文件\第5章\场景图.jpg）添加到图像中，调整位置与大小，完成本例的制作，如图5-59所示（配套资源:\效果文件\第5章\四件套描述图.psd）。

图5-59 描述图效果

课后练习

（1）本练习将利用素材（配套资源:\素材文件\第5章\婚纱焦点图\）制作一款婚纱的焦点图。我们将婚纱的效果图与活泼的文本搭配，不但体现了宝贝的公主风格，还将宝贝的卖点进行了描述，最终效果如图5-60所示（配套资源料:\效果文件\第5章\婚纱焦点图.psd）。

图5-60　婚纱焦点图效果

（2）本练习将使用所提供的素材（配套资源:\素材文件\第5章\棉袜素材\）制作棉袜详情页。在制作过程中，我们将利用中国结元素、形状、箭头灯元素，结合剪切蒙版裁剪素材，并输入深色的文字，强调商品的信息，达到吸引买家注意的目的，制作后的效果可参考图5-61（配套资源:\效果文件\第5章棉袜详情页.psd）。

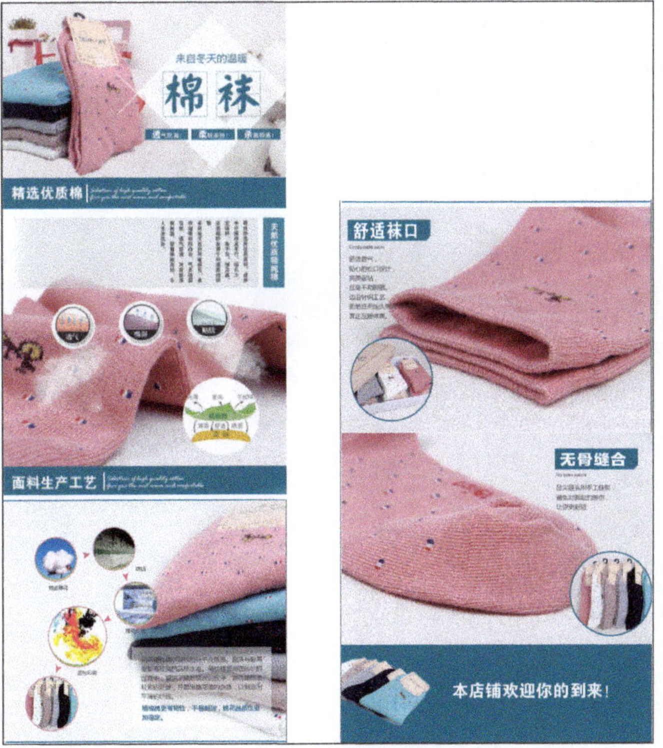

图5-61　详情页效果

第6章 页面装修

网店美工在完成网站的首页与详情页设计后，要使其展示在店铺中，就涉及了对店铺的装修。为了快速完成店铺页面的装修，网店美工需要掌握图片切片、图片空间管理、店铺模块编辑、超链接添加等知识，本章将对其进行详细的介绍。

学习目标：

* 认识图片空间
* 认识店铺常见模块

技能目标：

* 掌握图片切片与保存的方法
* 掌握编辑店铺模块的方法
* 掌握添加超链接的方法

6.1 使用图片空间

买家在淘宝网店所看到的商品详情页的图片和店铺装修的图片都需要被存储在淘宝的图片空间中。图片空间具有速度快、管理方便、可批量操作等优点，将图片存储在图片空间是店铺装修中一个不可或缺的环节。本节将对使用图片空间的相关知识进行介绍。

6.1.1 切片技巧

将制作好的图片上传到图片空间之前，为了避免因格式、大小等因素造成图片在网页上不能正常显示的情况发生，网店美工需要对大的图片进行切片、优化和储存，然后将切片分别上传到图片空间。网店美工在进行切片时，为了保证切片合理、位置精确，需要掌握一定的技巧。下面介绍其具体内容。

- **依靠参考线：**拖动标尺，为图像创建切片的参考线，在切片时，基于参考线的切片区域比直接手绘的切片区域更精确。
- **切片位置：**切片时我们不能将一个完整的图像区域切开，应尽量按完整图像切割，以免因操作或网速问题造成图像不能完整地被呈现出来的问题。
- **切片的对象：**除了宋体和黑体的特殊字体效果，以及虚线、渐变图形等，其余都是需要切片的对象。
- **切片储存的格式：**在储存切片时，我们可单独为各个切片设置储存格式，切片储存的格式不同，其大小与效果也会有所不同。一般情况下，色彩丰富、尺寸较大的切片，选用JPEG格式（也叫JPG格式）储存；尺寸较小、色彩单一和背景透明的切片，选用GIF或PNG-8格式储存；半透明、不规则以及圆角的切片，选用PNG-24格式储存。

微课：图片切片与保存

6.1.2 图片切片与保存

本例将为“暖心系”的杯子分类图像创建切片，并将创建的切片以JPEG格式保存到计算机中，以方便后期装修店铺时使用。下面介绍图片切片与保存的方法，其具体操作如下。

STEP 01 打开“暖心系.jpg”图片（配套资源:\素材文件\第6章\暖心系.jpg），如图6-1所示。

图6-1　打开素材文件

STEP 02 选择【视图】/【标尺】菜单命令，或按【Ctrl+R】组合键打开标尺，从左侧和顶端拖动参考线，设置切片区域，如图6-2所示。

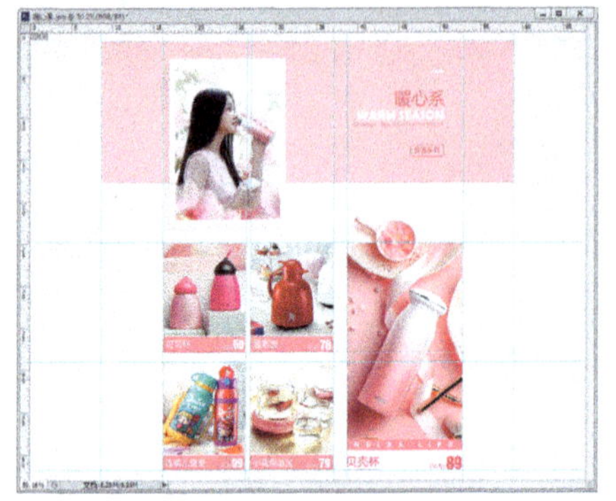

图6-2　添加参考线

STEP 03 单击工具箱中的“裁剪工具”，在打开的工具组中选择“切片工具”，如图6-3所示，再在工具属性栏中单击基于参考线的切片按钮。

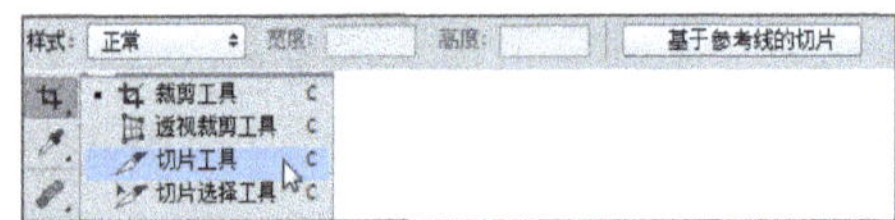

图6-3　选择“切片工具”

STEP 04 图像基于参考线被等分成多个小块，此时顶部和右侧的完整图像被分割，如图6-4所示。

图6-4　切片效果

经验之谈：

对图像进行切片后，切片成功的图片将以蓝色的框进行显示，且每个框的左上角都标注了切片的数字号。若切片为灰色，表示该切片不能储存，需要重新切割。

STEP 05 选择“切片选择工具”，按住【Shift】键选择需要合并为一张切片的多张切片，单击鼠标右键，在弹出的快捷菜单中选择“组合切片”命令，如图6-5所示。

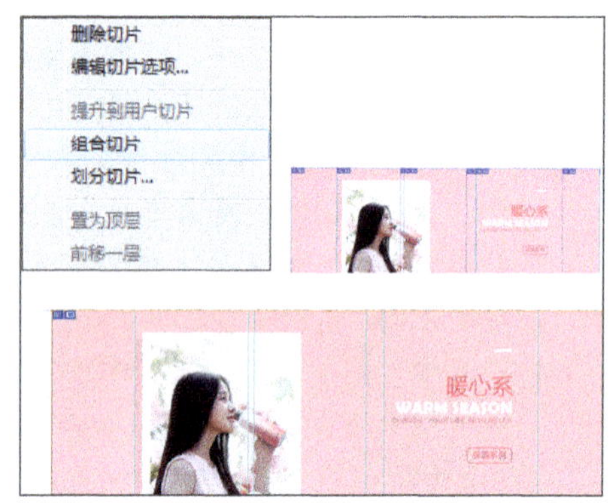

图6-5　组合切片

经验之谈：

使用切片选择工具选择需要划分的切片：单击鼠标右键，在弹出的快捷菜单中选择“划分切片”命令，在打开的对话框中可将切片水平或垂直划分为多张均等的切片。

STEP 06 选择“切片选择工具”，双击需要设置链接网址的切片，打开“切片选项”对话框，在浏览器地址栏中复制链接地址，将其粘贴到“URL”文本框中，如图6-6所示。单击确定按钮返回工作界面。

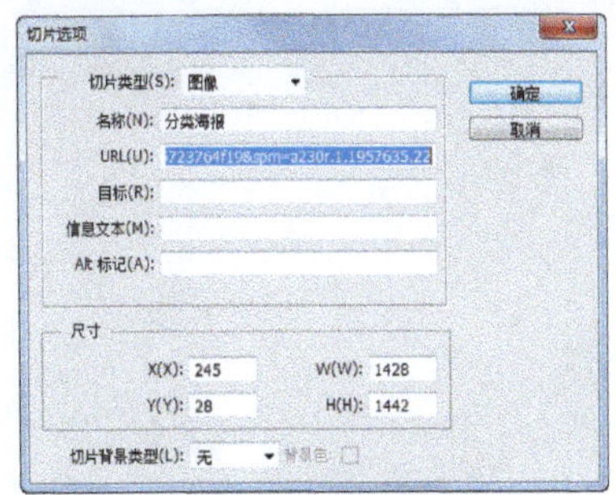

图6-6　为切片创建链接

STEP 07 选择【文件】/【储存为Web所用格式】命令，打开“存储为Web所用格式”对话框，选择“切片选择工具”，按住【Shift】键，选择需要的多个切片，在右侧选择优化的文件格式为“JPEG”，设置文件的品质等，如图6-7所示。

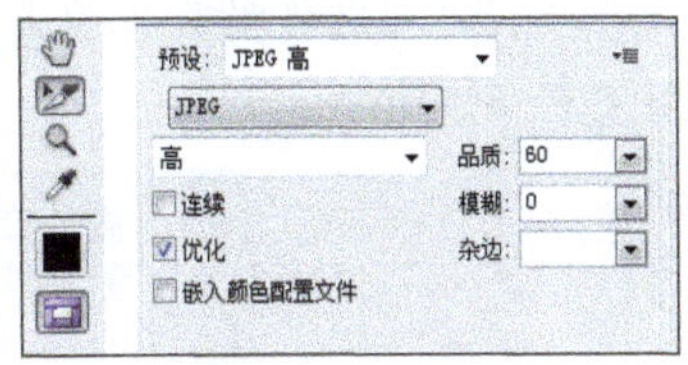

图6-7　优化切片

经验之谈：

在“存储为Web所用格式”对话框中，为了方便观察全图，大家可在底部设置“缩放比例”。此外，选择切片的目的是可以不保存不需要的切片。

STEP 08 设置完成后单击 存储... 按钮，在打开的对话框中选择保存格式为“HTML和图像”，然后设置保存位置与保存名称，如图6-8所示。

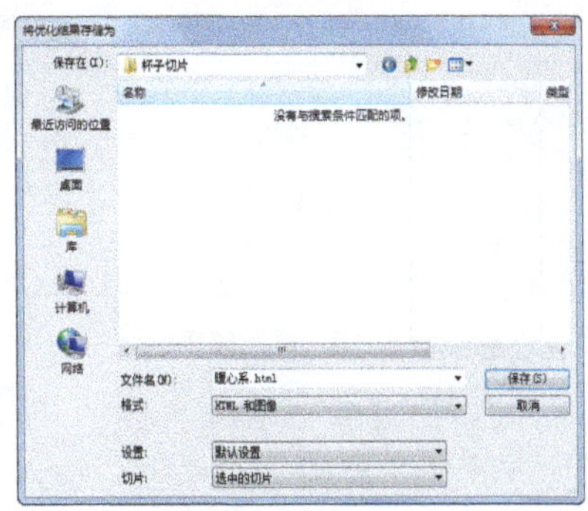

图6-8　储存切片

STEP 09 单击 保存(S) 按钮完成切片的储存。在保存路径下查看保存效果，此时我们可以看到一个HTML网页文件，以及一个名为images的文件夹，如图6-9所示（配套资源:\效果文件\第6章\杯子切片\）。其中，images文件夹中包含了所有创建的切片。

图6-9　保存效果

6.1.3　上传图片到图片空间

微课：上传图片到图片空间

进行装修或发布宝贝前，网店美工可将需要使用的图片上传到图片空间，当需要使用对应的图片时即可直接从中选择，其具体操作如下。

STEP 01 登录淘宝网，单击“卖家中心”超链接，进入卖家中心，如图6-10所示，在左侧列表框的“店铺管理”栏中单击“图片空间”超链接。

图6-10　进入卖家中心

STEP 02 在页面上单击 新建文件夹 按钮，打开“新建文件夹”对话框，输入用于上传图片的系列名称，此处输入“暖心系水杯”，单击 确定 按钮，如图6-11所示。

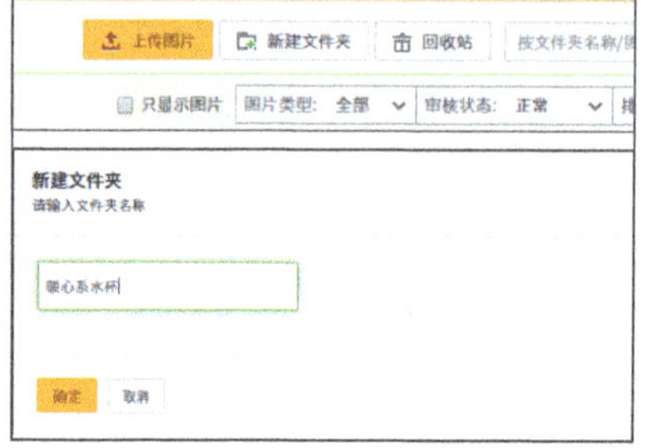

图6-11　新建文件夹

STEP 03 在图片空间中双击打开新建的“暖心系水杯”文件夹，在页面上方单击 上传图片 按钮，如图6-12所示。

图6-12　上传图片

STEP 04 打开“上传图片”对话框，在其中的“通用上传”栏中单击 点击上传 按钮，如图6-13所示。

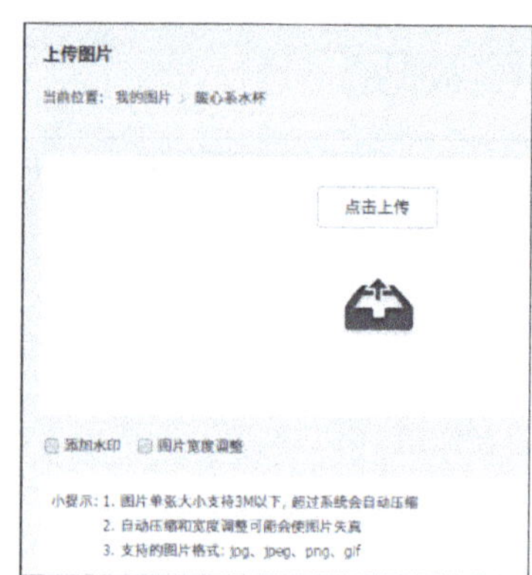

图6-13　选择上传方式

STEP 05 打开“打开”对话框，选择宝贝所在路径，并在其中选择需要上传的宝贝图片（配套资源:\效果文件\第6章\杯子切片\images\），按住【Ctrl】键，同时单击需要上传的多张图片，再单击 打开(O) 按钮，如图6-14所示。

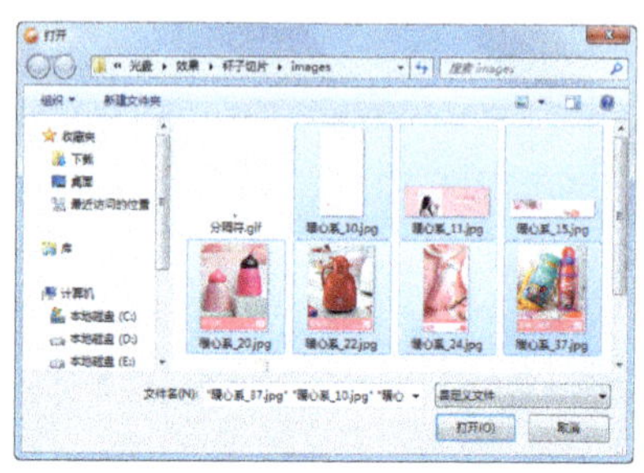

图6-14　选择上传的图片

STEP 06 此时，将打开图片上传提示对话框，并显示图片的上传进度；上传完成后，就会自动返回图片空间并提示完成图片上传；然后关闭提示窗口，即可在图片空间的“暖心系水杯”文件夹路径下查看上传的图片，如图6-15所示。

图6-15　上传图片

6.1.4　移动空间图片

网店美工在上传空间图片前都会选择或新建分组，来有序管理空间图片，这样便于查找与替换。若我们将切片放错了组，可直接移动空间图片到其他组中，其具体操作如下。

STEP 01 在图片空间中选择需要移动的图片，如选择背景元素的图片，选中的图片边框显示为绿色，在打开的工具栏中单击重命名按钮，重新输入图片名称，这里输入“背景圆点”，按【Enter】键完成输入，如图6-16所示。

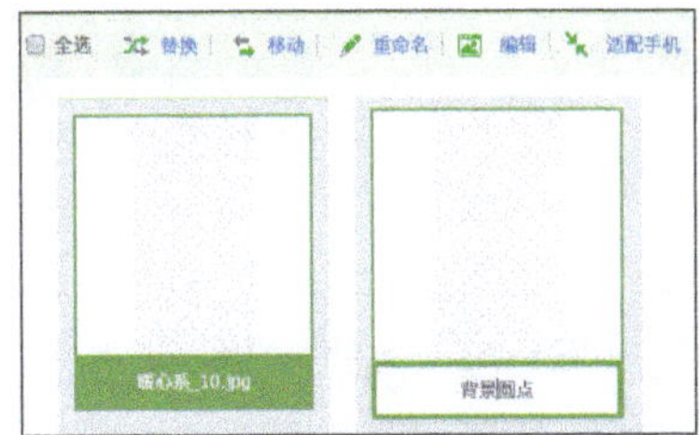

图6-16　重命名图片

STEP 02 在工具栏中单击移动按钮，打开“移动到”对话框，选择“首页背景”文件夹，单击确定按钮，如图6-17所示。

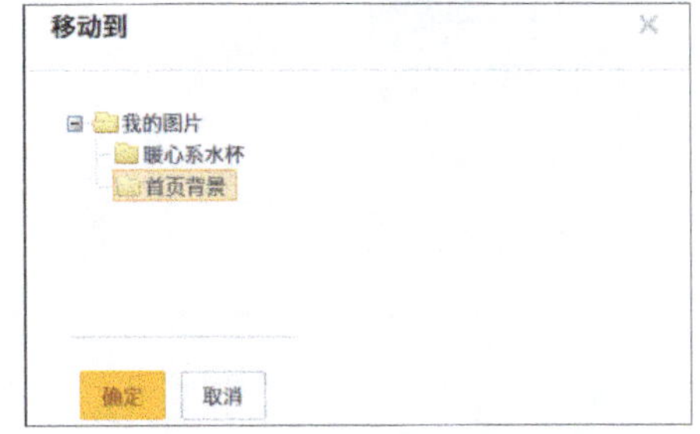

图6-17　选择移动的图片文件夹

STEP 03 查看移动后的效果，如图6-18所示。

图6-18　移动后的效果

6.1.5　删除与替换空间图片

删除图片空间中未被引用的图片，可以节约空间容量，方便以后上传其他商品图片到空间中；此外，大家还可以将已上传的图片替换为其他图片，图片替换后，店铺内所引用的相应图片也会随之发生变化。以下为删除与替换空间图片的方法，其具体操作如下。

STEP 01 进入“图片空间”页面，单击“图片管理”超链接，在页面中被引用的图片右上角将出现“引”字符号，如图6-19所示。

图6-19　识别被引用的图片

STEP 02 按住【Ctrl】键，单击选择未被引用的图片，在打开的工具栏中单击 × 删除 按钮即可删除未被引用的图片，如图6-20所示。

图6-20 删除未被引用的图片

经验之谈：

若图片被误删，大家可在页面上方单击 回收站 按钮，进入回收站页面，选择需要还原的图片，单击 还原 按钮，即可将该图片还原到图片空间。

STEP 03 在图片空间中选择需要替换的图片，这里选择“02.jpg”图片，如图6-21所示，在打开的工具栏中单击 替换 按钮。

图6-21 选择替换的图片

STEP 04 打开“替换图片”对话框，在其中单击 选择文件 按钮，如图6-22所示。

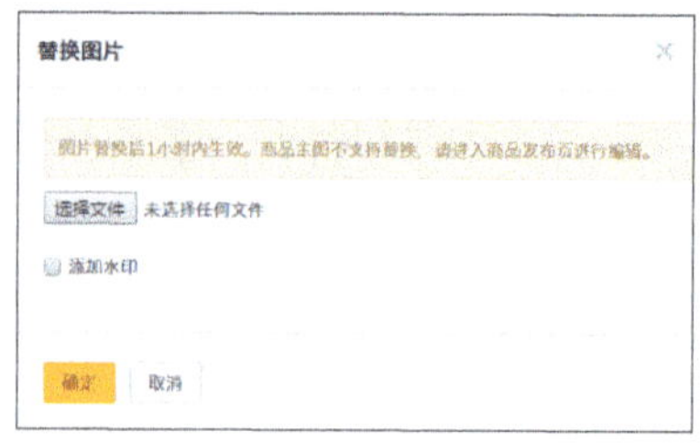

图6-22 打开“替换图片”对话框

STEP 05 打开“打开”对话框，在其中选择需要替换的图片，单击 打开(O) 按钮，如图6-23所示。

图6-23 选择替换的目标图片

STEP 06 返回“替换图片”对话框，单击 确定 按钮即可完成替换，替换后的效果如图6-24所示。

图6-24 替换后的效果

6.2 使用模块装修店铺

店铺装修功能可以快速实现店铺页面的装修。下面我们分别对基础装修模块、页头的装修、热点+源代码装修、其他模块装修进行介绍。

6.2.1 认识装修模块

网店美工在进行模块布局前，需要了解店铺装修的基础模块，除了前面的店招、导航与页面背景外，常用的基础模块还包括宝贝推荐模块、宝贝排行模块、默认分类模块、个性分类模块、自定义区模块、图片轮播模块等。大家在“卖家中心”页面单击“店铺装修”栏中的“店铺装修”超链接，即可快速进入店铺装修页面；单击“PC端”标签，即可进入PC端店铺装修的基础页面，在首页后单击 装修页面 按钮，在打开的页面中即可查看店铺的常用模块，如图6-25所示。

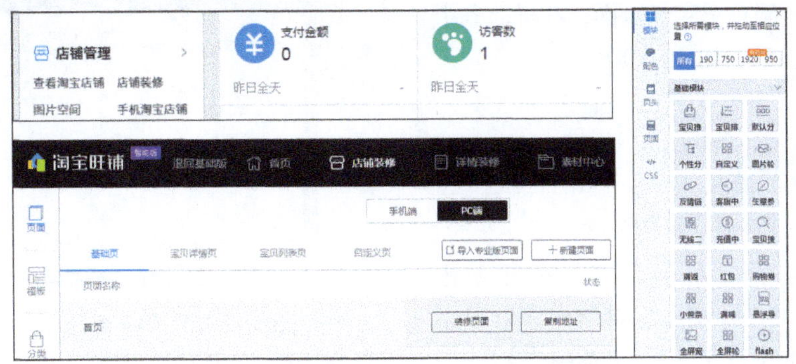

图6-25　进入店铺装修页面并查看装修模块

↘ 6.2.2　装修页头

页头包括店招、页头背景和导航条3个部分。网店美工可以利用制作的图片，分别装修店招、页头和导航条，其具体操作如下。

STEP 01 登录淘宝账号，进入“卖家中心”页面，在左侧列表中单击“店铺管理”栏中的“店铺装修”超链接，进入店铺装修页面，拖动“店铺招牌”模块到页面顶端，单击该模块右侧的 编辑 按钮，如图6-26所示。

图6-26　编辑“店铺招牌”模块

STEP 02 打开“店铺招牌”对话框，单击“背景图”栏中的 选择文件 按钮，选择店招图片，此处选择第4章制作的常规店招图片，撤销选中“是否显示店铺名称”栏后的复选框，如图6-27所示。

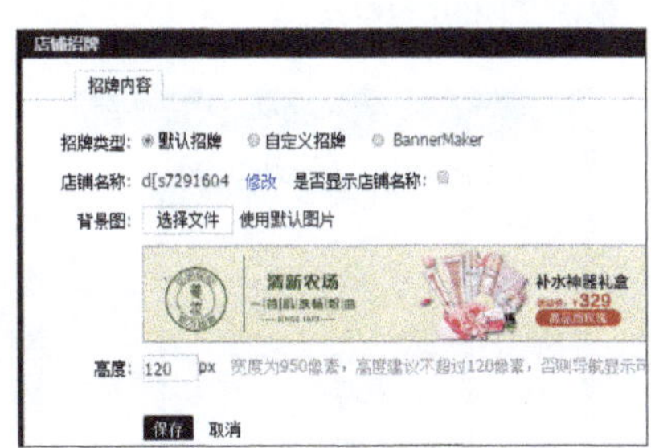

图6-27　选择店招图片

STEP 03 返回店铺设置页面，即可看到店招上传后的效果，如图6-28所示。

图6-28　店招上传后的效果

STEP 04 在页面的右上方单击 预览 按钮，即可预览店招，效果如图6-29所示。

图6–29　预览店招效果

STEP 05 返回首页装修页面，在导航条上单击 编辑 按钮，如图6-30所示。

图6–30　编辑导航条

STEP 06 打开"导航"对话框，单击 添加 按钮，打开"添加导航内容"对话框，单击选中需要在导航条中显示的内容选项前的复选框，如图6-31所示，然后依次单击 确定 按钮保存设置。

经验之谈：

选择图片时，我们可直接在淘盘中进行选择，也可单击"上传新图片"选项卡，在打开的页面中单击"添加图片"超链接，上传店招图片。

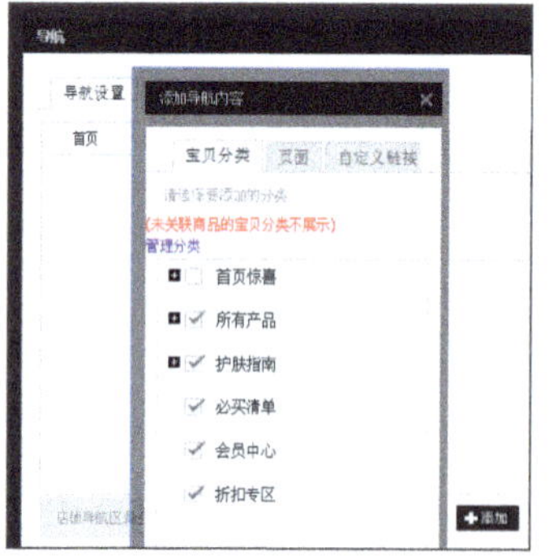

图6–31　添加导航内容

经验之谈：

单击"管理分类"超链接，大家可在打开的对话框中可重新编辑宝贝分类；也可在进入店铺装修页面的左侧单击"分类"超链接，编辑宝贝分类。

STEP 07 返回"导航"对话框，单击分类后的↑按钮或↓按钮，调整导航显示顺序，如图6-32所示，然后单击 确定 按钮保存设置。

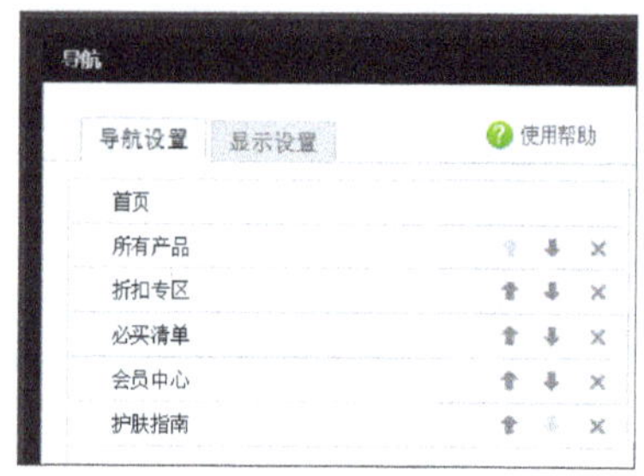

图6–32　调整导航显示顺序

STEP 08 返回店铺设置页面，即可看到装修导航后的效果，如图6-33所示。

图6–33　装修导航后的效果

STEP 09 在页面左侧选择"页头"选项，在打开的页面中单击"页头背景色"后的色块可设置页头的纯色背景。单击 更换图片 按钮，打开"打开"对话框，在其中选择设置为页头的图片，此处选择第4章制作的通栏店招图片，单击 打开(O) 按钮，返回装修页面，如图6-34所示。

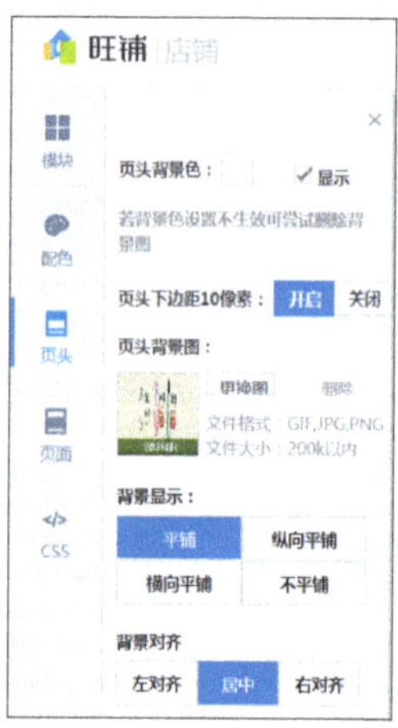

图6–34　选择页头背景图片

STEP 10 在页面的右上方单击 预览 按钮，即可预览页头效果，如图6-35所示。

图6-35　装修后的页头效果

↘ 6.2.3　热点+源代码装修

微课：热点+源代码装修

热点是指为图像中的某个区域创建链接，单击即可跳转到链接的页面，常用于自定义导航条、自定义优惠券等。热点的使用需要结合图像的源代码才能完成。下面以装修通栏店招为例讲解热点+源代码装修的装修方法，其具体操作如下。

STEP 01 打开"通栏店招.psd"图像（配套资源:\素材文件\第6章\通栏店招.psd），为中间的950像素×150像素的区域创建切片，并将其保存为JPEG格式的文件，如图6-36所示。

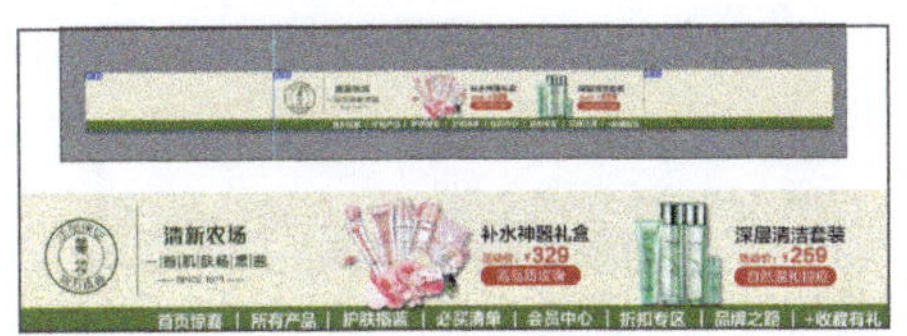

图6-36　创建切片

STEP 02 将其上传到图片空间中，然后切换到淘宝图片空间，将鼠标光标移动到全屏店招中间部分的切片图片上，单击"复制链接"按钮，在打开的对话框中全选链接，并按【Ctrl+C】组合键复制链接，如图6-37所示。

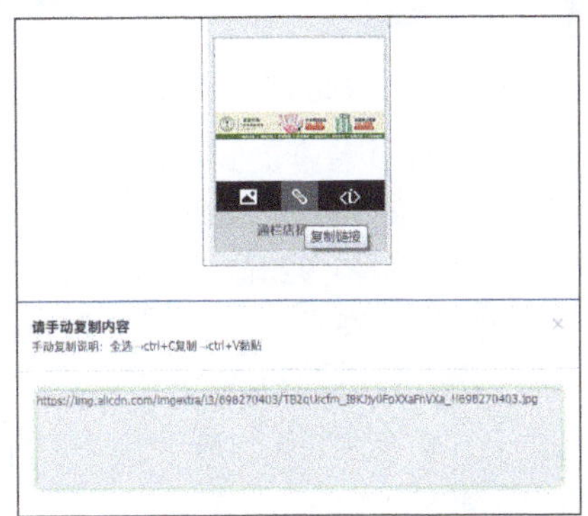

图6-37　复制图片链接

STEP 03 启用Adobe Dreamweaver CS6，在启动后的界面中选择新建"HTML"文档，如图6-38所示。

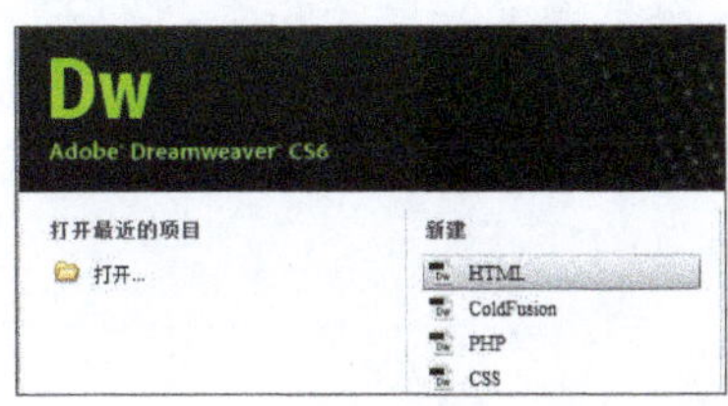

图6-38　新建"HTML"文档

STEP 04 在打开的界面中选择【插入】/【图像】命令，再在打开的对话框中的"文件名"文本框中按【Ctrl+V】组合键粘贴链接，接着在打开的提示对话框中根据提示创建根目录，并在"图像标签辅助功能属性"对话框的"详细说明"文本框中粘贴复制的图片链接，单击 确定 按钮，如图6-39所示。

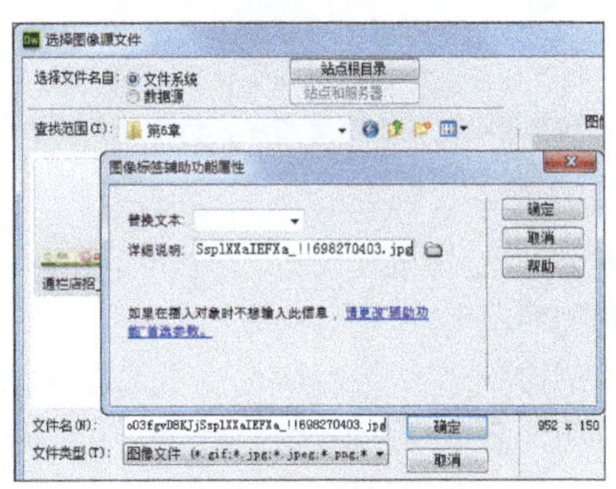

图6-39　选择图像源文件

STEP 05 返回Adobe Dreamweaver CS6，查看插入的图像效果，如图6-40所示。

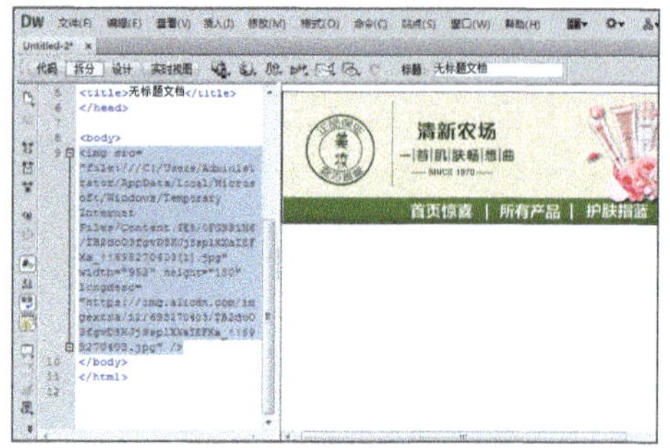

图6-40　查看插入的图像

STEP 06 在下方的“属性”面板中选择“矩形热点工具”□，为导航条中的导航文本或商品绘制热点框，如为“首页惊喜”绘制热点，在“属性”面板中的“链接”文本框中输入链接的网页地址，如图6-41所示。

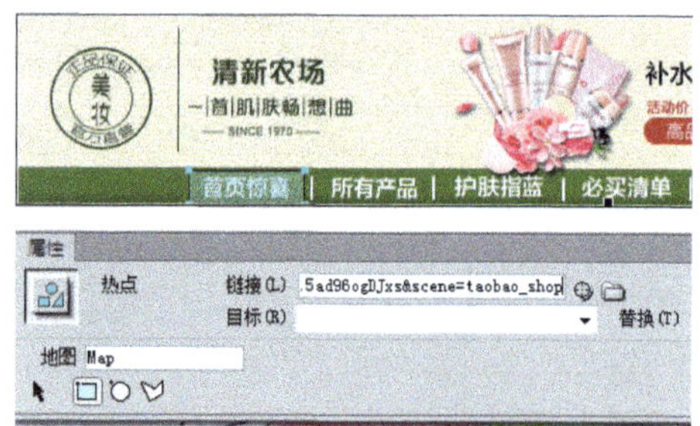

图6-41　添加链接热点

经验之谈:

淘宝中默认的导航条样式比较单一，为了体现店铺的特色，大多数店铺选择将导航条设置在全屏店招中，然后为其设置热点并添加链接。

STEP 07 使用相同的方法继续为导航条中的商品和其他导航文本添加热点，设置链接网址，然后单击“代码”选项卡，切换到代码视图中，复制<body>与</body>之间的代码，如图6-42所示。

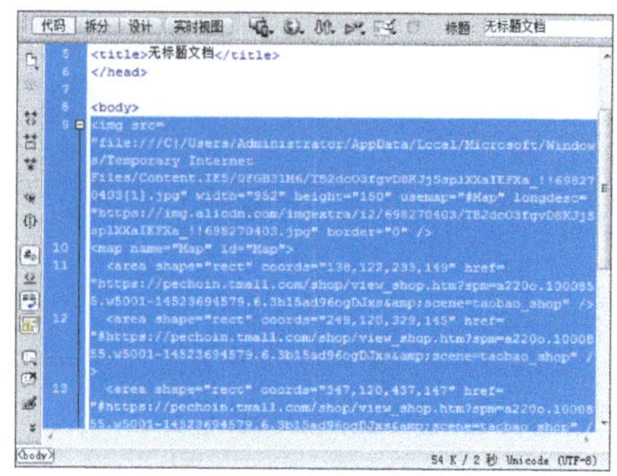

图6-42　复制代码

STEP 08 切换到淘宝店铺装修页面，在店招右侧单击 编辑 按钮，打开“店铺招牌”对话框，单击选中 自定义招牌 单选项，单击“源码”按钮，在下面的文本框中按【Ctrl+V】组合键粘贴刚才复制的代码，再在“高度”数值框中输入“150”，单击 保存 按钮，如图6-43所示。

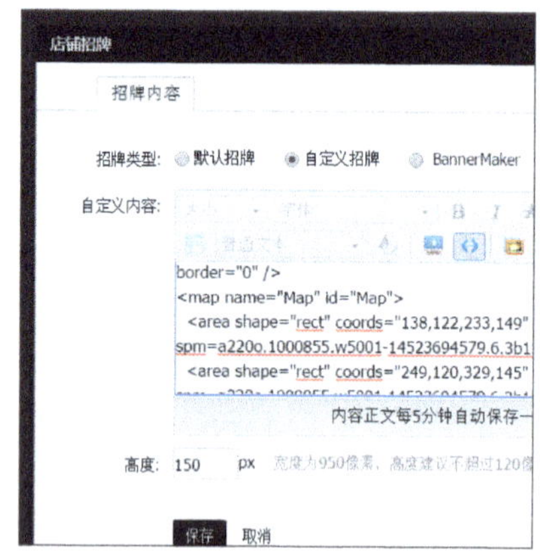

图6-43　自定义招牌并粘贴代码

STEP 09 在首页装修页面左侧选择“页头”选项，单击 更换图片 按钮，打开“打开”对话框，选择1 920像素×150像素的通栏店招图片，在页头分别将“背景显示”和“背景对齐”设置为“不平铺”和“居中”，关闭“页头下边距10像素”，如图6-44所示。

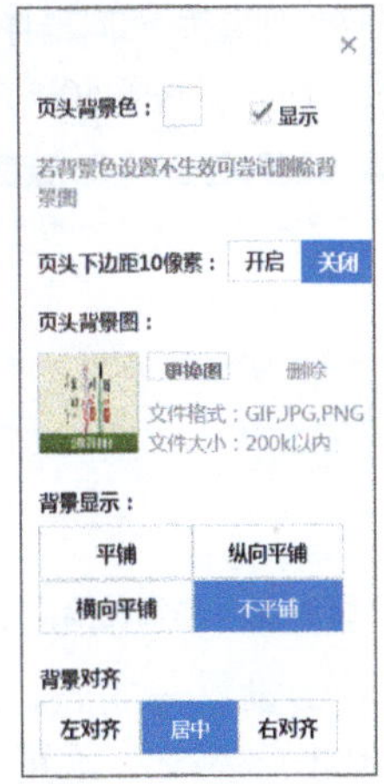

图6-44　设置页头

STEP 10 单击 预览 按钮，预览设置后的效果，此时店招已被设置为通栏显示，如图6-45所示。单击设置的热点，即可跳转到相应的页面。

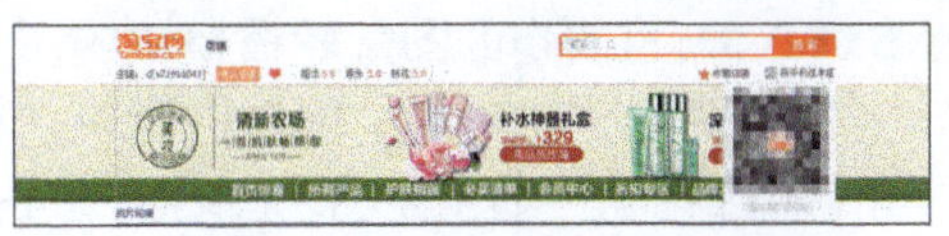

图6-45　通栏店招装修效果

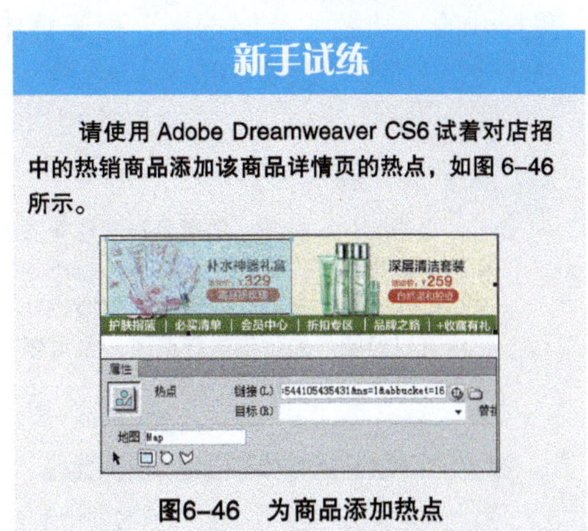

新手试练

请使用 Adobe Dreamweaver CS6 试着对店招中的热销商品添加该商品详情页的热点，如图 6-46 所示。

图6-46　为商品添加热点

↘ 6.2.4　其他模块装修

微课：其他模块装修

淘宝网为网店提供了丰富的模块，便于网店美工快速完成店铺的装修。这些模块的装修方法都是相似的，都需要先添加模块，然后编辑模块，添加与该模块尺寸一致的设计图。下面我们以装修全屏轮播海报为例，讲解店铺模块删除、添加与编辑的方法，其具体操作如下。

STEP 01 切换到淘宝店铺装修页面，在不需要的模块的右上角单击 ×删除 按钮，将其删除，如图6-47所示。

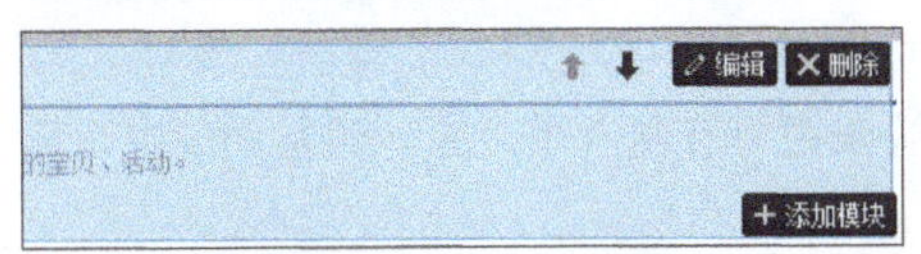

图6-47　删除多余的模块

STEP 02 展开“模块”页面，选择模块的宽度为“1 920像素”，选择“全屏轮播”模块，将其拖动到页头下方，添加“全屏轮播”模块，如图6-48所示。

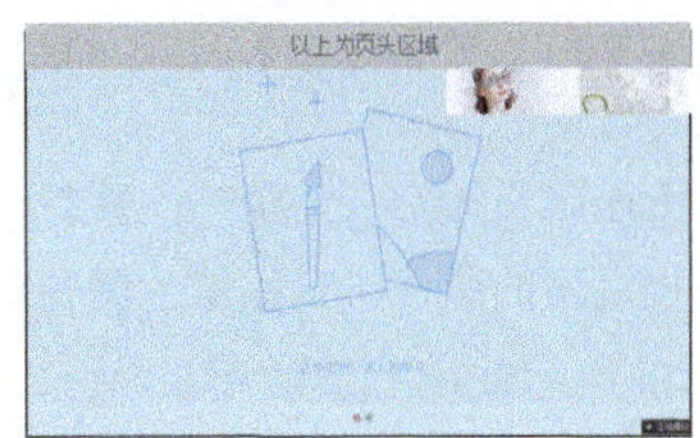

图6-48　添加“全屏轮播”模块

STEP 03 将制作的图片轮播模块的图片上传到图片空间。在全屏轮播模块上单击【编辑】按钮，打开“全屏轮播”对话框，单击“图片地址”栏后的▣按钮，在打开的“从图片空间选择”列表框中选择轮播图片，如图6-49所示。

经验之谈：

单击【添加】按钮，继续添加其他轮播图片。轮播图片不宜太多，4张以内就比较合适。在“图片轮播”对话框的“操作”栏中可以对图片的位置进行调整，也可删除当前图片。

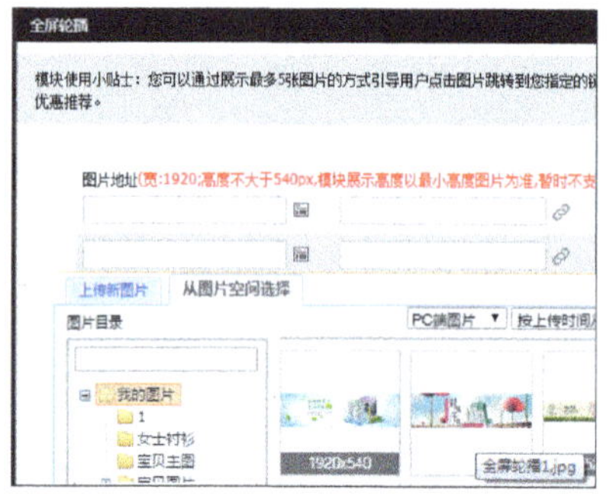

图6-49 选择轮播海报图片

STEP 04 单击图片后的🔗按钮，选择海报链接的页面，便可自动将页面的链接添加到海报后面的链接文本框中，设置完成后单击【保存】按钮，如图6-50所示。

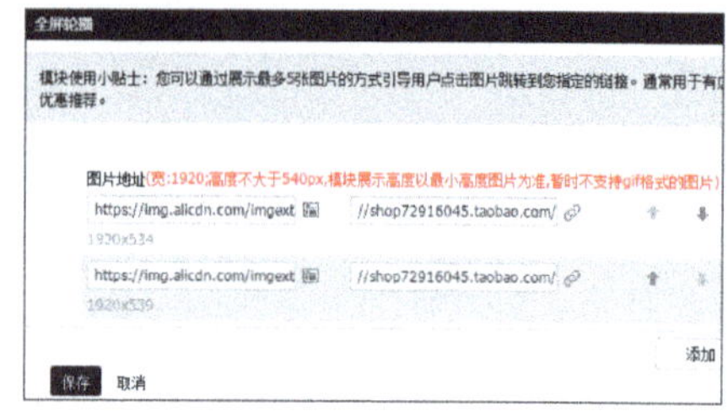

图6-50 添加轮播海报

STEP 05 单击设置完成后，返回店铺装修页面，单击【预览】按钮预览图片轮播效果，当把鼠标光标移动到下方第二个圆点上时，系统会自动切换第二张海报，如图6-51所示。

图6-51 全屏图片轮播效果

6.3 实战演练

本实战将从装修宝贝描述页、装修分类导航按钮两方面入手，进一步帮助大家巩固店铺模块的添加与编辑方法。

6.3.1 装修宝贝描述页

本例将为如图6-52所示的芦荟喷雾商品装修宝贝描述页，其装修方法与前面讲解的全屏轮播海报的装修方法相似，需要先添加模块，再为模块添加图片。

图6-52 芦荟喷雾宝贝描述页

1. 设计思路

装修本例宝贝描述页的设计思路如下。

（1）将芦荟喷雾详情页的图片上传到图片空间中。

（2）选择并进入需要装修的商品详情页。

（3）通过添加与编辑“自定义内容区”模块来完成装修。

2. 知识要点

完成本例宝贝描述页的装修，大家需要掌握以下知识。

（1）图片空间的使用：图片的上传，以及在图片空间上单击 新建文件夹 按钮，新建文件夹来管理上传的空间图片。

（2）模块的编辑：进入店铺装修页面，拖动模块到页面中相应的位置，单击 编辑 按钮进行编辑。

（3）保持模块与图片的尺寸统一。

3. 操作步骤

装修本例宝贝描述页主要通过“自定义内容区”模块来实现，其具体操作如下。

STEP 01 将芦荟喷雾详情页的图片上传到图片空间中，如图6-53所示。

图6-53 上传图片到图片空间

STEP 02 切换到淘宝店铺装修页面，在右上角的下拉列表框中选择需要装修的商品详情页，此处选择“默认商品详情页”选项，如图6-54所示。

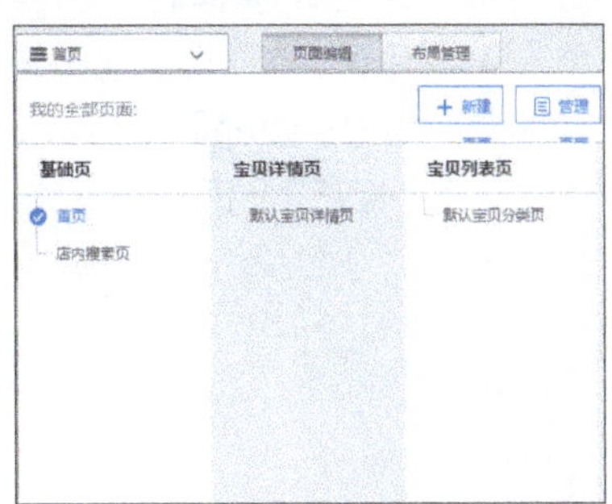

图6-54 切换到商品详情页装修页面

STEP 03 展开“模块”页面，选择模块的宽度为“750像素”，选择“自定义区”模块，将其拖动到“宝贝描述信息”栏下方，完成“自定义内容区”模块的添加，如图6-55所示。

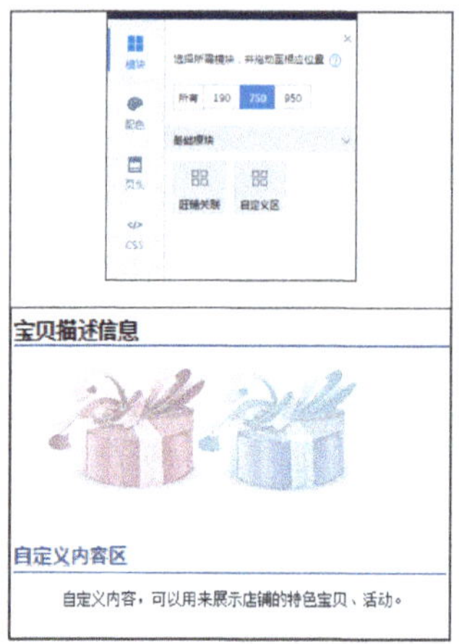

图6-55 添加“自定义内容区“模块

STEP 04 在自定义内容区模块上单击编辑按钮，打开“自定义内容区”对话框，单击“插入空间图片”按钮，如图6-56所示。

图6-56 单击“插入空间图片”按钮

STEP 05 在打开的图片列表中选择芦荟喷雾详情页的图片，选择后，图片的右上角会出现✓标记，单击插入按钮，再单击完成按钮，如图6-57所示。

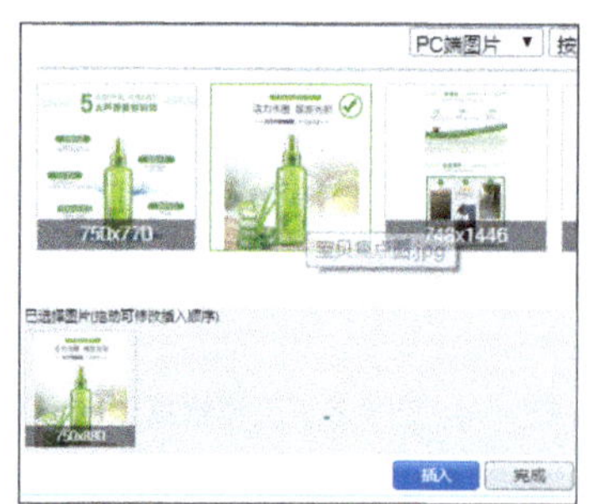

图6-57 选择图片

经验之谈：

选择详情页图片时，大家可以一次性按顺序选择多张图片，快速完成详情页描述模块的装修。

STEP 06 返回“自定义内容区”对话框，查看插入的空间图片，单击选中不显示单选项，隐藏标题，完成后单击确定按钮，如图6-58所示。

图6-58 查看插入的图片

STEP 07 单击设置完成后，返回店铺装修页面，单击预览按钮，预览装修效果，如图6-59所示。

图6-59 装修效果

STEP 08 使用相同的方法继续装修详情页其他描述部分，图6-60所示为装修“功能”图和“无添加”图。

图6-60　装修其他部分

6.3.2　装修分类导航按钮

本例将设计好的分类导航按钮装修到宝贝分类模块中，装修后的效果图如图6-61所示。

1. 设计思路

本例分类导航按钮装修的设计思路如下。

（1）将切片后的装修分类导航按钮图片上传到图片空间。

（2）设置宝贝分类与子分类，将宝贝分类图片添加到分类中。

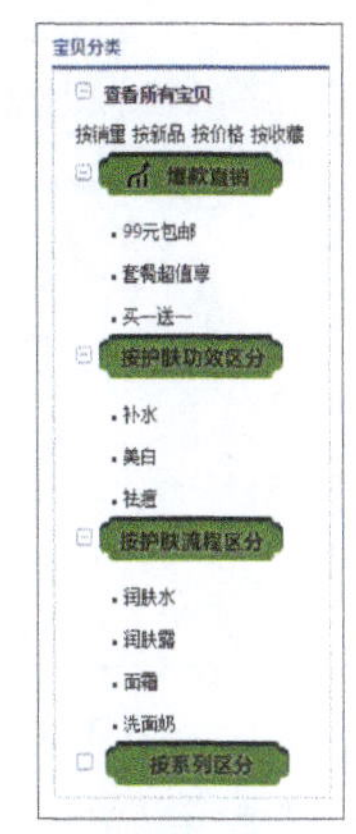

图6-61　装修分类导航按钮

2. 知识要点

完成本例分类导航按钮的装修，大家需要掌握以下知识。

（1）图片空间的使用：图片的上传，以及在图片空间上单击 新建文件夹 按钮，新建文件夹来管理上传的空间图片。

（2）店铺模块的添加与编辑方法。

3. 操作步骤

以下为分类导航按钮的装修方法，其具体操作如下。

STEP 01 将切片后的分类导航按钮图片上传到淘宝图片空间，如图6-62所示。

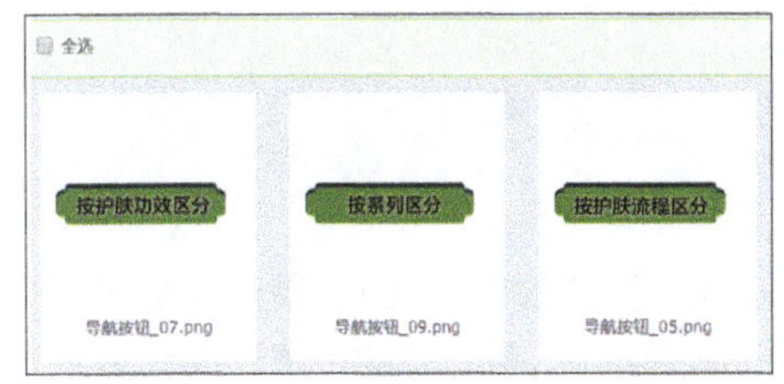

图6-62　上传按钮图片到图片空间

STEP 02 在店铺装修页面顶端单击 页面管理 按钮，在打开的下拉列表中选择“宝贝分类”选项，进入宝贝分类管理页面；在页面上方单击 添加手工分类 按钮，新建一个商品分类，在其中输入分类名称，按照该方法依次新建其他商品的分类；在分类下单击 添加子分类 按钮，新建一个子分类，在文本框中输入子分类名称，如图6-63所示。

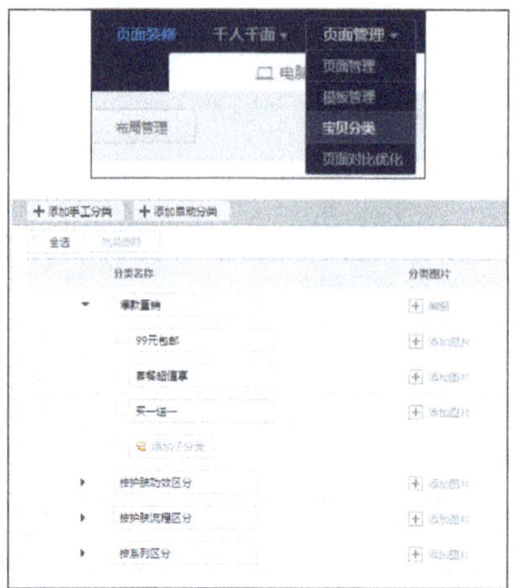

图6-63　新建分类与子分类

STEP 03 单击“爆款直销”分类后的“添加图片”按钮，在打开的对话框中单击选中 插入图片空间图片 单选项，再在打开的列表中选择对应的图片，如图6-64所示。

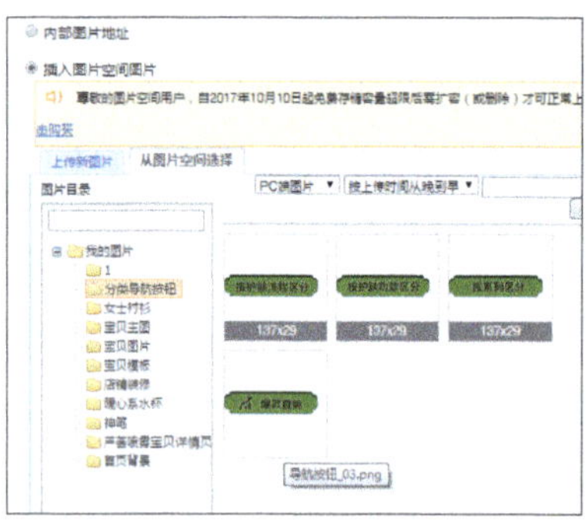

图6-64　选择按钮图片

STEP 04 按照该方法依次添加其他分类导航的图片，设置完成后的效果如图6-65所示。

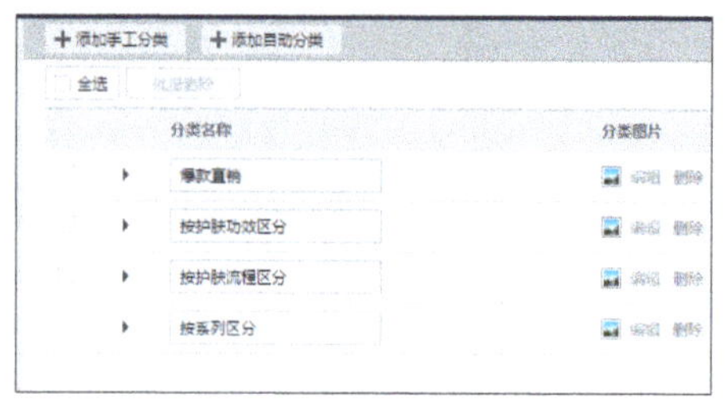

图6-65　设置其他分类导航的图片

STEP 05 设置完成后单击页面右上角的 保存更改 按钮，返回店铺装修页面即可预览设置后的“宝贝分类”导航按钮，如图6-66所示。

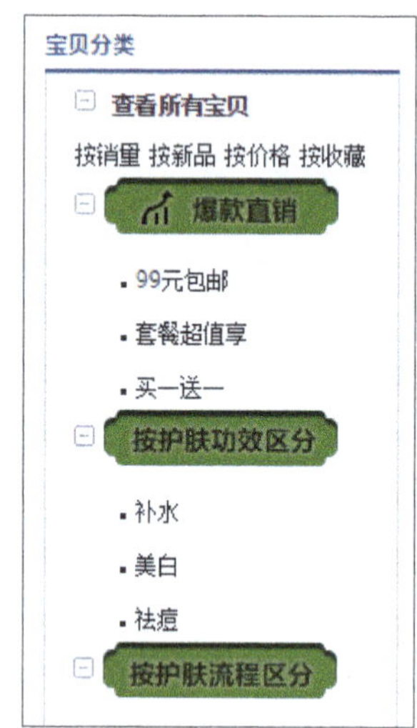

图6-66　分类导航效果

课后练习

（1）本练习将利用素材（配套资源:\素材文件\第6章\常规店招.jpg）装修耳机店铺页头。装修时将涉及常规店招的装修、页头背景的设置以及导航条分类的设置，装修后的效果如图6-67所示。

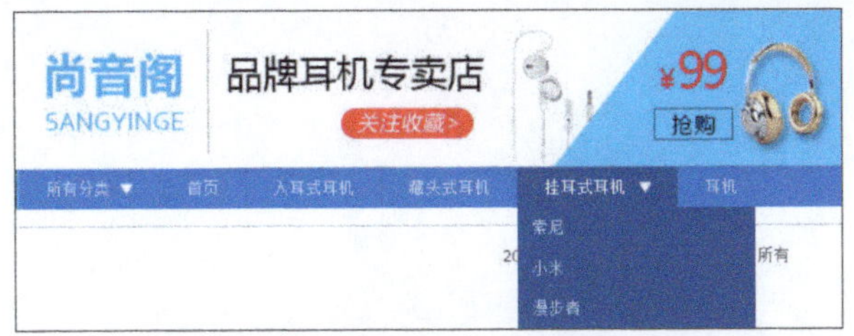

图6-67　装修耳机店铺页头后的部分效果

（2）本练习将使用如图6-68所示的详情页素材（配套资源:\素材文件\第6章\详情页.psd）来装修耳机的详情页。装修前我们可先对详情页图片进行切片，然后将切片格式保存为JPEG格式，最后利用“自定义区”模块进行装修。

图6-68　详情页

第7章 视觉营销推广图的制作

在淘宝等电商平台上，推广图是映入买家眼帘的第一张商品图片，包括淘宝首页出现的智钻图、搜索页的主图、搜索页两侧的直通车推广图等。精美且具有卖点的推广图能使买家感受到商品专业的品质，进而赢得买家信赖。买家只有对其产生了兴趣，才会单击推广图，为店铺增加流量和销量。由此可知，推广图是卖家优化点击率首先应考虑的重要因素。

学习目标：

* 熟悉宝贝主图规范
* 熟悉智钻图的设计要点与构图方式
* 熟悉直通车图的设计要点与引流方式

技能目标：

* 掌握制作淘宝主图的方法
* 掌握制作智钻图的方法
* 掌握制作直通车图的方法

7.1 制作高点击率的主图

宝贝主图是指首先映入买家眼帘的商品图片，一般出现于宝贝搜索页、店铺首页和商品详情页的顶端。主图的位置决定了其重要性，优秀的主图能在美化商品的同时提高商品的点击率，进而影响商品的销量。

7.1.1 宝贝主图规范

淘宝商品主图的标准尺寸是310像素×310像素，而对于700像素×700像素以上的图片，宝贝详情页会为其提供图片放大功能，当买家将鼠标光标移至宝贝主图上时即可查看该主图的细节。由于京东、当当等电商平台的主图规格都是800像素，为了方便在其他平台发布商品主图时不重新制作主图，因此，我们一般将主图的尺寸统一为800像素×800像素。图7-1所示为使用放大镜查看主图细节对衣服的面料进行观察。商品主图最多可以有5张，最少要有1张，第一张主图一般会在宝贝搜索页面中显示，因此需要重点制作，商品主图的大小必须控制在500KB以内。

图7-1　查看商品主图的细节

7.1.2 制作优质商品主图的技巧

好的主图能够提高商品的点击率，从而达到引流的目的。买家在浏览主图时速度一般较快，如何让自己的主图在淘宝搜索页的众多主图中脱颖而出，成功吸引买家眼球，是网店美工制作优质主图的关键。

- 卖点清晰有创意：所谓“卖点”，就是指商品具备的别出心裁或与众不同的特色、特点，既可以是商品的款式、形状、材质，也可以是商品的价格等。卖点清晰是指让买家只粗略看一眼，就能快速明白商品的优势是什么。主图中的卖点不需要多，但要能够直击要害，以直接的方式打动买家。图7-2所示的主图用碧绿的树叶、明媚的阳光来展示空气净化器的净化效果，并以“3年只换不修、免费试用30天”的文案解除买家疑虑，激发买家的购买欲。
- 商品的大小适中：主图中的商品过大则显得臃肿，过小则不利于展示细节，不利于突出商品的主题。而合适大小的商品能增加买家在浏览时的视觉舒适感，进而提高点击率。如图7-3所示，该主图可以让买家感受手电筒的实际大小，并且能观察到其细节特征，包括材质、纹理、按钮等。

图7-2　卖点清晰有创意　　图7-3　商品的大小适中

- 宜简不宜繁：由于买家搜索主图时浏览的速度较快，因此主图传达的信息越简单、明确就越容易被买家接受。如果主图中的商品放置杂乱、商品数量多、文案信息多、背景太乱、水印夸张等都会阻碍信息的传达。图7-4所示的主图设计简洁大气，展现出了陶瓷的自然质朴之美。
- 丰富细节：网店美工还可通过放大细节来提高主图的点击率，也可以在主图上添加除标题文本外的补充文本，如商品名称、特点与特色、包邮、特价等卖家想要表达的信息，丰富主图的细节。图7-5所示为箱包提手的细节展示。

图7-4　宜简不宜繁

图7-5　丰富细节

7.1.3　数据线主图设计

微课：数据线主图设计

以下为一款数据线的宝贝主图的设计方法。由于数据线商品较小，宽度较窄，因此我们采用左图右文的方式，平衡画面。由于商品为白色，因此，我们在颜色选择上使用了科技感十足的高明度的蓝色搭配潮流感强的黄色，其具体操作如下。

STEP 01 新建大小为800像素×800像素，分辨率为72像素/英寸，名称为“数据线主图”的文件；选择“渐变工具”，在工具属性栏中单击“径向渐变”按钮，单击渐变色条，在打开的对话框中将颜色游标值分别设置为“#24a6e6、#0774c8”，第一个颜色游标的位置为“31”，单击“确定”按钮，从中心向边缘拖动鼠标创建径向渐变，如图7-6所示。

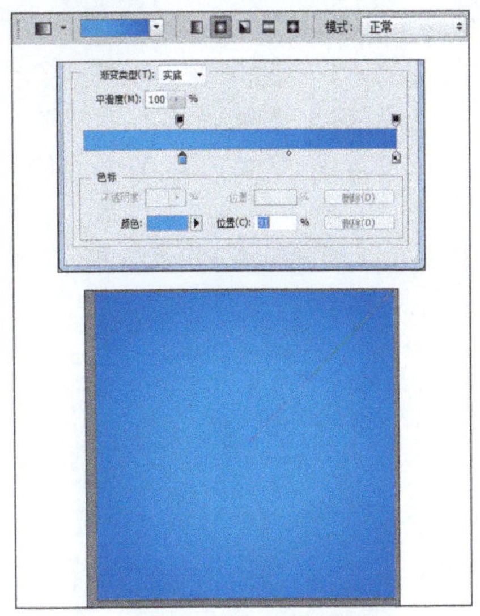

图7-6　添加渐变背景

STEP 02 打开“数据线.png”和“数据线细节图.jpg”图片（配套资源:\素材文件\第7章\数据线.png、数据线细节图.jpg），将数据线拖动到当前图像中，调整其位置和大小，在数据线细节图中使用“椭圆选框工具”，为数据线细节图右侧的插头创建选区，使用“移动工具”将其添加到当前图像中，然后调整大小与位置，如图7-7所示。

图7-7　添加并调整数据线素材

STEP 03 双击数据线图层，在打开的对话框的左侧列表中单击选中 投影 复选框，将“混合模式、不透明度、角度、距离、大小”分别设置为“正片叠底、56%、120度、7像素、8像素”，单击 确定 按钮，如图7-8所示。

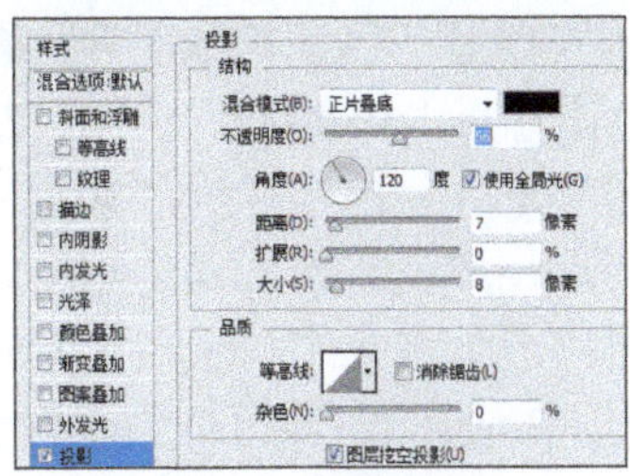

图7-8　添加投影

STEP 04 选择“横排文字工具”，将其字体设置为“方正兰亭中粗黑_GBK”，字号设置为“45点”，文本颜色设置为“白色”，输入“ZYSJ”文本；将字号设置为“110点”，文本颜色设置为“#f4f309”，输入“买1件”文本，将字号更改为“92点”，输入“送一件”文本；将字号设置为“32.5点”，文本颜色设置为“白色”，输入“Type-A尼龙数据线”文本；将字号更改为“39点”，文本颜色更改为“#0774c8”，输入“买两件减”文本；将字号更改为“64点”，输入“5元”文本，如图7-9所示。

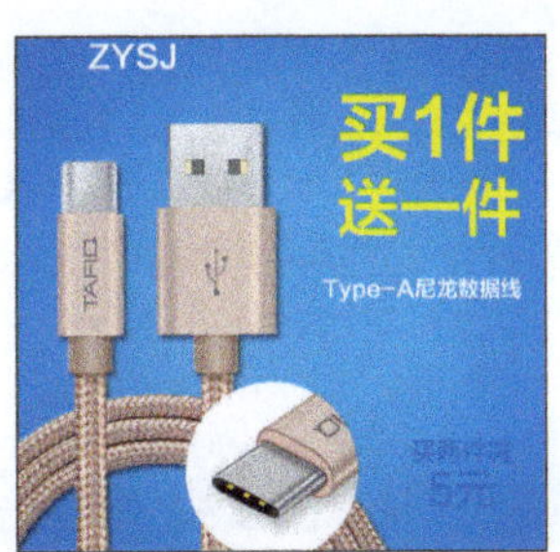

图7-9　输入文本

STEP 05 在“图层”面板中按住【Alt】键，拖动数据线图层后侧的“图层样式”图标 fx 到“买1件”和“送一件”文本图层上，复制投影效果，如图7-10所示。

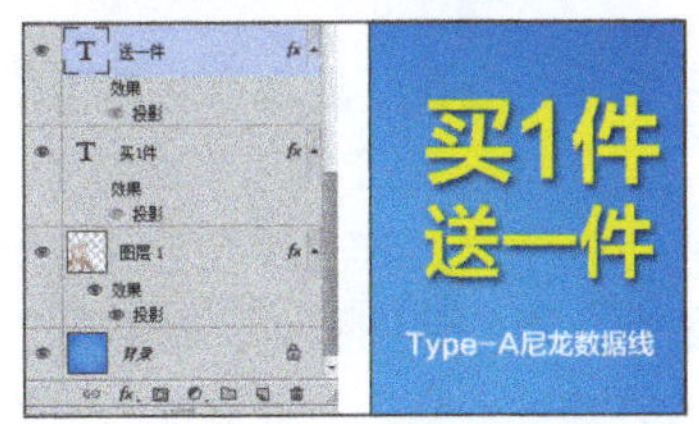

图7-10　复制投影效果

STEP 06 选择“圆角矩形工具”，将填充色设置为“#00b7ee”，在“ZYSJ”文本图层下方绘制半径为“30像素”的圆角矩形；取消选择圆角矩形，取消填充，将描边设置为“白色”，描边粗细设置为“2.5点”，描边样式设置为“实线”，在“Type-A尼龙数据线”文本图层下方绘制圆角矩形，如图7-11所示。

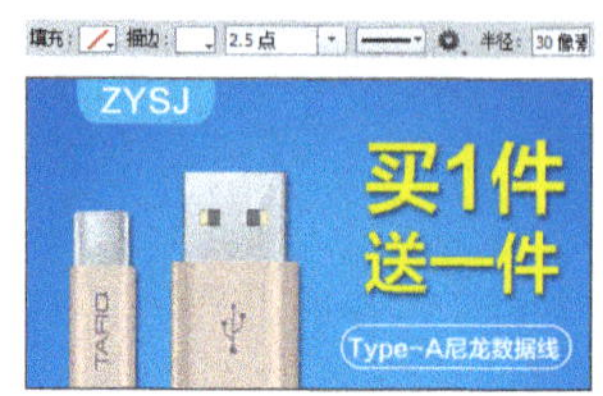

图7-11 绘制圆角矩形

STEP 07 选择“椭圆工具”，将填充色设置为“#f4f309”，按住【Shift】键，在“买两件减”图层下绘制黄色圆；取消选择绘制的圆，取消填充，将描边颜色设置为“黑色”，粗细设置为“4点”，描边样式设置为“虚线”，在黄色的圆中绘制圆，完成数据线主图的制作，如图7-12所示（配套资源:\效果文件\第7章\数据线主图.psd）。

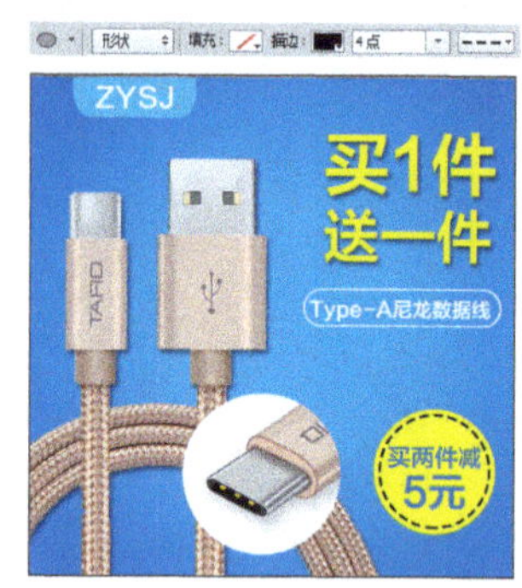

图7-12 主图效果

经验之谈：

现在很多网店都通过在主图中添加视频的方法来提升店铺的档次，主图视频主要用于展现商品的卖点和商品的细节部分，以吸引买家的眼球。主图视频时长一般为9秒~60秒，视频画面为正方形，比例为1:1，大小不小于540像素×540像素，以800像素×800像素为最佳，一个视频只能绑定一款商品。制作主图视频的软件很多，如会声会影就是网店美工比较常用的视频制作软件。

7.2 智钻图设计

智钻图是淘宝为卖家提供的一种全网推广工具，其全称为钻石展位图，主要依靠图片创意吸引买家点击，从而获取巨大流量。一张好的智钻图对店铺尤为重要。钻石展位是按照流量竞价售卖的广告位，其展位图按出价从高到低的顺序进行展现。

7.2.1 智钻图的设计要点

智钻图的位置众多且尺寸各异，仅投放大类就包括天猫首页、淘宝首页、淘宝旺旺、站外门户、站外社区和无线淘宝等。不同位置对应的智钻图尺寸、消费人群、消费特征和兴趣也各不同，其主要尺寸有520像素×280像素、200像素×250像素、468像素×60像素。因此在制作智钻图时，网店美工要根据位置、尺寸等信息调整广告诉求，并采取合适的表达方式进行展示。虽然智钻图的位置和尺寸不一，但设计要求都是一致的，下面对其设计要求进行详细介绍。

- 主图突出：智钻的主图不仅可以是商品图片，也可以是创意方案，或买家诉求的呈现。主图突出才能够吸引更多买家点击。
- 目标明确：智钻投放的目标很多，如通过智钻上新、通过智钻引流到聚划算，通过智钻预热大型活动，以及通过智钻进行品牌形象宣传等。因此，在智钻图的设计制作中，网店美工首先需要明确自己的营销目标，然后针对目标进行素材的选择和设计，这样才能保证取得较高的点击率与转化率。
- 形式美观：美的东西总是令人无法抗拒，形式美观的智钻图更能获取买家好感，进而提高店铺点击率。因此，网店美工在选择好素材，规划好创意后，适当地对智钻图进行美化便变得十分重要。

7.2.2　智钻图的构图方式

智钻图是有结构和层次的，不同的布局将呈现出不同的视觉焦点。若视觉焦点不统一或者布局不理想，很容易形成智钻图信息错乱，让买家忽视重点。智钻图的常用布局方式主要有以下8种。

- 两栏式构图：图片文案分两栏排列，左文右图或左图右文。其中心主体一般占整个画面的7/10，一般通过大小对比与色彩对比来突出显示图像层次，如图7-13所示。
- 三栏式构图：中间文字，两边图片，以不同大小摆放，增加图片空间感，适合多件商品，或者多种色彩的展示，如图7-14所示。

图7-13　两栏式构图

图7-14　三栏式构图

- 上下式构图：上文下图或上图下文，主要用于多系列商品促销活动，通常用于尺寸较小且呈正方形显示的展位，如图7-15所示。
- 正反三角形构图：三角构图的立体感强，构图稳定自然、空间感强、安全感强、稳定可靠，如图7-16所示。

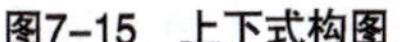

图7-15　上下式构图

图7-16　正反三角形构图

- **垂直构图：** 垂直构图的特点是在画面中平均分布各件商品，由于各商品在图中所占比重相同，因而图片的秩序感很强，如图7-17所示。
- **斜切式构图：** 斜切式构图能让整个画面富有张力，可以使其中的主体和需要表达的内容更加醒目，通常图中的文字需要与商品倾斜对齐排列，如图7-18所示。

图7-17　垂直构图

图7-18　斜切式构图

- **渐次式构图：** 渐次式构图是指将多件商品进行渐次式排列，由远及近，由大及小，这种构图稳定、空间层次更加丰富，能给买家更为自然舒适的感觉，如图7-19所示。
- **放射性构图：** 该类型构图中的图像由一个视觉中心点放射出来，具有极强的透视感，特别适合大促活动的智钻图，如图7-20所示。

图7-19　渐次式构图

图7-20　放射性构图

7.2.3　制作淘宝首焦智钻图

下面我们通过使用淘宝首焦智钻位对店铺的坚果进行推广，其智钻图在构图方式上采用左图右文的排版方式，并通过绘制纸张来实现文本与商品的衔接，添加投影，增强商品的立体感，我们还使用了较粗大的字体来提高图片推广的效果，其具体操作如下。

微课：制作淘宝首焦智钻图

STEP 01 新建大小为520像素×280像素，分辨率为72像素/英寸，名称为“坚果智钻”的文件，打开素材文件（配套资源:\素材文件\第7章\木纹.jpg），框选木纹中间的部分，将其拖动到“坚果智钻”文件中，按【Ctrl+T】组合键调整木纹素材的大小与位置，使其覆盖背景，如图7-21所示。

图7-21　添加背景

STEP 02 选择“钢笔工具”；将绘图模式设置为“形状”，填充色设置为“#e8dfde”，单击并拖动鼠标绘制纸张形状，如图7-22所示。

图7-22　绘制形状

STEP 03 按【Ctrl+J】组合键为形状创建副本，按【Shift+Alt】组合键向内拖动四角，缩小形状，在工具属性栏中取消填充，将描边粗细设置为“1点”，描边颜色设置为“#c40c24”，描边样式设置为“实线”，如图7-23所示。

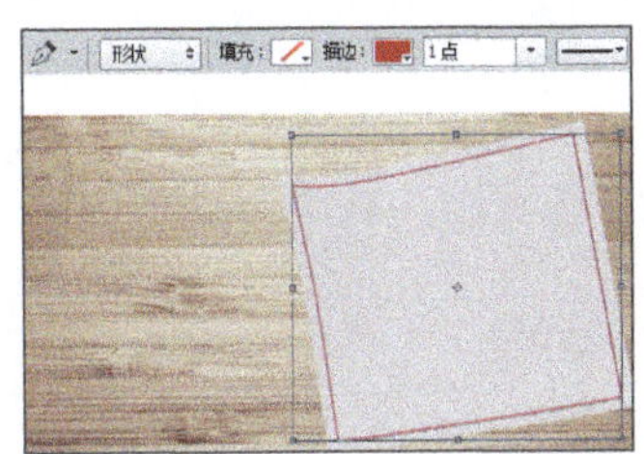

图7-23　调整形状

STEP 04 选择“横排文字工具” T，将其字体设置为“方正兰亭中粗黑_GBK”，文本颜色设置为“#5c280a”，依次按字号为“20点、75点、30点、21点”大小输入文本，按【Ctrl+T】组合键调整图像大小、位置，然后整体倾斜文本，如图7-24所示。

图7-24　输入并编辑文本

STEP 05 分别选择“圆角矩形工具”和“矩形工具”，将填充颜色设置为“#c40c24”，分别在“立即抢购”和“NUTS”文本下方绘制圆角矩形和矩形，其中，圆角矩形的半径为“30像素”，按【Ctrl+T】组合键调整形状的角度，将“立即抢购”和“NUTS”文本的颜色更改为“白色”，如图7-25所示。

图7-25　绘制形状并修改文本颜色

STEP 06 打开“坚果素材.psd”文件（配套资源:\素材文件\第7章\坚果素材.psd），依次拖动树叶、坚果等元素到图像中，按【Ctrl+T】组合键调整各素材的大小与位置，然后移动图层，调整图层顺序，如图7-26所示。

图7-26　打开素材文件

STEP 07 双击“形状1”图层，在打开的对话框的左侧列表中单击选中“投影”复选框，将“混合模式、不透明度、角度、距离、大小”分别设置为“正片叠底、75%、120度、2像素、6像素”，单击“确定”按钮，如图7-27所示。

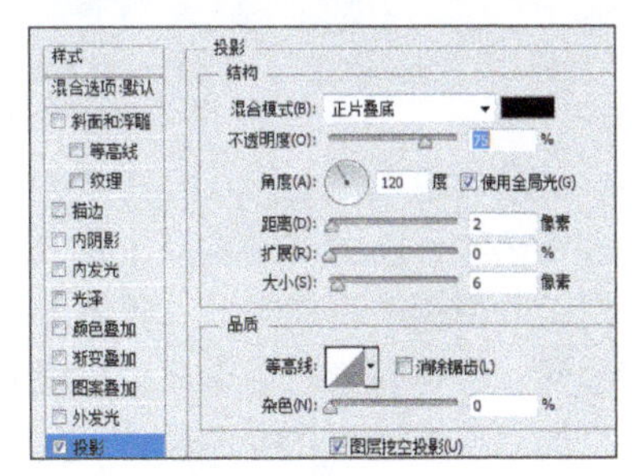

图7-27　添加投影

STEP 08 在“图层”面板中按住【Alt】键，拖动纸张图层后侧的“图层样式”图标 fx 到其他需要添加阴影的图层，然后保存文件完成操作，如图7-28所示。（配套资源:\效果文件\第7章\坚果智钻.psd）。

图7-28 坚果智钻图效果

新手试练

请使用淘宝首焦智钻位对 2016 年秋季新品上架的男士牛仔裤进行推广，智钻图的构图方式采用左图右文的排版方式；文本的排列采用倒三角式排版方式，完成后的效果如图 7-29 所示。

图7-29 男士牛仔裤智钻效果图

7.3 直通车推广图设计

淘宝直通车是淘宝网为卖家量身定制的一种推广方式，直通车按点击付费，可以精准推广商品，是淘宝卖家进行宣传与推广的主要手段。它不仅可以提高商品的曝光率，还能有效提高店铺的流量，为店铺吸引更多买家。

7.3.1 直通车展现方式

参加直通车推广的宝贝，主要展示在如下几个位置。

- 关键词搜索结果页的展位：在买家搜索相应关键词时，关键词搜索结果页中间、右侧以及底部的掌柜热卖区域中将出现直通车。图7-30所示为关键词搜索页面底部的“掌柜热卖”，单击“更多热卖”超链接可进入直通车聚集的页面。

图7-30 关键词搜索结果页底部的“掌柜热卖”

- 买家必经之路上的众多高流量、高关注度的展位：如阿里旺旺PC端的每日焦点掌柜热卖、我的淘宝首页（猜我喜欢）、我的淘宝（已买到宝贝底部）、我的宝贝（收藏列表页底部）、我的淘宝（购物车底部），以及网易、新浪、搜狐、环球网、搜狐视频、爱奇艺、乐视网等大型媒体网站的优质位置等。图7-31所示为我的淘宝底部的“猜我喜欢”直通车的展示。

图7-31　“猜我喜欢”的直通车展示

7.3.2　直通车图的设计要点

网店美工为了提高直通车图的点击率，往往不只做一张直通车图，而是通过不同的卖点、不同的设计形式制作多张直通车图，然后依次测验，最终选择点击率与转换率最优的直通车图做推广。一般情况下，网店美工在制作直通车图时应遵循以下3个原则。

- **主题卖点简洁精确：**主题卖点要紧扣买家诉求，并且简要明了、直接精确，为了便于买家接受，其标题字数应尽量控制在6字以内。
- **构图合理：**直通车的构图方式很多，包括中心构图、三角构图、斜角构图、黄金比例构图等。所有构图总体上要符合买家从左至右、从上至下、先中间后两边的视觉流程，图文搭配比例要恰当，颜色搭配需和谐。应用文本时，文本的排列方式、行距、字体颜色、样式等要整齐统一，可通过改变字体大小或者颜色来清晰地呈现信息的层次。图7-32所示为从上至下的构图方式。
- **具有吸引力：**使用独特的拍摄手法、夸张直接的文案，或通过商品的精美搭配使您的商品图片与其他商品图片形成鲜明对比，让您的图片从图海中脱颖而出，吸引买家，被买家读懂，如图7-33所示。需要注意的是，若商品款式的吸引力强，我们就需要全面展示款式，此时并不需要烦琐的文案，大量留白的背景、单一的色彩反而更能体现出商品的质感，更能吸引买家的注意。

图7-32　构图合理

图7-33　具有吸引力的直通车图

7.3.3　直通车图引流的关键

能否快速打动买家是直通车图能否成功引流的关键，网店美工若想制作的直通车图可以快速吸引买家注意，一般可从以下5个方面着手。

- **分析买家心理需求：**为了确保主体卖点紧扣买家诉求，我们在确定主体卖点时，就需要分析买家的心理需求，买家的心理需求包括求实心理、求美心理、求便心理、炫耀心理、从众心理、占有心理、崇权心理、爱占便宜心理和害怕后悔心理等。如果买家具有爱占便宜的心理，那么他看到超低折扣的商品后会不考虑是否需要而产生购买行为。1元购、免费试用、秒杀、清仓等营销手段和鲜明的折扣信息等往往会吸引大量买家，如图7-34所示。
- **分析图片的差异：**我们可根据投放位置对临近展位的直通车图进行分析，充分研究直通车图的特点，包括素材选择、色彩、构图、文案等，找出它们的共性，然后走差异化路线。如图7-35所示，该图以堆叠的方式展现“量大”的特征，成功吸引了买家的眼球。

图7-34　心理需求

图7-35　构图差异化

- **使用诱导的概念：**我们可以使用一些夸张的口号喊出一个让买家容易认可的卖点，增强商品的说服力。例如，直通车中某矿泉水的卖点为“来自大山里的矿泉水”，某核桃的卖点为“原生态、无漂洗、无添加”。
- **使用增值服务：**突出放大增值服务，如顺丰包邮、货到付款、终身质保、保修包换、上门安装、送赠品等，可以增加买家的兴趣，让买家觉得贴心，如图7-36所示。
- **使用大众好评：**如果你的商品已经积攒了大量的销量和好评，这无疑是其强有力的卖点，我们可以将文字好评突出放大，利用可靠的论证数据和事实来揭示商品的特点，从而提高店铺点击率。图7-37所示为“双11狂卖5万罐！”就是利用销量来赚点击率的案例。

图7-36　增值服务

图7-37　销量突出

↘ 7.3.4　设计扳手直通车图

微课：设计扳手直通车图

下面我们利用直通车图对扳手商品进行推广，该直通车图在商品构图方式上选用对角线构图方式，利用蓝色的背景和刚硬的文字突出扳手的力量感。在设计文字时，我们用到了浮雕、投影、描边等图层样式，其具体操作如下。

STEP 01 新建大小为800像素×800像素，分辨率为72像素/英寸，名称为“扳手直通车”的文件，打开“扳手直通车背景.jpg”图片（配套资源:\素材文件\第7章\扳手直通车背景.jpg），将背景拖动到当前图像中，调整其位置和大小，如图7-38所示。

图7-38　添加背景

STEP 02 打开“扳手.png”图片（配套资源:\素材文件\第7章\扳手.png），将其拖动到“扳手直通车”文件中，调整其位置和大小。双击扳手图层，在打开的对话框的左侧列表中单击选中 ☑投影 复选框，将“混合模式、不透明度、角度、距离、大小”分别设置为“正片叠底、75%、26度、6像素、13像素”，单击 确定 按钮，效果如图7-39所示。

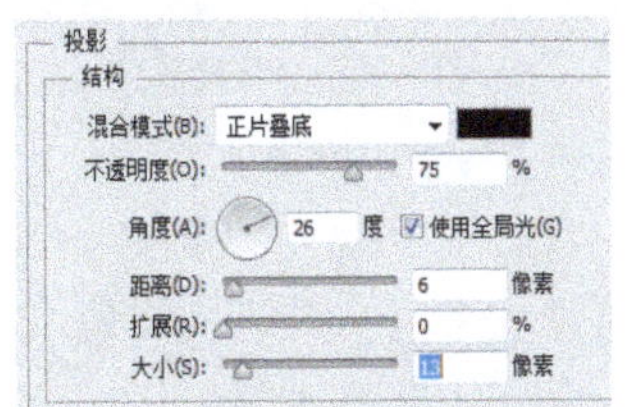

图7-39　添加扳手并制作投影

图7-39　添加扳手并制作投影（续）

STEP 03 选择“横排文字工具” T，将其字体设置为“汉仪菱心体简”，字号设置为“100点”，文本颜色设置为“#e9d0a6”，输入“好用力”文本，接着输入“更省力”文本；将字体更改为“方正兰亭中粗黑_GBK”，字号更改为“32点”，输入“手工精品扳手”文本，如图7-40所示。

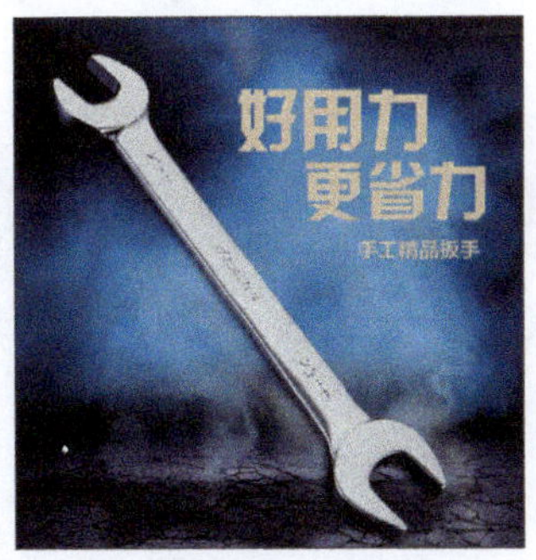

图7-40　输入文本

STEP 04 双击“好用力”文本图层，在打开的对话框的左侧列表中单击选中 ☑斜面和浮雕 复选框，将“样式、方法、深度、大小、高光模式、阴影模式、阴影颜色、不透明度”分别设置为“内斜面、平滑、959%、8像素、深色、正片叠底、#956e2c、58%”，单击 确定 按钮，如图7-41所示。按【Alt】键将图层样式图标 fx 复制到“更省力”文本图层。

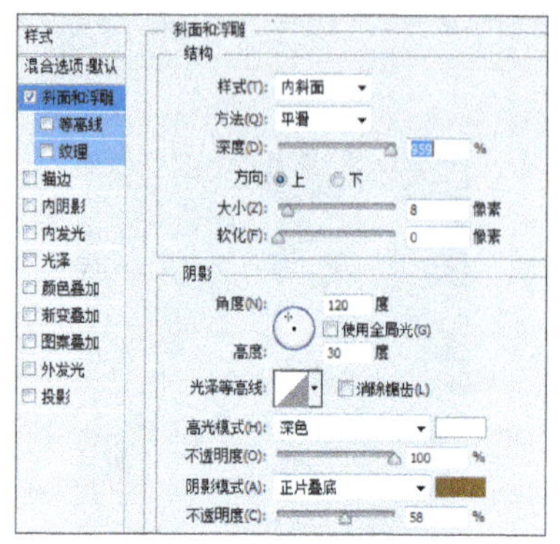

图7-41 添加斜面与浮雕

STEP 05 双击“手工精品扳手”文本图层，在打开的对话框的左侧列表中单击选中 ☑描边 复选框，将其“大小、位置、颜色”分别设置为“2像素、外部、黑色”，单击 确定 按钮，如图7-42所示。

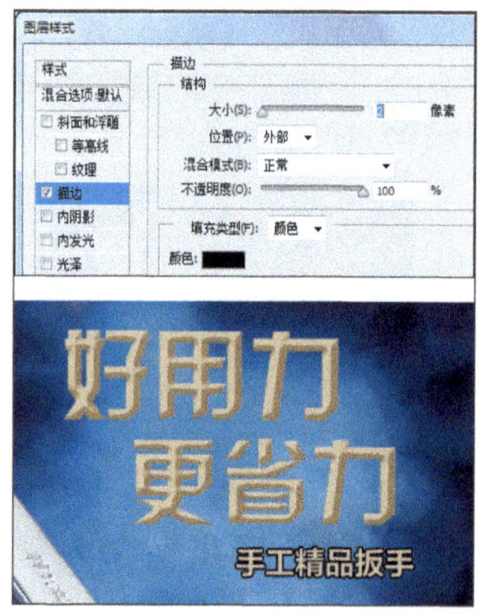

图7-42 添加描边

STEP 06 选择所有文本图层，按【Ctrl+T】组合键进入自由变换状态，单击鼠标右键，在弹出的快捷菜单中选择“斜切”命令，向右拖动上边框中心的控制点，倾斜文本，然后旋转文本角度，如图7-43所示。

图7-43 倾斜与旋转文本

STEP 07 选择“钢笔工具” ；将绘图模式设置为“形状”，填充颜色设置为“#1c404f”，在“好用力 更省力”文本下方单击鼠标左键不放并拖动鼠标绘制轮廓图形，如图7-44所示。

图7-44 绘制图形

STEP 08 双击STEP07中绘制的形状图层，在打开的对话框的左侧列表中单击选中 ☑外发光 复选框，将“混合模式、不透明度、发光颜色、大小”分别设置为“滤色、75%、#e7e5b4、13像素”，单击 确定 按钮，如图7-45所示。

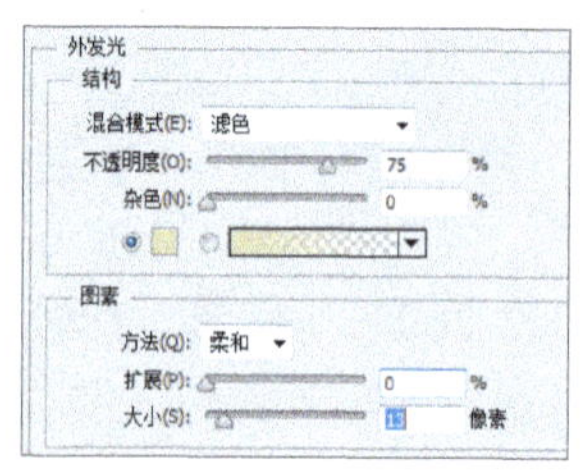

图7-45 添加外发光

STEP 09 双击“好用力”文本图层，在打开的对话框的左侧列表中单击选中 ☑投影 复选框，将“混合模式、不透明度、角度、距离、大小”分别设置为“正片叠底、75%、26度、6像素、1像素”，单击 确定 按钮，如图7-46所示。使用相同的方法为“更省力”文本图层设置投影。

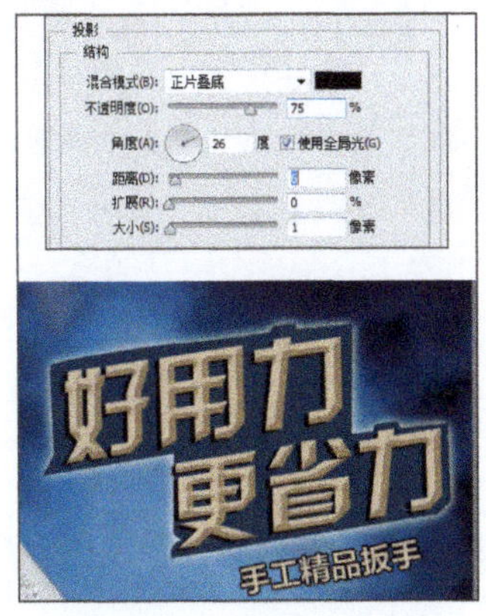

图7-46　为文本添加投影

STEP 10 选择【图层】/【新建调整图层】/【曲线】命令，在打开的“属性”面板中拖动曲线，调整亮度与对比度，如图7-47所示。

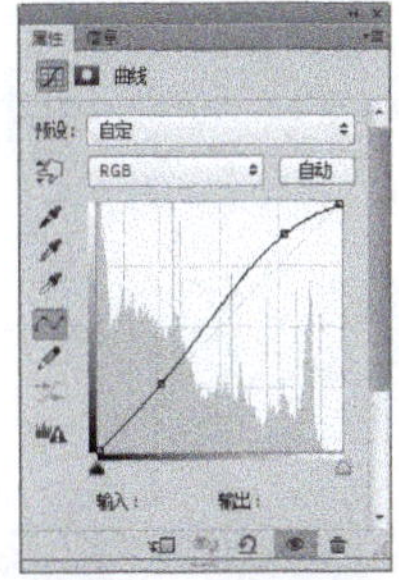

图7-47　调整曲线

STEP 11 选择“钢笔工具”，将填充色设置为“#e9d0a6”，绘制多角形装饰文本边缘。绘制圆，并将其颜色填充为“#60d0f0”，在其上输入白色文本，文本的字体分别设置为“方正兰亭粗黑简体”“方正兰亭简体”，然后调整大小，完成本例的制作，如图7-48所示（配套资源:\效果文件\第7章\扳手直通车.psd）。

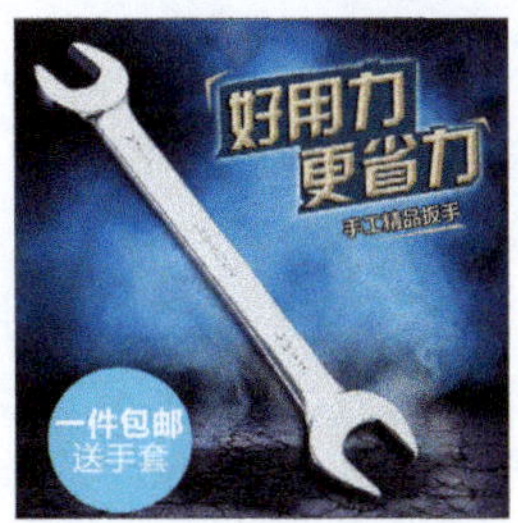

图7-48　最终效果

新手试练

请对店铺中的一款超小的蓝牙耳机进行直通车推广，效果如图 7-49 所示。

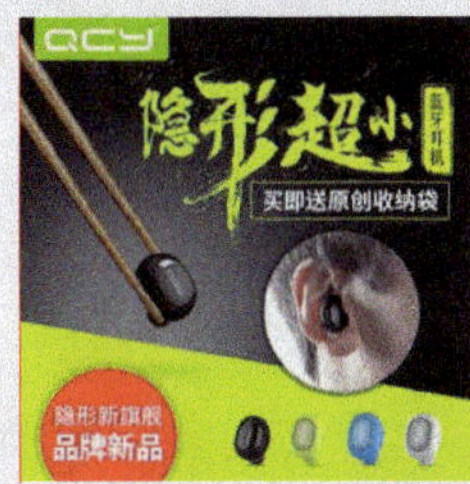

图7-49　蓝牙耳机直通车图效果

7.4 实战演练

本实战将从淘宝直通车图和智钻图入手，帮助大家进一步巩固推广图的制作方法。

7.4.1 设计唇彩直通车图

本例将介绍设计唇彩直通车图的方法。我们首先提炼其卖点：“健康安全 多色可选 无刺激”，然后添加背景与装饰素材，最后输入文本，完成唇彩直通车图的制作，制作完成后的效果如图7-50所示。

1. 设计思路

本例唇彩直通车图的设计思路如下。

（1）撰写文案，提炼卖点。要求主题卖点简洁精确，画面整体简洁美观。

（2）添加背景、商品与装饰元素，注意整体色调的和谐统一。

（3）通过文本颜色、字体、大小与角度的组合设计，编辑文案的外观。

图7-50　唇彩直通车效果图

2. 知识要点

完成本例唇彩直通车图的设计，大家需要掌握以下知识。

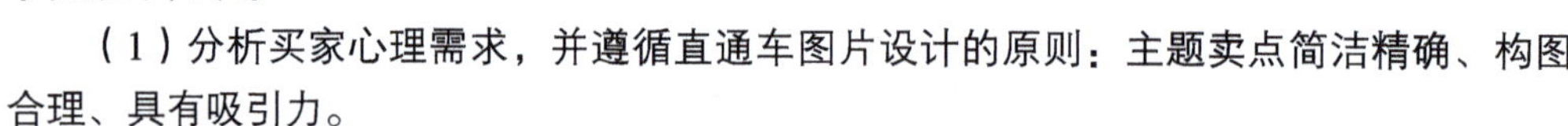

（1）分析买家心理需求，并遵循直通车图片设计的原则：主题卖点简洁精确、构图合理、具有吸引力。

（2）组合与编辑素材：包括素材的添加、素材叠放顺序的设置、素材位置与大小的调整，以及素材投影的制作。

（3）编辑文本：文本字体、颜色、大小的搭配组合。

微课：设计唇彩直通车图

3. 操作步骤

以下为根据唇彩外观设计直通车图的方法，其具体操作如下。

STEP 01 新建大小为800像素×800像素，分辨率为72像素/英寸，名称为“唇彩直通车”的文件，打开“粉色背景.jpg”图片（配套资源:\素材文件\第7章\粉色背景.jpg），将背景拖动到“唇彩直通车”文件中，调整其位置和大小，如图7-51所示。

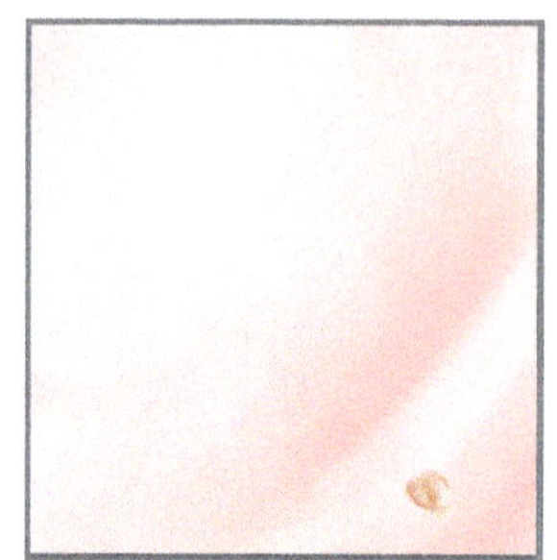

图7-51　添加背景

STEP 02 在背景中添加唇彩、丝带与植物叶片的素材（配套资源:\素材文件\第7章\唇彩直通车\），调整其位置和大小以及图层的叠放顺序，效果如图7-52所示。

图7-52　添加素材

STEP 03 选择唇彩所在的图层，在“图层”面板中单击“添加图层蒙版”按钮 ；选择蒙版，按【Ctrl】键单击丝带图层缩略图，载入选区，将前景色设置为“黑色”，使用画笔涂抹被唇彩遮挡的丝带部分，制作丝带包围唇彩的效果，如图7-53所示。

图7-53　使用蒙版隐藏部分图像

STEP 04 将前景色设置为“#99542d”，选择“画笔工具”，将不透明度设置为“24%”，在丝带图层下方新建图层，使用柔边画笔涂抹需要添加投影的部分，添加投影，增加立体感，如图7-54所示。

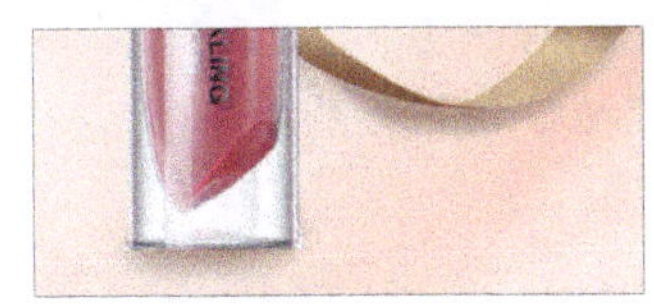

图7-54　添加投影

STEP 05 选择“横排文字工具” T，将其字体设置为“方正兰亭粗黑简体”，文本颜色设置为“#d1340a”，输入前两排文本；将字体更改为“方正兰亭纤黑_GBK”，文本颜色更改为“#4f0704”，字号设置为“34点”，输入第3排文本，如图7-55所示。

图7-55　输入文本

STEP 06 选择文本图层，按【Ctrl+T】组合键进入选区编辑状态，单击鼠标右键，在弹出的快捷菜单中选择“斜切”命令，拖动右侧的两个控制点，倾斜文本，如图7-56所示。然后使用相同的方法斜切其他文本。

图7-56　斜切文本

STEP 07 选择“钢笔工具”，将绘图模式设置为“形状”，填充颜色设置为“#d1340a”，在第二排文本下方单击鼠标左键不放并拖动鼠标绘制轮廓图形与线条，将第二排文本颜色更改为“白色”，如图7-57所示。

图7-57　绘制形状并更改文本颜色

STEP 08 按【Ctrl+J】组合键复制唇彩图层，垂直翻转图层，将不透明度降低为“36%”，然后将其移动到唇彩底部作为投影，完成本例的制作，如图7-58所示（配套资源:\效果文件\第7章\唇彩直通车.psd）。

图7-58　最终效果

↘ 7.4.2　设计家纺智钻图

本例将为“欣欣家纺”制作以折扣为主题的智钻图，其设计的重点除了要展示所销售的重点商品外，还需要将折扣信息直观展示出来，制作好的家纺智钻图如图7-59所示。

图7-59 家纺智钻图

1. 设计思路

本例家纺智钻图的设计思路如下。

（1）色调的选择：色调需要根据行业及商品的颜色来进行选择，本例家纺商品的主色调为黄色，使用粉红色搭配高明度的黄色能给人舒适温暖的感觉。

（2）文本与形状的搭配设计：本例采用方框、椭圆形、圆角矩形等形状将文本集中在一起，通过文本字体颜色、大小等对比设计来体现文本的显示级别。

（3）元素的合理应用：采用凌乱、分散的金币元素来装饰呆板的画面，营造热烈的促销氛围。

2. 知识要点

大家若想完成本例家纺智钻图的设计，需要掌握以下知识。

（1）智钻图的设计要点，如主图突出、目标明确、形式美观等。

（2）智钻图的构图方式，包括两栏式、三栏式、正反三角形构图等。

（3）文本的输入及形状的绘制。文本字体、颜色、大小的搭配组合，以及与形状的外观、颜色的搭配组合。

3. 操作步骤

以下为家纺智钻图的制作方法，其具体操作如下。

STEP 01 新建大小为520像素×280像素，分辨率为72像素/英寸，名称为“家纺智钻”的文件，将其填充色设置为“#ff6378”，按【Alt+Delete】组合键填充背景，在背景左侧添加四件套素材（配套资源:\素材文件\第7章\卡通四件套.jpg），双击四件套素材图层，在打开的对话框左侧单击选中☑投影复选框，将“混合模式、不透明度、角度、距离、大小”分别设置为“正片叠底、51%、90度、6像素、6像素”，如图7-60所示。

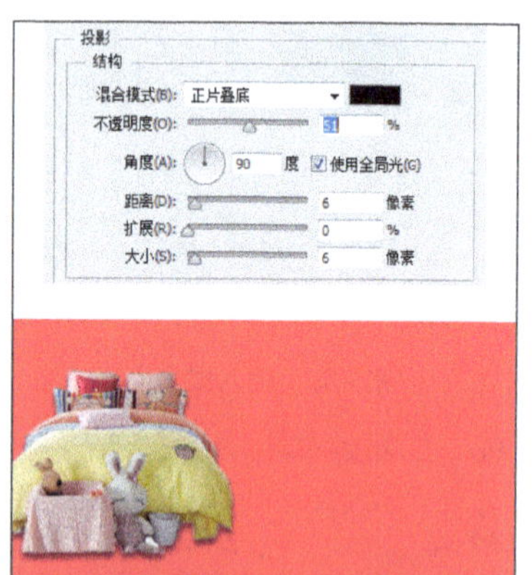

图7-60 填充背景并添加素材

STEP 02 选择“矩形工具”，取消填充，将描边颜色设置为“白色”，描边粗细设置为“10点”，在页面右侧绘制矩形框，再在“图层”面板中单击“创建矢量蒙版”按钮，为矩形框创建蒙版，选择蒙版，将前景色设置为黑色，框选一段左侧边框，按【Alt+Delete】组合键删除框选边框，如图7-61所示。

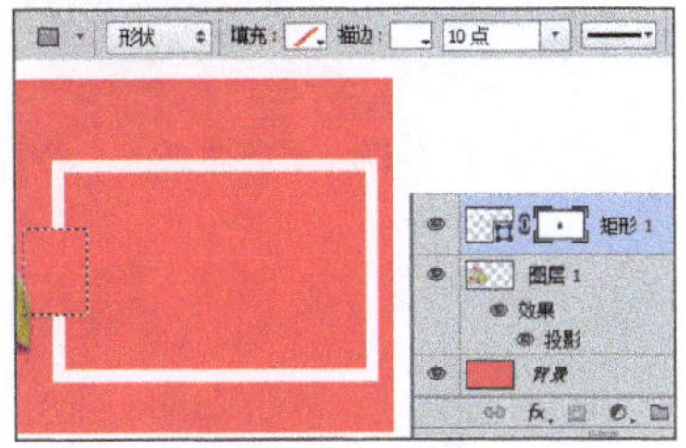

图7-61　绘制形状

STEP 03 选择“横排文字工具”，将其字体设置为“方正兰亭黑简体”，文本颜色设置为“白色”，字间距设置为“100”，输入“SALE”文本。按【Ctrl+T】组合键进入选区编辑状态，在工具属性栏中将旋转角度设置为“90度”，调整文本字体大小、位置，然后将其放在隐藏的方框线上，如图7-62所示。

图7-62　输入文本

STEP 04 选择“椭圆工具”，将其填充颜色设置为“白色”，按住【Shift】键在方框上边缘中心位置绘制白色圆。选择“横排文字工具”，将其字体设置为“Stencil、下划线”，文本颜色设置为“#591a1f””，在圆的上半部分输入“XXJF”文本，提交所有当前编辑，接着将字体设置为“方正兰亭圆简体”，取消下划线，在圆的下半部分输入“欣欣家纺”文本，如图7-63所示。

图7-63　输入文本

STEP 05 选择“横排文字工具”，将其字体设置为“造字工房力黑”，文本颜色设置为“#fff009”，分为单字图层输入“全场2折起”文本。调整文本的大小，将其排列在一起，分别添加投影，将“混合模式、不透明度、角度、距离、大小”分别设置为“正片叠底、55%、90度、0像素、7像素”，如图7-64所示。

图7-64　输入文本并添加投影

STEP 06 选择“圆角矩形工具”，将圆角半径设置为“30像素”，填充色设置为“#3c393c”，按住【Shift】键绘制圆角矩形，取消选择，将填充颜色更改为“白色”，在圆角矩形左侧绘制小的白色圆角矩形；在小的圆角矩形中输入“狂欢节”文本，将字体设置为“方正兰亭简体、仿粗体”，字号设置为“16

点”，文本颜色设置为“#3c393c”；其后的文本字体设置为“方正兰亭简体”，字号设置为“15.5点”，文本颜色设置为“白色”，如图7-65所示。

图7-65　绘制形状并输入文本

STEP 07 打开“金币元素.png”图片，将元素拖动到图像中；按【Ctrl+T】组合键调整各素材的大小与位置，完成本例的操作，如图7-66所示（配套资源:\效果文件\第7章\家纺智钻.psd）。

图7-66　最终效果

课后练习

（1）新建大小为800像素×800像素，分辨率为300像素/英寸，名称为“播放器直通车图”的文件，添加素材（配套资源:\素材文件\第7章\播放器.jpg）。我们选用几何形填充画面，并选用明度相似的灰色和橙色为主色调，以突出播放器的科技感与高品质感，完成后在图形上输入商品名称、价格等重要信息，完善主图的细节，最后添加闪光点的效果。这既能使画面更加灵动，又能让买家的眼球聚焦于商品本身，制作后的效果如图7-67所示（配套资源:\效果文件\第7章\播放器直通车图.psd）。

（2）新建大小为520像素×280像素，分辨率为72像素/英寸，名称为“水杯智钻图”的文件，添加水杯素材（配套资源:\素材文件\第7章\水杯.psd），使用发射构图方式，对文本和商品进行排版设计，制作完成后的效果如图7-68所示（配套资源:\效果文件\第7章\水杯智钻图.psd）。

图7-67　播放器直通车图效果

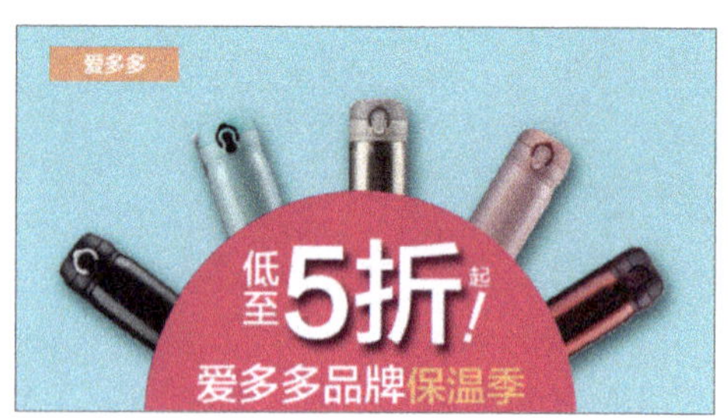

图7-68　水杯智钻图效果

第4篇　无线终端应用

第8章　无线终端首页的视觉设计与装修

随着无线互联网的发展，使用无线设备逛网店成为了一种新的潮流趋势。淘宝App、天猫App、京东App等针对无线终端的购物端口应运而生，目前，无线终端的流量已远远超过了计算机端。因此，无线终端店铺的装修对于任何一位电商卖家来说都变得更加重要。首页装修是无线终端店铺装修中至关重要的一部分，本章将针对无线终端首页视觉设计与装修进行介绍。

学习目标：

* 熟悉无线终端首页模块的组成
* 熟悉首页无线终端首页装修注意事项
* 掌握无线终端模块的编辑与装修方法

技能目标：

* 掌握制作店招的方法
* 掌握制作智能海报的方法
* 掌握制作优惠券的方法
* 掌握制作分类模块的方法
* 掌握制作宝贝展示图的方法

8.1 无线终端首页设计基础

计算机端店铺的首页一般展示的是品牌形象、店铺活动等信息，其首页访问的方式也多为从宝贝详情页直接跳转到店铺首页，买家直接访问店铺首页的情况并不多，而无线终端店铺的访问方式比较灵活，如扫描店铺的二维码、店铺微淘、搜索店铺、详情页跳转等。因此，无线终端的首页与计算机端店铺的首页具有不同的客户访问特征，无线终端店铺首页的作用比计算机端店铺首页的更大。下面我们从无线终端与计算机端的不同、无线终端首页模块组成、首页装修注意事项3个方面对无线终端首页设计的基础知识进行讲解，为后面无线终端的视觉设计奠定基础。

8.1.1 无线终端与计算机端的不同

前面我们讲解了计算机端店铺设计与装修的相关知识，那么无线终端店铺装修与计算机端店铺的装修究竟有何不同呢？下面我们从尺寸、布局、详情、分类和颜色5个方面对计算机端店铺与无线终端店铺的页面进行对比。

- 尺寸对比：无线终端显示的店铺页面宽度为750像素，而计算机端显示的宽度一般为950像素，若将计算机端店铺的图片搬到无线终端店铺，容易导致因尺寸不适合而造成图片显示不全、界面混乱、浏览效果不佳等问题。
- 布局对比：无线终端店铺页面更注重浏览体验，省略了边角的活动模块以及详细的广告文案，将计算机端的三栏图片展示精简为两栏，并将海报中的文案、价格等信息通过字号加大、颜色调整等方法突出显示出来，使其更适合无线终端阅读。
- 详情对比：计算机端店铺页面会通过较多文字说明商品的卖点、促销信息、优惠信息等，而无线终端店铺页面的文字则更为精简。
- 分类对比：无线终端店铺页面的分类模块比较简洁、清晰，使用了分类图标，而计算机端店铺页面的分类信息更详细。无线终端店铺页面的文字明显较粗、识别性更强。
- 颜色对比：计算机端店铺页面的用色更深，如使用黑色背景渲染店铺个性风格，而无线终端的店铺在页面中增加了白色的空隙，以实现鲜亮颜色的自然过渡，使页面整体鲜亮而不失整洁。

8.1.2 无线终端首页模块的组成

以手机为例，大家进入卖家中心，选择手机店铺装修，即可查看无线终端店铺页面的模块布局。从整体内容上看，无线终端淘宝店铺首页包括店招、标题、宝贝、左文右图、轮播图、优惠券、套餐搭配、文本等，如图8-1所示。

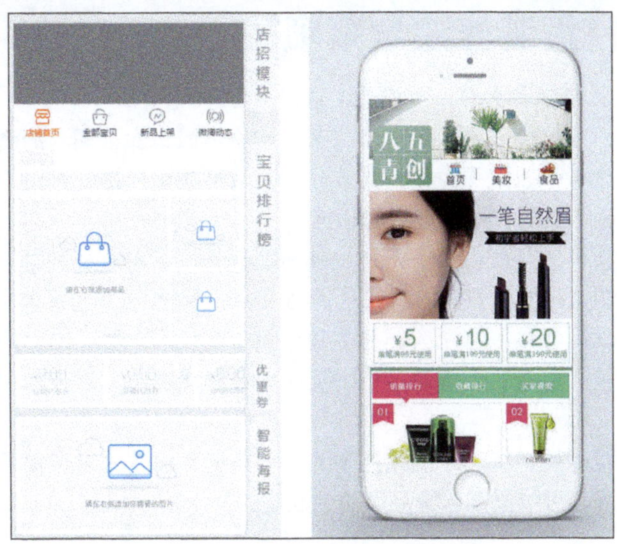

图8-1　无线终端首页视觉效果

下面我们对常用的无线终端页面模块的组成与设计要点进行介绍。

- 店招模块：无线终端页面的店招大小为750像素×254像素，一般包含店铺名称、Logo、收藏与分享按钮、营销亮点、店铺活动、背景图片等内容。由于其位于页面的顶端，显示的比例比计算机端大，因此更为抢眼。其一般要求是主题鲜明突出、颜色亮丽，以便能在吸引买家眼球的同时宣传店铺。在设计店招时，大家可从行业地位、店铺调性、活动主题出发进行设计。
- 标题模块：无线终端页面的标题主要用于区分商品类别，展示店铺的优势，品牌的理念等，最多支持20个中文字符（约17磅）。
- 轮播图模块：无线终端轮播图片的宽度为750像素，高度为200像素~900像素，一般用于店铺活动宣传、商品宣传、形象宣传等。此模块中最多可以添加4张轮播图，也可根据需要只添加一张图片。
- 优惠券模块：无线终端的优惠券要重点醒目、清晰、互动性强，具有分隔空间、活跃页面的作用。大家可以使用多图、左文右图等构图方式进行制作。
- 左文右图模块：其图片大小为608像素×160像素，一般用于店铺活动宣传、店铺王牌宝贝展示、店铺文化介绍等。此模块在制作时要求清晰准确，大家可在其中插入一些引导按钮，引导买家点击。
- 套餐搭配模块：设置此模块的目的是告知买家店铺内搭配的套餐，以提高成交量。
- 文本模块：此模块支持直接输入文本内容，最多可输入100字，支持在文本框内进行回车换行，它作为商品与商品之间的分割，是对商品的特别说明。
- 宝贝类模块：宝贝类模块包括智能双列宝贝、智能单列宝贝、猜你喜欢、宝贝排行榜、视频合集等，用于对店铺的商品进行展示。网店美工在注意布局的同时应尽量将主营的宝贝全部覆盖。宝贝在展示时，网店美工应将王牌宝贝、热销宝贝进行重点突出，具体可通过色相对比吸引买家眼球，或添加相应元素引导买家。

8.1.3 首页装修注意事项

网店美工在设计店铺首页时，通常需注意以下4方面事宜。

- **注重感官的习惯性与舒适性**：从买家的购物习惯出发，图片的清晰度和大小都要适应无线设备，以大图为主，图片分类要清晰明确；搭配舒适的颜色；商品的细节展示清晰、美观，给人舒适的感觉。
- **合理控制页面的长度**：由于无线设备体型狭长，买家在浏览时一般会按照自上而下的顺序浏览，此时页面内的信息不必太多，一般以6屏为最佳。
- **对页面整体内容的把握**：店铺的主营宝贝与定位理念要突出，要充分考虑其互动性、趣味性、专业性与基调定位，页面内容要能够精准定位客户，并快速吸引买家眼球。
- **与计算机端的视觉统一**：无线终端的内容与计算机端的内容相互呼应，具有相通的视觉符号，可以提高店铺品牌的关联度。

8.2 无线终端首页关键模块的视觉设计

网店美工可以根据需要选择需要在无线终端首页展示的内容，然后对其进行个性化的设计。下面我们将对“魅力厨房”无线终端店铺首页的核心模块进行设计，包括对店招、轮插图、优惠券等的设计。

8.2.1 店招设计

相对于计算机端而言，无线终端的店招由于尺寸较小，并且需要展示店名等信息，因此很少放置商品、活动广告语等信息，而主要用于配合店铺首页的风格。因而，我们在制作无线终端店招时需要考虑其简洁性，不能影响店名等信息的显示。以下为设计“魅力厨房”店铺店招的方法，其具体操作如下。

微课：店招设计

STEP 01 新建大小为750像素×254像素，分辨率为72像素/英寸，名称为“无线终端店招”的文件。打开“店招背景.jpg”图片（配套资源:\素材文件\第8章\店招背景.jpg），将背景拖动到“无线终端店招”文件中，调整位置和大小，使其覆盖页面，效果如图8-2所示。

图8-2 添加背景

STEP 02 选择“椭圆工具”，在工具属性栏中将其填充颜色设置为“#67cdcd”，按【Shift】键绘制正圆，按【Ctrl+J】组合键复制圆，将其排列成如

图8-3所示的效果，选择所有圆图层，按【Ctrl+E】组合键将其合并为一个图层。

图8-3　绘制与复制圆

STEP 03 双击圆图层，在打开的对话框左侧单击选中☑投影复选框，将“混合模式、不透明度、角度、距离、大小”分别设置为“正片叠底、75%、120度、1像素、1像素”，单击确定按钮，如图8-4所示。

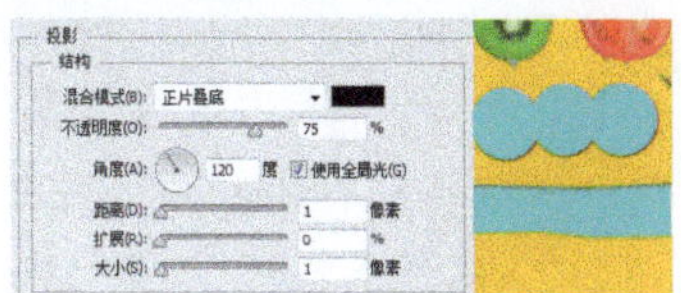

图8-4　添加投影

STEP 04 选择“横排文字工具”T，将其字体设置为“汉仪娃娃篆简”，字号设置为“56.5点”，文本颜色设置为“白色”，在圆上输入文本，将其保存为JPEG格式，完成无线终端店招的制作，如图8-5所示（配套资源:\效果文件\第8章\无线终端店招.jpg）。

图8-5　无线终端店招最终效果

8.2.2　轮播图设计

微课：轮播图设计

轮播图放在店招下方很显眼的地方，而且占用的面积相对较大，拥有很好的引流效果。下面我们将制作一张榨汁机的轮播图，其具体操作如下。

STEP 01 新建大小为750像素×470像素，分辨率为72像素/英寸，名称为“榨汁机海报”的文件。打开“榨汁机背景.jpg”图片（配套资源:\素材文件\第8章\榨汁机背景.jpg），将其拖动到“榨汁机海报”文件中，调整位置和大小，下面部分留白，如图8-6所示。

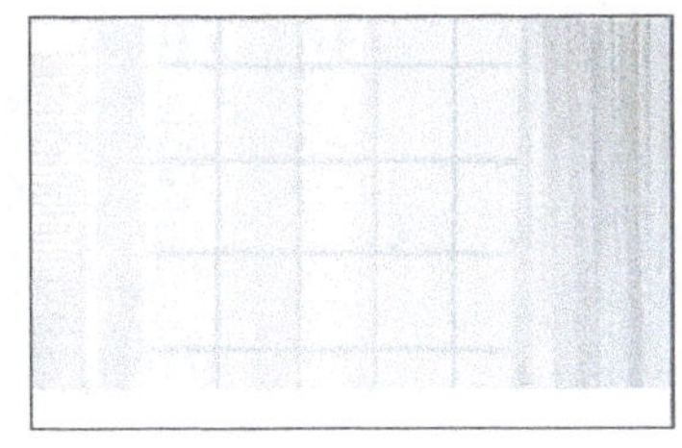

图8-6　添加背景

STEP 02 打开“榨汁机.psd”图像文件（配套资源:\素材文件\第8章\榨汁机.psd），将其中的榨汁机、橙汁分别拖动到“榨汁机海报”文件中，调整各素材的位置和大小，如图8-7所示。

图8-7　添加榨汁机、橙汁素材

STEP 03 选择“横排文字工具”T，输入“冷热双杯真破壁”文本，将字体设置为“方正兰亭黑简体”，字号设置为“48点”；将字体设置为“方正剪纸简体”，输入“￥1299”文本；将字号设置为“21点”，输入“立即抢购＞”文本。输入其他文本，并将文本的字体设置为“方正兰亭纤黑_GBK”，字号设置为“26点”，将“全家人的营养管家”文本颜色更改为“#66544a”，字号更改为“34点”，如图8-8所示。

图8-8 输入文本

STEP 04 双击“冷热双杯真破壁”文本图层，打开“图层样式”对话框，单击选中 渐变叠加 复选框，将渐变颜色设置为“#260e09、#a98773、#260e09”，渐变角度设置为“-8度”，单击 确定 按钮，如图8-9所示。

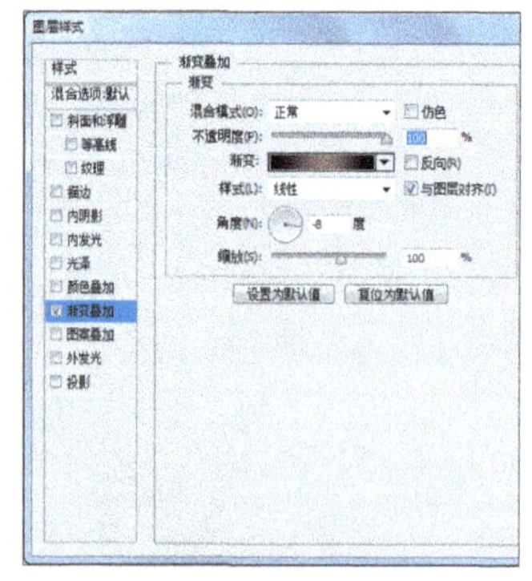

图8-9 设置渐变叠加

STEP 05 使用相同的方法为“¥1299”文本创建渐变叠加效果，将叠加颜色设置为“#e90e1a、#fbd62a”，渐变角度设置为“90度”，效果如图8-10所示。

图8-10 设置渐变叠加

STEP 06 在文本周围绘制直线、圆和圆角矩形，装饰文本，复制“¥1299”的渐变叠加效果到“立即抢购>”文本，下面的圆角矩形上，将“渐变角度”更改为“0度”，最后将其保存为JPEG格式，完成本例的制作，效果如图8-11所示（配套资源:\效果文件\第8章\榨汁机海报.jpg）。

图8-11 最终效果

8.2.3 优惠券设计

无线终端的优惠券与计算机端相比，在排列与大小的设置上更加清晰明了。本例将设计榨汁机首页的优惠券，该优惠券主要以红色为主色，其具体操作如下。

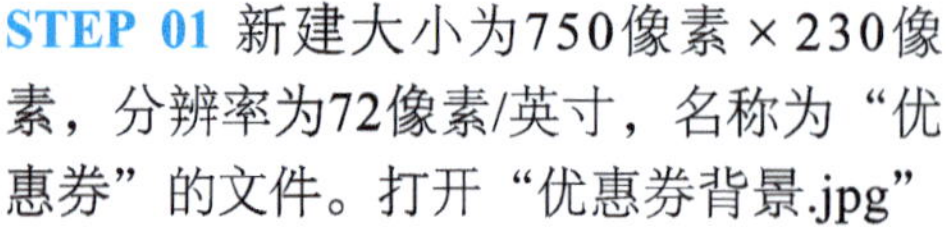

STEP 01 新建大小为750像素×230像素，分辨率为72像素/英寸，名称为“优惠券”的文件。打开“优惠券背景.jpg”图片（配套资源:\素材文件\第8章\优惠券背景.jpg），将其拖动到“优惠券”文件中，调整位置和大小，注意下面部分要

留白，如图8-12所示。

图8-12 添加背景

STEP 02 选择“矩形工具”，将填充颜色设置为“#ff456b”，在页面左侧绘制矩形，如图8-13所示。

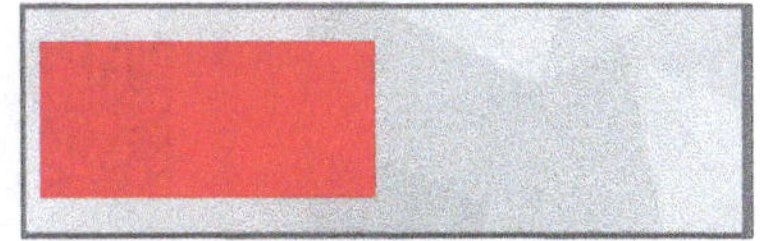

图8-13 绘制矩形

STEP 03 选择“椭圆工具”，取消填充，将描边粗细设置为“3点”，描边颜色设置为“白色”，按【Shift】键在矩形右侧绘制圆，在圆中输入“券”文本，将字体设置为“方正兰亭黑简体”，字号设置为“110点”，文本颜色设置为“白色”，如图8-14所示。

图8-14 绘制圆并输入文本

STEP 04 选择并按【Ctrl+E】组合键合并圆和文本图层，在合并后的图层上单击鼠标右键，在弹出的快捷菜单中选择“创建剪切蒙版”命令，将其裁剪到红色矩形中，设置图层不透明度为“15%”，如图8-15所示。

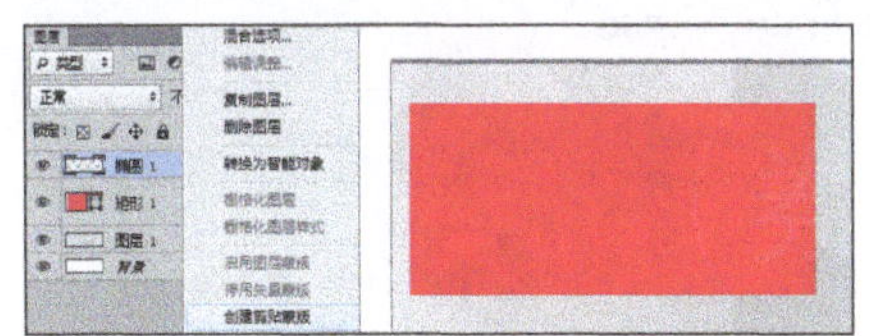

图8-15 创建剪切蒙版

STEP 05 选择“矩形工具”，将填充色设置为“#fdc823”，在红色矩形右侧绘制矩形，在其图层上单击鼠标右键，在弹出的快捷菜单中选择“栅格化图层”命令，栅格化图层。选择“椭圆选框工具”，在黄色矩形两边绘制选区，按【Delete】键删除选区，制作缺口图形，如图8-16所示。

图8-16 制作缺口图形

STEP 06 在优惠券上输入黑色和白色文本，调整文本大小，将“20、299”文本的字体设置为“方正兰亭特黑简体”，其他文本字体设置为“方正兰亭黑简体”，调整文本大小，将“立即领取>”文本的字体设置为“仿粗体”，如图8-17所示。

图8-17 输入文本

STEP 07 选择“圆角矩形工具”，将圆角半径设置为“10像素”，将填充颜色设置为“白色”，绘制圆角矩形，取消选择，更改文本颜色为“#ff456b”，为圆角矩形添加投影，效果如图8-18所示。

图8-18 添加投影

STEP 08 全选优惠券内容，按【Ctrl+G】组合键将优惠券内容放置到新建的组中，按【Ctrl+J】组合键复制组，将其放置到右侧，修改金额，完成其他优惠券的制作，如图8-19所示（配套资源:\效果文件\第8章\优惠券.psd）。

图8-19　制作其他优惠券

新手试练

下面请设计活动期间家电店铺的优惠券，制作后的效果如图 8-20 所示。

图8-20　优惠券效果

8.2.4　分类设计

微课：分类设计

无线终端的分类与计算机端相比，文本字号更大，分类板块更加分明。本例将设计榨汁机首页的分类板块，主要采用不同色块的均匀排列实现分类，其具体操作如下。

STEP 01 新建大小为640像素×320像素，分辨率为72像素/英寸，名称为“分类”的文件，拖动创建参考线，将界面分为4个均等的部分，如图8-21所示。

图8-21　添加参考线

STEP 02 选择“矩形工具”，根据参考线绘制4个与页面等高的矩形，分别将其填充颜色设置为“#faf1df、#fbeff4、#ecfcf3、#f8fbed”，如图8-22所示。

图8-22　绘制矩形

STEP 03 打开商品素材（配套资源:\素材文件\第8章\分类商品\），将素材拖动到“分类”文件中，调整其大小、位置与叠放层次，效果如图8-23所示。

图8-23　打开素材文件

STEP 04 选择“横排文字工具”，将其字体设置为“方正准圆简体”，字号设置为“24点”，文本颜色设置为“#453222”，输入分类汉字文本；将字体更改为“方正兰亭黑简体”，字号更改为“14点”，输入分类英文文本，效果如图8-24所示（配套资源:\效果文件\第8章\分类.psd）。

图8-24　最终效果

↘ 8.2.5　宝贝展示图设计

为了便于买家清晰地浏览宝贝信息，无线终端的宝贝展示图一般分为一行展示图和两行展示图。以下为设计一行展示图和两行展示图的方法，其具体操作如下。

STEP 01 新建大小为750像素×1 088像素，分辨率为72像素/英寸，名称为“宝贝展示”的文件，选择“矩形工具”，将其填充颜色设置为“#ffcc00”，在页面顶端绘制矩形，如图8-25所示。

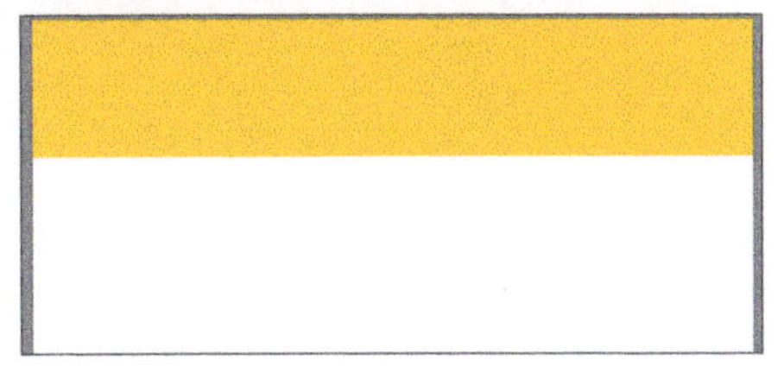

图8-25　绘制矩形

STEP 02 在绘制的矩形下边缘处输入“▲”符号，将其字体设置为“方正兰亭黑简体”，字号设置为“22点”，文本颜色设置为“白色”，字符间距设置为“-300”，然后将三角形连接在一起，形成锯齿效果，如图8-26所示。

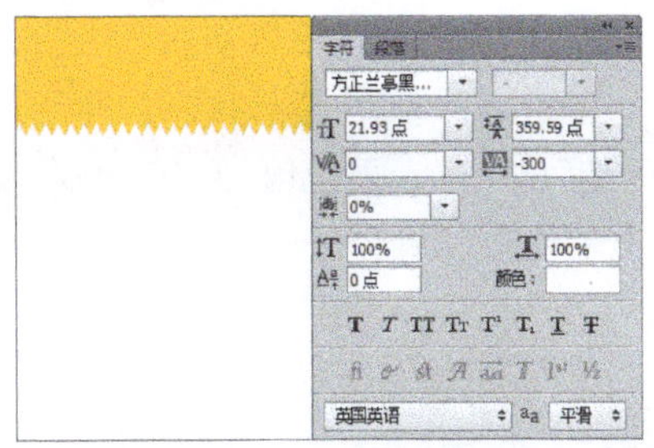

图8-26　输入“▲”符号

STEP 03 绘制垂直直线，将其描边设置为“1点”，描边颜色设置为“白色”，在直线图层上单击鼠标右键，在弹出的快捷菜单中选择“栅格化图层”命令，栅格化直线，按【Ctrl+J】组合键创建副本，按【Ctrl+T】组合键将其向右移动一定间距，然后按【Enter】键完成移动，如图8-27所示。

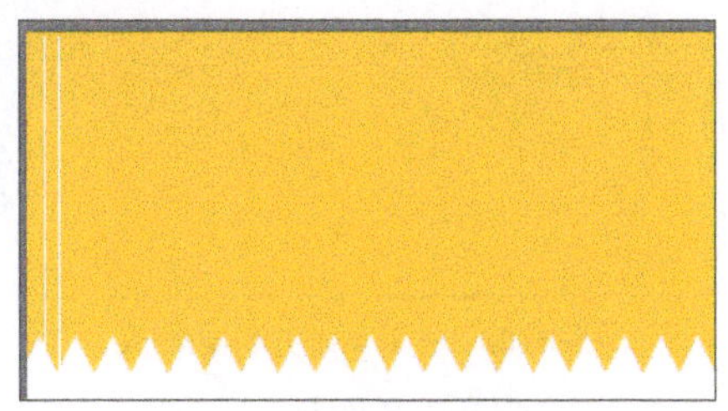

图8-27　绘制并复制直线

STEP 04 重复按【Ctrl+Shift+Alt+T】组合键复制并移动线条，直至其排列到页面右边缘，效果如图8-28所示。

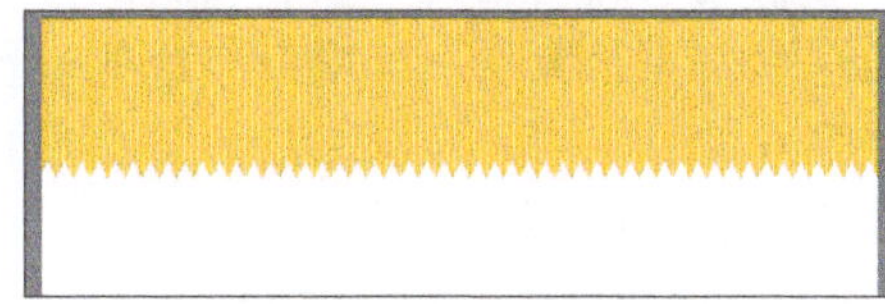

图8-28　重复复制直线

STEP 05 选择所有线条图层，按【Ctrl+E】组合键将其合并；按【Ctrl+T】组合键调整其大小，单击鼠标右键，在弹出的快捷菜单中选择“斜切”命令，拖动左下角和右上角的控制点，倾斜线条，如图8-29所示。

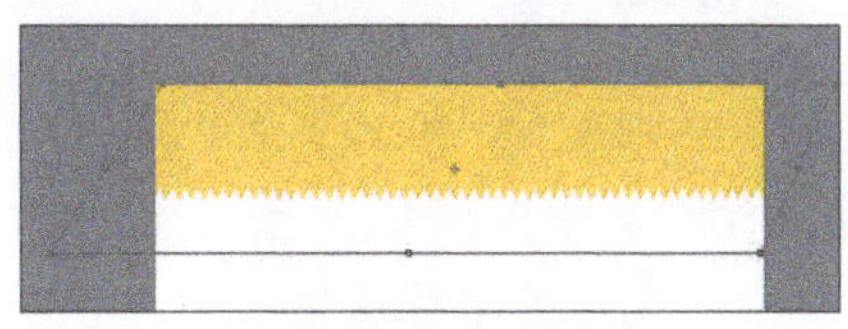

图8-29　变换线条

STEP 06 将线条的不透明度更改为“25%”。选择“横排文字工具”，将其字体设置为“反正兰亭粗黑简体”，字号设置为“60点”，文本颜色设置为“白色”，输入“‘爆款热卖’”文本，将“热卖”和后面引号的颜色更改为“#f6fd41”，引号字体更改为“Adobe 黑体 Std”，然后在下方绘制矩形，将其填充颜色设置为“#f7f5f4”，如图8-30所示。

图8-30 输入文本并绘制矩形

STEP 07 打开“迷你榨汁机.jpg”图片（配套资源:\素材文件\第8章\迷你榨汁机.jpg），将其拖动到灰色矩形图层的左侧，调整位置和大小，选择“钢笔工具”或“椭圆工具”，将其绘图模式设置为“形状”，其填充颜色的设置可参考页面顶端，分别绘制标签图形，效果如图8-31所示。

图8-31 绘制标签图形

STEP 08 在矩形内输入文本，其中将“精品”文本的字体设置为“方正兰亭黑简体”，其他文本的字体设置为“方正兰亭粗黑简体”；将“TOP1”文本的颜色设置为“#d73c0a”，其余设置为“白色”，然后调整文本字体大小，效果如图8-32所示。

图8-32 输入文本

STEP 09 为“爆款热卖”页头部分创建并复制组，然后向下移动组中对象，制作“新品上架”页头，如图8-33所示。

图8-33 制作“新品上架”页头

STEP 10 选择“矩形工具”，取消填充，将其描边粗细设置为“1点”，描边颜色设置为“#b5b5b5”，绘制矩形框。打开“碎肉机.jpg”图片（配套资源:\素材文件\第8章\碎肉机.jpg），将其拖动到矩形框中，调整素材的位置和大小。在下方绘制标签形状，其中红色值为“#ff456b”，黄色值为“ffcc00”如图8-34所示。

图8-34 添加素材并绘制形状

STEP 11 输入碎肉机相关文本，将文本字体设置为“方正兰亭粗黑简体”，其中“直降20元”文本的颜色为“#854a19”，“立即购买”文本的颜色为“#ff4566”，商品名称与价格的文本颜色分别为“黑色”与“白色”，调整文本字体大小，效果如图8-35所示。

图8-35　输入并调整文本

STEP 12 将“碎肉机”矩形框内的所有图层合并为一个组，然后复制组，将复制的组向右移动，修改其中的文本与商品（配套资源:\素材文件\第8章\多功能榨汁机.jpg），制作“多功能榨汁机”展示图，如图8-36所示。完成后保存宝贝展示图（配套资源:\效果文件\第8章\宝贝展示.psd）。

图8-36　制作“多功能榨汁机”展示图

8.3 无线终端店铺装修

无线终端店铺的装修与计算机端店铺的装修相似，通过编辑模块，卖家可以将制作好的店铺图片上传并装修到店铺中。无线终端店铺有海报、优惠券等模板，网店美工可以根据模板快速完成相关模块的制作。

8.3.1 模块装修

网店美工在进行模块装修时，首先需要进入装修页面，添加并选择店铺的模板，然后在打开的页面右侧的模块面板上设置图片、文本、视频、链接等，完成装修。下面我们以装修轮播图海报为例，介绍模块装修的方法，其具体操作如下。

微课：模块装修

STEP 01 在“卖家中心”页面单击“店铺装修”栏中的“店铺装修”超链接，再在店铺装修页面中单击“手机端”标签，接着在其首页后单击 装修页面 按钮，如图8-37所示。

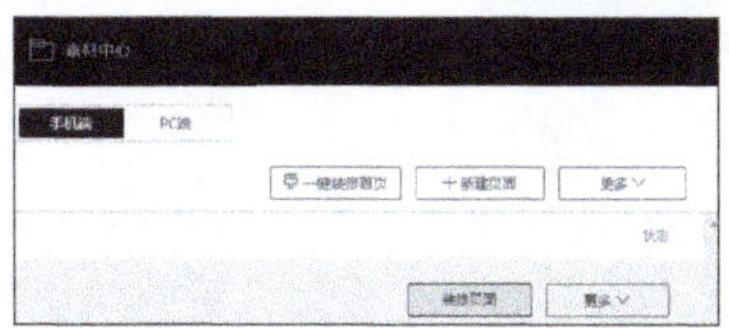

图8-37　进入无线终端首页装修页面

STEP 02 进入手机端首页装修页面，选择“轮播图”模块，将鼠标光标移动到右侧面板的加号上，接着单击本地上传按钮，如图8-38所示。

图8-38 编辑轮播图模板

经验之谈：

单击在线制作按钮，在打开的页面中可以选择制作海报的模板，修改其中的文字、图片或商品，可以快速完成海报的在线制作。需要注意的是，几张轮播图片的尺寸必须保持一致。

STEP 03 将之前制作的JPEG格式的榨汁机海报上传到图片空间，然后在图片空间中选择榨汁机海报，将其添加到轮播图模块中，再查看上传的海报效果，单击＋添加1/4按钮可继续添加需要轮播的海报，如图8-39所示。

图8-39 添加轮播海报图

STEP 04 输入海报链接的无线链接网址，单击保存按钮即可查看装修的海报轮播图效果，如图8-40所示。

图8-40 海报轮播图的效果

8.3.2 模板装修

对于想要快速完成店铺装修的网店美工，使用模板对店铺进行装修无疑是不错的选择。网店美工可以在模块中的“在线编辑”页面选择模板，也可在装修页面左侧选择“模板”选项，单击右上角的模板市场按钮，打开的“装修市场”页面也为网店美工提供了丰富的PC店铺模板、微海报模板、无线店铺模板；但这些模板大多都需要付费购买，网店美工购买并套用模板后，编辑模块信息即可快速完成装修，如图8-41所示。

图8-41　套用模板装修

8.4 实战演练

8.4.1　制作沙发无线终端首焦海报与优惠券

本实战制作沙发无线终端首页的首焦海报和优惠券。设计时，我们根据沙发简约的特点，选择的字体尽量简洁大气；在用色方面，以白色为底色，结合不同层次的灰色丰富页面，使各个板块的结构划分清晰。制作后的效果如图8-42所示。

图8-42　沙发无线终端首焦海报与优惠券效果

1. 设计思路

针对本例沙发无线端首焦海报与优惠券的设计，可以从以下几个方面阐述其制作方法。

（1）分析沙发风格，选择合适的字体与色彩，确定店铺的风格。

（2）规划首焦海报与优惠券的展示高度。

（3）通过素材的添加、形状的绘制、文本的输入，完成本例的制作。

2. 知识要点

完成本例首焦海报与优惠券的设计，我们需要掌握以下知识。

（1）网店美工必备的视觉营销知识。色彩搭配、图形元素的应用、文本外观设计，以及三者之间的组合搭配。

（2）无线终端首页首焦海报与优惠券的尺寸规范。

（3）合理搭配首焦海报与优惠券的外观，注重感官的习惯性与舒适性。

（4）能够在Photoshop中快速完成素材添加、图形绘制、文本输入与编辑等操作。

微课：制作沙发无线终端首焦海报与优惠券

3. 操作步骤

以下为根据提供的沙发特征制作沙发首焦海报与优惠券的方法，其具体操作如下。

STEP 01 新建大小为750像素×650像素，分辨率为72像素/英寸，名称为“沙发首焦海报与优惠券.psd”的文件。选择“矩形工具”，在页面顶端绘制矩形，该矩形的填充颜色为“白色”，描边颜色为“黑色”，描边粗细为“22点”，高度为“435像素”，效果如图8-43所示。

经验之谈：

无线终端首页的尺寸会根据屏幕的大小进行自动调整，750像素宽为目前流行的iPhone 6的尺寸。

图8-43　绘制矩形

STEP 02 打开“沙发1.jpg”图片（配套资源:\素材文件\第8章\沙发1.jpg），将其移动至图像中，在图层上单击鼠标右键，在弹出的快捷菜单中选择“创建剪贴蒙版”命令，将其置入下方的矩形中，调整图像的位置和大小，如图8-44所示。

图8-44　创建剪贴蒙版

STEP 03 选择“横排文字工具”T，在工具属性栏中将文本颜色设置为“#444547”，输入文本（配套资源:\素材文件\第8章\文本素材.txt），其中“每周新品”的字体为“锐字云字库姚体”，且文本作为单个文字图层输入；“全场八折起”的字体为“方正兰亭刊黑_GBK”；引号和英文的字体为“张海山锐线体2.0”。调整文本大小，组合效果如图8-45所示。

图8-45　输入文本

STEP 04 选择“矩形工具”，在“每周新品”下方绘制矩形，矩形的填充颜色为“#f7f7f7”，高度为“190像素”；继续在左侧绘制188像素×167像素的白色矩形，双击白色矩形图层，为矩形添加投影，如图8-46所示。

图8-46　绘制矩形

STEP 05 打开“手图标.jpg”图片（配套资源:\素材文件\第8章\手图标.jpg），将其移动到白色矩形中，调整位置和大小，在下方输入“领取优惠券”，将字体设置为“方正兰亭中黑_GBK、下划线”，字号设置为“15点”，文本颜色设置为“#454648”，如图8-47所示。

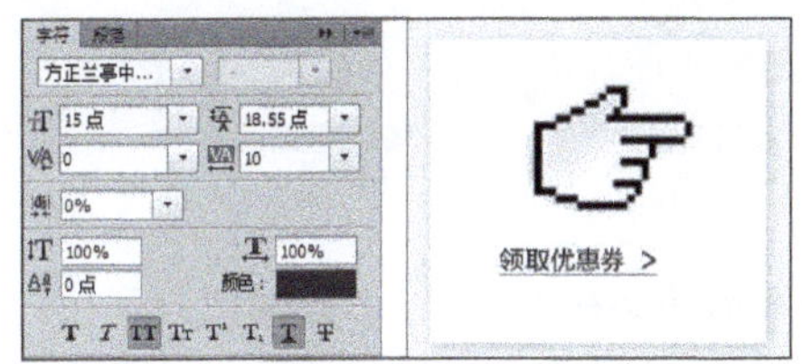

图8-47　输入文本

STEP 06 选择“矩形工具”，绘制3个不同的矩形，分别填充颜色“#eeeeee、#e8e8e8、#dfdfdf”，调整位置，如图8-48所示。

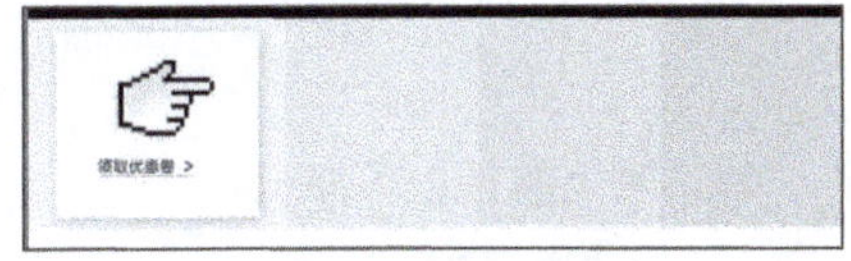

图8-48　绘制矩形

STEP 07 选择“横排文字工具”，在工具属性栏中将文本颜色设置为“#454648”，输入文本，其中“20”的字体设置为“Accidental Presidency”，字号设置为“98点”，字间距设置为“-50”，“¥”的字体为“微软雅黑”，字号设置为“13点”，“满188元可用”的字体设置为“方正兰亭超细黑简体、下划线”，字号设置为“19.4点”，组合效果如图8-49所示。

图8-49　输入文本并调整文本格式

STEP 08 选择“椭圆工具”，在工具属性栏中将填充颜色设置为“#454648”，按【Shift】键在优惠券文本下方绘制小圆。在圆上输入“V”，将字体设置为“方正兰亭超细黑简体”，字号设置为“7.4点”，文本颜色设置为“白色”；按【Ctrl+T】组合键进入选区编辑状态，将其旋转90°，然后按【Enter】键完成本步操作，如图8-50所示。

图8-50　绘制圆并输入文本

STEP 09 将STEP07~STEP08的图层合为一组，然后复制组，修改优惠券金额，制作其他优惠券，效果如图8-51所示（配套资源:\效果文件\第8章\沙发无线终端首焦海报与优惠券.psd）。

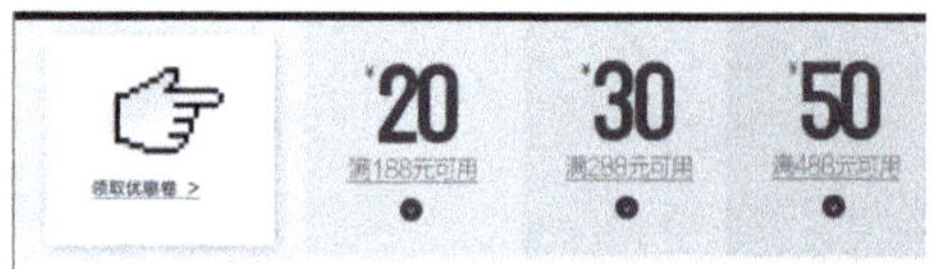

图8-51　制作其他优惠券

8.4.2　制作沙发无线终端商品展示图

本实战将采用单列宝贝与双列宝贝展示相结合的方法制作沙发无线终端商品展示图，制作后的效果如图8-52所示。

图8-52　沙发无线终端展示图效果

1. 设计思路

针对本例沙发无线终端首页中的商品展示图设计，我们将从以下几个方面阐述其制作方法。

（1）分析无线终端展示的特征，包括无线终端的屏幕大小等，规划复合无线终端需求的商品展示方式。

（2）通过素材的添加、形状的绘制、文本的输入来布局版面，完成本例的制作。

2. 知识要点

完成本例沙发无线终端首页商品展示图的设计，我们需要掌握以下知识。

（1）字体的搭配组合技巧，图形元素对文本的修饰与凸出显示。

（2）页面元素的平均分布与对齐方式的设置。

（3）注重感官的习惯性与舒适性、合理控制页面的长度。

（4）掌握素材的添加、图形绘制、文本输入与编辑等操作。

3. 操作步骤

以下为根据提供的沙发与无线终端特征展开沙发展示图的制作方法，其具体操作如下。

STEP 01 新建大小为750像素×1 579像素，分辨率为72像素/英寸，名称为“沙发展示图.psd”的文件，在左侧输入文本（配套资源:\素材文件\第8章\文本素材1.txt），英文的字体为“Myriad Pro”，中文的字体为“方正兰亭刊黑_GBK”，调整文本大小。在“点击了解＞”文本图层下方绘制填充颜色为“#454648”的矩形，更改文本颜色为“白色”，为前三排文本添加下划线，效果如图8-53所示。

图8-53　输入文本

STEP 02 在右侧绘制408像素×370像素的矩形，如图8-54所示。

图8-54　绘制矩形

STEP 03 打开“沙发2.jpg”图片（配套资源:\素材文件\第8章\沙发2.jpg），在图层上单击鼠标右键，在弹出的快捷菜单中选择“创建矢量蒙版”命令，将其置入下方的矩形中，调整素材的位置和大小，效果如图8-55所示。

图8-55　添加素材并创建矢量蒙版

STEP 04 为STEP01的文本新建组，复制组放到沙发下面，复制STEP02的矩形，放到文本左侧，添加“沙发3.jpg”图片（配套资源:\素材文件\第8章\沙发3.jpg），通过剪贴蒙版裁剪到下方的矩形中，效果如图8-56所示。

图8-56　制作其他商品的展示图

STEP 05 选择“矩形工具”，绘制矩形，将其作为背景，设置填充颜色为“#f4f4f4”。选择“横排文字工具”T，在灰色背景上方输入“沙发新品推荐”相关文本，将英文的字体设置为“Accidental Presidency”，中文的字体设置为“方正兰亭刊黑_GBK”，调整文本大小，效果如图8-57所示。

THE NEW SOFA
沙发新品推荐

图8-57　输入文本

STEP 06 在文本下方绘制4个矩形，2个白色矩形作为商品的放置版块，白色矩形中的2个矩形颜色为“#454648”，用于裁剪图像，效果如图8-58所示。

图8-58　绘制矩形

STEP 07 添加“沙发4~5.jpg”图片（配套资源:\素材文件\第8章\沙发4.jpg、沙发5.jpg），通过剪贴蒙版分别裁剪到下方的矩形中，如图8-59所示。

图8-59　添加并裁剪商品图片

STEP 08 在商品图像下方输入文本（配套资源:\素材文件\第8章\文本素材2.txt），将其字体设置为“方正兰亭刊黑_GBK”，调整文本字体大小。在“点击查看 >”文本下方绘制填充颜色为“#454648”的矩形，更改文本的颜色为“白色”，为第一排文本添加下划线，完成后为该步的文本创建组并复制组到右侧的图像下方，修改文本，完成双栏宝贝展示模块的制作，如图8-60所示（配套资源:\效果文件\第8章\沙发无线终端展示图.psd）。

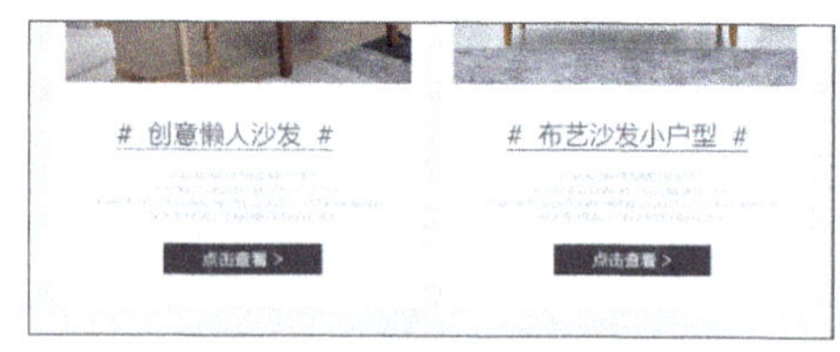

图8-60　双栏宝贝展示效果

课后练习

（1）本练习将利用素材（配套资源:\素材文件\第8章\小吃无线终端首页素材\）制作具有中国特色的小吃店铺的无线终端首页，具体包括店招、海报、优惠券、宝贝展示等板块。该首页在花纹选择、颜色搭配与字体应用方面都具有浓厚的中国风特色，制作后的效果如图8-61所示（配套资源:\效果文件\第8章\小吃无线终端首页.psd）。

图8-61　小吃店铺无线终端首页效果

（2）本练习将利用收集的素材（配套资源:\素材文件\第8章\坚果\）制作坚果店铺无线终端首页效果，我们主要采用红色作为店铺的主色，分别对坚果的海报、优惠券、分类展示、宝贝展示进行视觉设计，制作后的效果如图8-62所示（配套资源:\效果文件\第8章\坚果店铺无线终端首页.psd）。

图8-62　坚果店铺无线终端首页效果

第9章　无线终端详情页的视觉设计与装修

虽然计算机端的店铺详情页也可以在无线终端店铺显示，但由于无线设备与计算机对图片尺寸的要求不同，很多计算机端的详情页显示在无线终端会出现图片不显示或显示不全、页面排版混乱的问题，因此单独设置与装修无线终端的详情页变得尤为重要。本章将对无线终端详情页的设计、模板套用与装修，以及自定义页面等知识进行详细介绍，帮助大家快速完成无线终端详情页的视觉设计与装修。

学习目标：

* 熟悉无线终端详情页的特征
* 掌握无线终端详情页设计的要点

技能目标：

* 掌握设计与装修无线终端详情页的方法
* 熟悉装修无线终端自定义页面

9.1 无线终端详情页设计基础

详情页的好坏决定了店铺流量转化率的高低，由于越来越多的人选择使用无线设备进行网购，因此对无线终端详情页进行装修也势在必行。

↘ 9.1.1　无线终端详情页的特征

与计算机端的详情页相比，无线终端的详情页具有以下5个特征。

- 尺寸更小：无线终端的详情页尺寸往往比较小，宽度一般为620像素，一屏高度不超过960像素，为了能在一屏内展示买家想看的内容和信息，大家在设计时需要考虑其页面的长度。
- 卖点更加精练：无线终端详情页的内容可以参照计算机端，但是无线终端更加注重在最短的时间内，把买家的购买欲望放大到最大，因此无线终端详情页内的卖点应该更加精练。
- 场景更加丰富：由于无线终端买家可以在多种场景内进行购物，如车上、床上等。因此，在无线终端详情页中添加多种场景可以使其更加贴近生活，使买家增加对商品的了解。
- 页面切换不便：买家在浏览计算机端详情页时可以很方便地通过页面的文字或按钮切换页面，而使用无线终端进行页面切换就不是很方便，因此无线终端详情页中的图片以及图片上的引导文字一定要清晰并且具有吸引力，能够快速打动买家购买。
- 页面文件的容量更小：大家在计算机端浏览Web页面平均需要消耗9MB流量，因此，若直接将计算机端详情页转化为无线终端详情页，将导致页面加载缓慢，耗费买家更多的流量。所以，无线终端详情页的页面文件更小。

↘ 9.1.2　无线终端详情页设计的要点

基于无线终端的特征，网店美工在设计其详情页时需要注意以下3点。

- 图片设计要点：图片的体积不能太大，否则容易出现加载缓慢的问题，影响买家购物体验，此时应在保证图片清晰度的同时压缩图片；细节图不能太小，尽量保证清晰度，让买家能够看见细节详情，产生购买欲。
- 文字设计要点：图片文字、宝贝信息和宝贝描述文字都不能太小，否则容易导致诉求不清。
- 宝贝重点的设计：想要宝贝重点突出，就要合理控制页面展示的信息量，省略一些无关紧要的内容，提升买家购物体验。

9.2 无线终端详情页的设计与装修

网店美工可以根据无线终端详情页的特征与无线终端详情页设计的要点，对商品无线终端详情页进行设计，使其更适合无线终端，进而提高店铺销量。完成无线终端详情页的设计后，网店美工可通过编辑淘宝神笔中的模块将其快速装修到无线终端店铺中。

9.2.1 无线终端详情页设计

下面我们以榨汁机为例，讲解无线终端详情页的制作方法。在配色方面，我们主要以浅粉色、浅蓝色、白色为背景色，玫红色和黑色为文本的颜色，同时应用橙子、水纹、树叶等元素渲染页面，使页面整体清新自然，其具体操作如下。

STEP 01 新建大小为620像素×3 030像素，分辨率为72像素/英寸，名称为“榨汁机详情页”的文件，将前景色设置为“#fedaf2”，在顶端使用“矩形选框工具”绘制620像素×690像素的选区，按【Alt+Delete】组合键填充背景，打开“窗子.png”素材文件（配套资源:\素材文件\第9章\榨汁机详情页素材\窗子.png），将其添加到文件中，调整位置和大小，效果如图9-1所示。

图9-1 添加窗子素材

STEP 02 选择“钢笔工具”绘制窗口中的形状，添加“室内.png”素材文件（配套资源:\素材文件\第9章\榨汁机详情页素材\室内.png），将其覆盖到窗上，在图层上单击鼠标右键，在弹出的快捷菜单中选择“创建剪贴蒙版”命令，将其置入窗口，如图9-2所示。

图9-2 添加室内风景

STEP 03 使用相同的方法继续添加橙子、榨汁机素材（配套资源:\素材文件\第9章\榨汁机详情页素材\橙子.png、榨汁机.png），调整其大小及位置。双击各个素材图层，在打开的“图层样式”对话框中添加投影效果，效果如图9-3所示。

图9-3 添加素材与投影

STEP 04 选择“钢笔工具” ，在页面上方绘制白游标签形状，按【Ctrl+J】组合键复制标签，按【Ctrl+T】组合键调整副本的大小，取消填充，更改描边颜色为“#c2e9ee”，描边粗细为“4点”，如图9-4所示。

图9-4　绘制标签

STEP 05 选择“横排文字工具” ，输入3排文本，将每排文本的字体分别设置为“方正兰亭粗黑简体、方正兰亭黑简体、方正兰亭刊黑_GBK”，文本颜色分别设置为“#f11753、#0c0c0c、#b73455”，然后调整字号，组合效果如图9-5所示。

图9-5　输入文本

STEP 06 选择“钢笔工具” ，将其填充颜色设置为“#f2184f”，在文本下方绘制3个形状，组合成标题形状（注意中间的形状在上层），为中间的形状添加投影，制作出立体标题效果，并在其上输入“时尚经典潮流设计”文本，将该文本的字体设置为“方正兰亭黑简体”，字号设置为“16点”，文本颜色设置为“白色”，效果如图9-6所示。

图9-6　制作标题形状并输入标题

STEP 07 添加橙子树、树叶素材（配套资源:\素材文件\第9章\榨汁机详情页素材\橙子树.png、橙子树1.png、树叶.png），调整其大小及位置。双击各个素材图层，在打开的“图层样式”对话框中添加投影效果，制作后的焦点图如图9-7所示。

图9-7　无线端焦点图效果

STEP 08 添加广告图素材（配套资源:\素材文件\第9章\榨汁机详情页素材\广告图.png），调整大小，使其和页面一样宽，如图9-8所示。

图9-8　添加广告图

STEP 09 选择“横排文字工具” ，输入两排文本，将文本的字体分别设置为“方正兰亭粗黑简体、方正兰亭黑简体”，文本颜色分别设置为“#f2184f、黑色”，然后调整字号，效果如图9-9所示。

图9-9 输入广告文案

STEP 10 继续在图像下方输入与选择理由相关的文本，将该文本的字体设置为“方正兰亭粗黑简体”，文本颜色设置为“#f2184f”。选择“矩形工具”，将其填充颜色设置为“#f1fafc”，绘制页面的矩形作为背景，添加橙子、水纹、榨汁机素材（配套资源:\素材文件\第9章\榨汁机详情页素材\橙子2.png、水纹.png、榨汁机2.png），调整素材叠放顺序、大小与位置，效果如图9-10示。

图9-10 输入文本并添加素材

STEP 11 选择“椭圆工具”，在工具属性栏中将其填充颜色设置为“白色”，描边粗细设置为“1.5点”，描边颜色设置为“#f2184f”，按【Shift】键绘制正圆，按【Alt】组合键移动并复制2个圆，排列成如图9-11所示的效果。

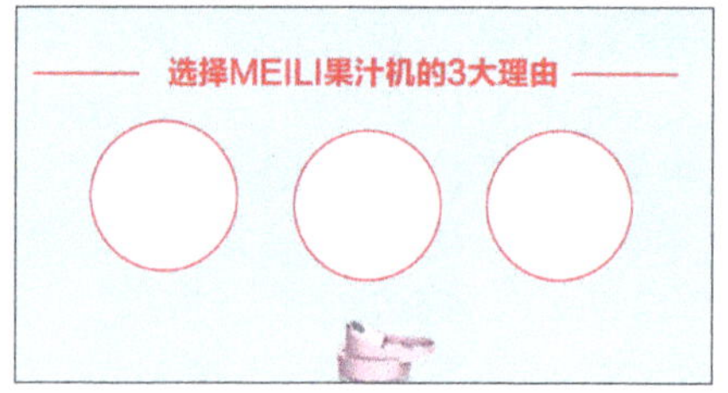

图9-11 绘制并复制圆

STEP 12 添加与理由相关的素材（配套资源:\素材文件\第9章\榨汁机详情页素材\食材.jpg、清洗.jpg、按钮.jpg），移动素材图层分别至圆上，调整其大小和位置，在圆上的素材图层上单击鼠标右键，在弹出的快捷菜单中选择“创建剪贴蒙版”命令，将其置入圆中，在圆下方输入“易清洗”“百变料理”和“一键搞定”文本，该文本的字体格式同STEP10中的文本字体格式，但字号为“18点”，如图9-12所示。

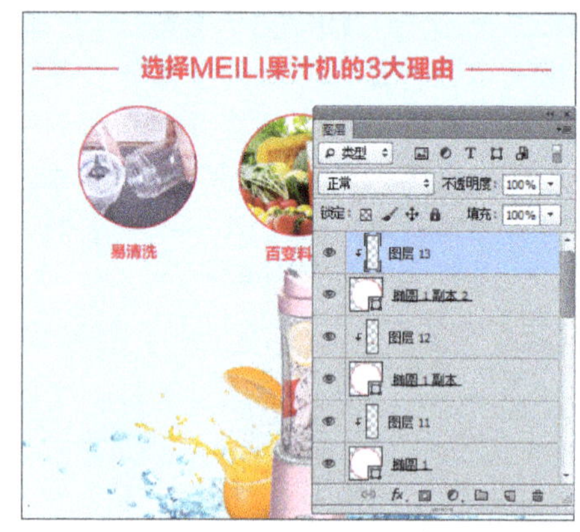

图9-12 添加、裁剪素材并输入文本

STEP 13 绘制填充颜色为“#fedaf2”的矩形，输入文本，调整其大小及位置，添加素材（配套资源:\素材文件\第9章\榨汁机详情页素材\瓶盖.png、瓶口.png、防漏.png），绘制直线与圆点，制作“不漏水”的介绍图片，将字体与线条的颜色设置为“#f2184f”和“黑色”，效果如图9-13所示。

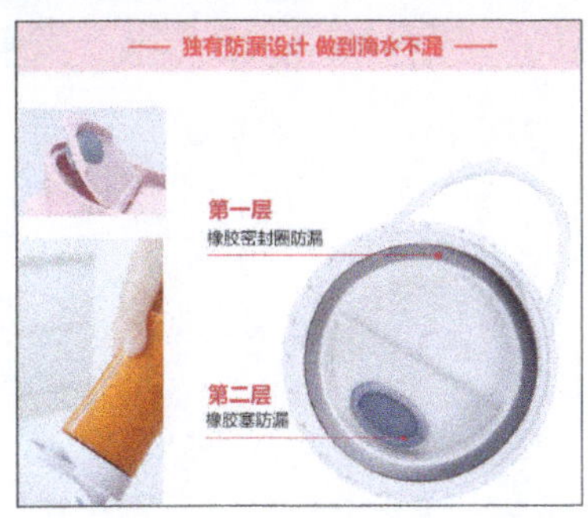

图9-13　制作"不漏水"的介绍图片

STEP 14 选择"矩形工具"▭，将其填充颜色设置为"#f1fafc"，然后制作背景，在右上角绘制矩形，输入与刀片相关的文本，添加刀片素材（配套资源:\素材文件\第9章\榨汁机详情页素材\刀片.png），制作刀片的介绍图像，其文本颜色为"#f2184f"和"黑色"，效果如图9-14所示。

图9-14　制作刀片的介绍图像

STEP 15 复制并修改文本，将其移动到右下方，在文本左侧添加材质图片（配套资源:\素材文件\第9章\榨汁机详情页素材\材质.png），制作材质的介绍图片，效果如图9-15所示，然后将其保存为JPEG格式，完成本例的制作（配套资源:\效果文件\第9章\榨汁机详情页.psd）。

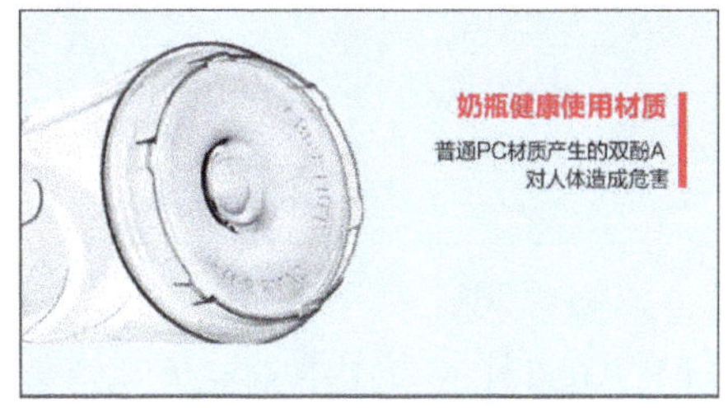

图9-15　制作材质的介绍图片

经验之谈：

设计该详情页时，大家还可从使用方法、食材搭配、方便携带、包装展示、商品尺寸等多个方面对其进行介绍。

9.2.2　无线终端详情页装修

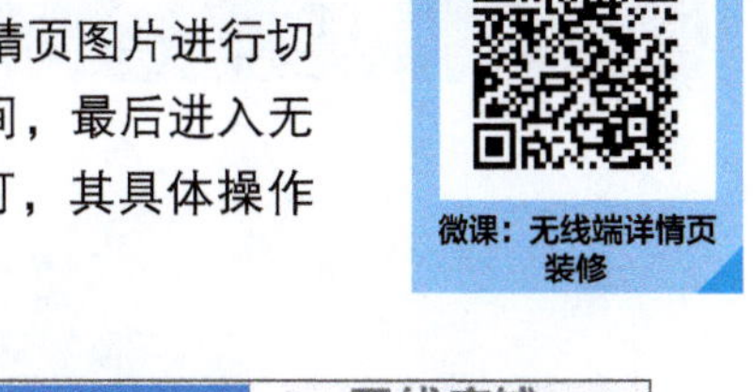

微课：无线端详情页装修

无线终端详情页的装修方法非常简单：首先为详情页图片进行切片，然后将图片保存为JPEG格式，并上传到图片空间，最后进入无线终端详情页的装修页面，将其装修到详情页中即可，其具体操作如下。

STEP 01 登录淘宝网，进入卖家中心，在页面左侧展开"手机淘宝店铺"选项，单击"立即装修"超链接，如图9-16所示。

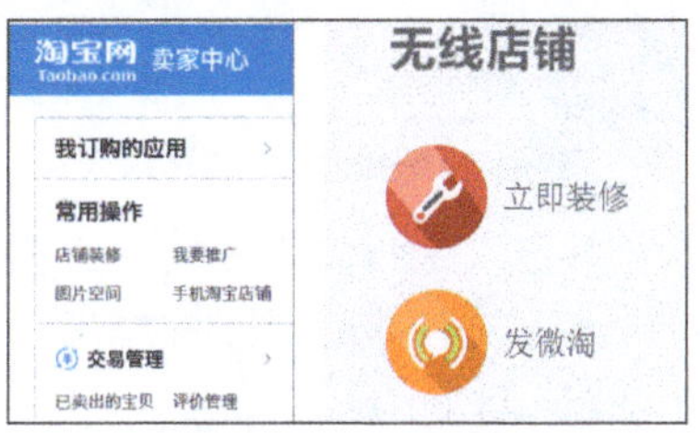

图9-16　进入无线终端装修页面

STEP 02 进入无线运营中心，在左侧选择“详情装修”选项，如图9-17所示。

图9-17　详情装修

STEP 03 打开的页面中有宝贝详情装修的模板，在页面上方单击“宝贝详情管理”超链接，如图9-18所示。

图9-18　进入宝贝详情管理页面

STEP 04 打开淘宝神笔页面，在左侧选择“宝贝管理”选项，在右侧选择需要编辑的宝贝详情页，在“关联手机模板”栏中单击宝贝对应的“编辑”超链接，如图9-19所示。

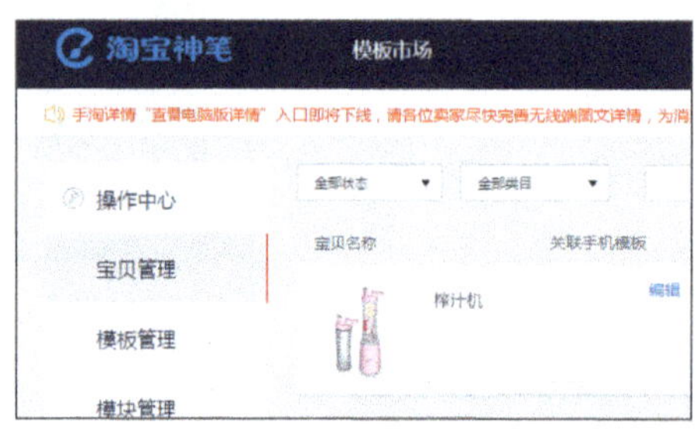

图9-19　选择进入宝贝详情页

STEP 05 进入宝贝的无线终端详情页编辑页面，在左侧单击“图片添加”按钮，如图9-20所示。

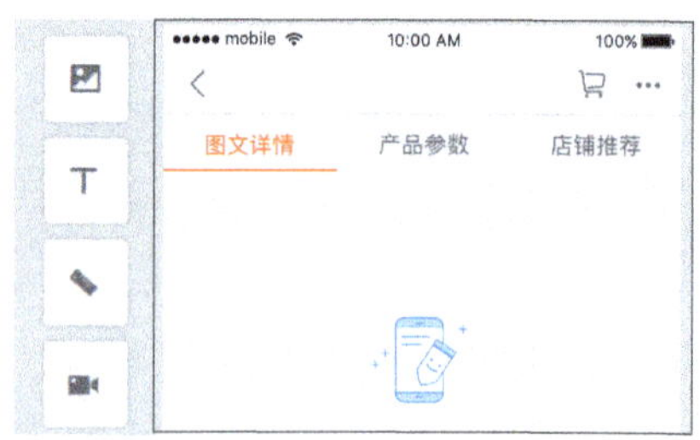

图9-20　添加图片

经验之谈：

单击“视频添加”按钮 可上传录制的详情页视频，增加详情页的动感；单击“文字添加”按钮 T 可在详情页中输入文本。

STEP 06 在打开的“选择图片”对话框中选择制作并上传的详情页图片，然后依次单击 插入 完成 按钮，如图9-21所示。

图9-21　选择图片

STEP 07 返回详情页装修页面，单击页面右上角的“预览”超链接，即可预览装修的详情页，如图9-22所示。

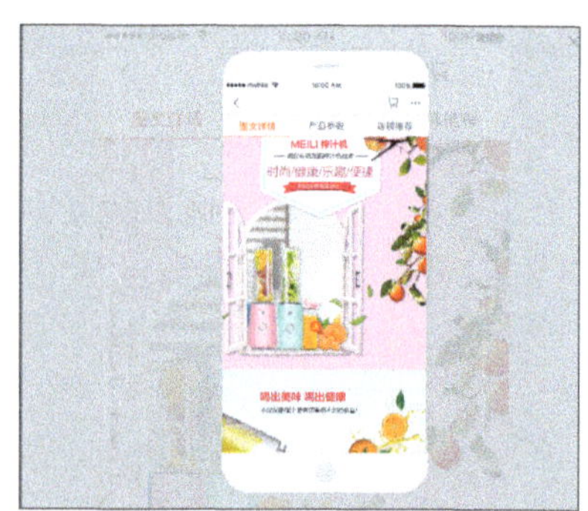

图9-22　预览装修效果

经验之谈：

详情页的图片通常很长，为了提高页面加载速度，我们一般需要对详情页的图片进行切片，然后在装修详情页时依次添加切片的图片。

↘ 9.2.3　无线终端模板装修

模板装修是比较快捷的店铺装修方法，网店美工不必花费大量的时间，就可以得到良好的装修效果。下面我们使用“淘宝神笔”制作女包的详情页，制作时将使用到编辑模块的一些操作，如替换模块的图片、更改文本、添加模块、删除模块、移动模块等，其具体操作如下。

微课：无线终端模板装修

STEP 01 进入无线终端运营中心，在左侧选择“详情装修”选项，在打开的页面中选择行业与模板的风格，这里选择“母婴用品”行业中的所有风格模板，然后在右侧选择需要套用的模板，如图9-23所示。

图9-23　选择模板

STEP 02 在打开的页面中预览模板的具体信息，选择购买或试用模板，这里单击 立即试用 按钮试用模板，如图9-24所示。

图9-24　试用新模板

STEP 03 在打开的页面中选择需要套用模板的宝贝详情页，然后单击其后的 编辑手机详情 按钮，如图9-25所示。

图9-25　选择需要套用模板的宝贝详情页

STEP 04 进入该宝贝的无线终端详情页，此时该宝贝详情页已经套用详情页模板，如图9-26所示。

图9-26　套用模板效果

STEP 05 选择海报，单击左上角出现的“替换图片”按钮，在打开的“选择图片”对话框中选择宝贝的详情页图片，依次单击 插入 完成 按钮，如图9-27所示。

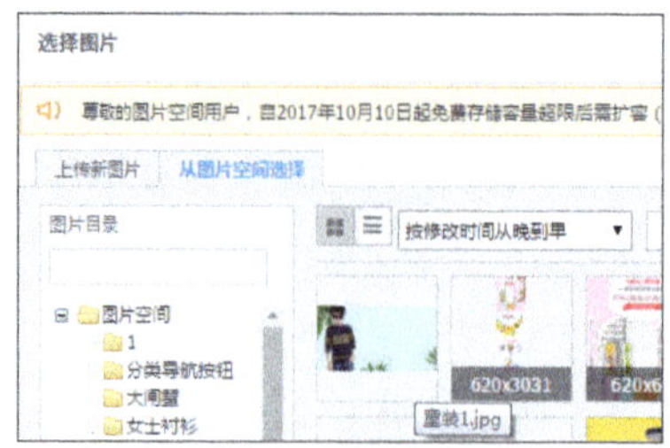

图9-27　替换海报图片

经验之谈：

在替换模板中的图片时，目标图片的尺寸需要与模板中的图片尺寸保持一致。在选择模板后，大家可在右侧的“物件编辑”栏中查看该模板的图片尺寸。

STEP 06 查看替换后的效果，将鼠标光标定位到文本框的文本后面，在弹出的工具栏中可修改文本的字体格式，按【Delete】键可删除原始文本，删除后可在其中输入需要的文本，如图9-28所示。

图9-28　修改文案

STEP 07 使用相同的方法修改关联推荐模块的图片与价格，如图9-29所示。

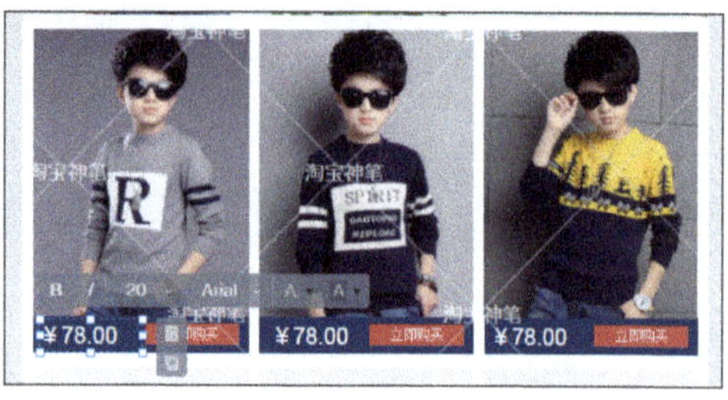

图9-29　修改关联推荐模块

STEP 08 继续修改其他模块中的图片与文本，然后返回详情页装修页面，单击页面右上角的“预览”超链接，即可预览装修的详情页，如图9-30所示。

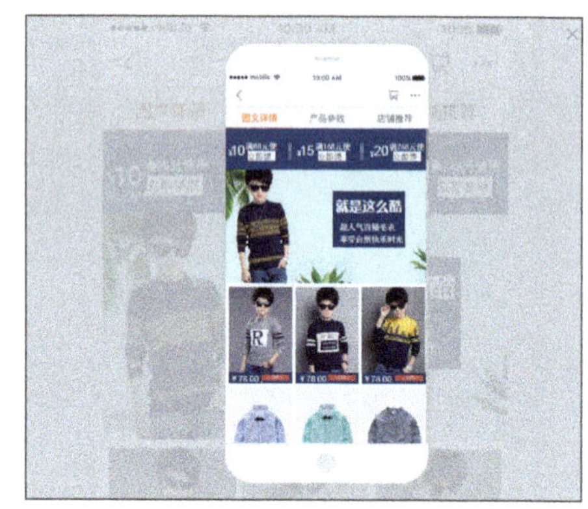

图9-30　预览装修效果

9.3 无线终端自定义页面装修

设计好的店铺页面，需要装修到店铺中才能被买家浏览，而店铺的默认页面只有首页与详情页，若网店美工制作了会员活动、品牌文化等页面，就需要先在店铺中添加自定义页面，然后再进行页面的装修。为了方便跳转，网店美工可自定义无线终端屏幕底部的菜单，将新建的页面添加到自定义菜单中。

9.3.1 自定义页面装修要点

淘宝为卖家提供了一些在自定义区放置的模块，但是由于众多卖家的大量使用，此类页面千篇一律，因而其功能性并不是很明显。此时，那些追求个性，想要拓展销路的卖家，可以通过自定义页面发挥创意，这能使其在推广店铺和商品的同时，展示店铺的特色。需要注意的是，卖家要想将自定义页面的功能发挥到极致，就需要在其中展示一些买家关心的内容。

↘ 9.3.2　自定义菜单

无线终端淘宝店铺的菜单位于无线设备界面的最下方，其目的在于方便买家快速调转到对应页面。下面我们对无线终端淘宝店铺的菜单进行自定义设置，该自定义屏幕底部的菜单原为“宝贝分类、店铺活动、会员活动”，之后新建名为“店铺活动”的自定义菜单，其具体操作如下所示。

微课：自定义菜单

STEP 01 登录淘宝账号，进入卖家中心，然后进入无线运营中心，在“无线运营中心”页面选择“自定义菜单”选项，在打开的页面中单击[+创建模板]按钮，如图9-31所示。

图9-31　自定义菜单

STEP 02 在打开的界面中输入模板名称，这里输入“001”，如图9-32所示，单击[下一步]按钮。

图9-32　输入模板名称

STEP 03 在打开的页面中单击选中需要添加分类项目前的复选框，根据店铺需要修改分类的名称，完成后查看手机界面中显示的分类效果，如图9-33所示。

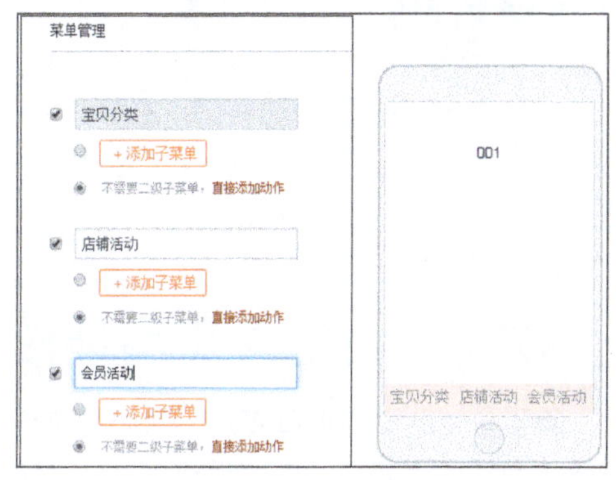

图9-33　添加分类项目

STEP 04 若要设置子菜单，可在“宝贝分类”栏中单击[+添加子菜单]按钮，在打开的对话框中输入子菜单名称并选择分类，单击[确定]按钮，如图9-34所示。

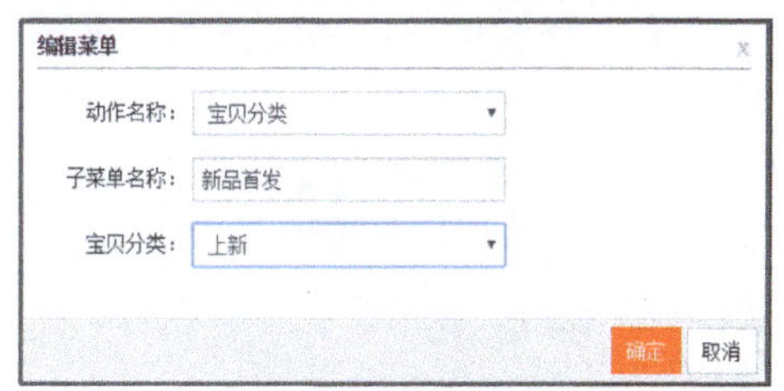

图9-34　添加子菜单

STEP 05 使用相同的方法添加其他子菜单，效果如图9-35所示。

图9-35　添加其他子菜单

STEP 06 右侧的手机界面显示了添加子菜单的效果，如图9-36所示。使用相同的方法继续添加其他分类与子菜单，设置完成后单击确定发布按钮发布自定义菜单。

经验之谈：

添加自定义菜单后，买家单击菜单分类，系统将自动跳转到对应的页面中，这极大地提高了浏览网页的效率，因此自定义菜单必不可少。

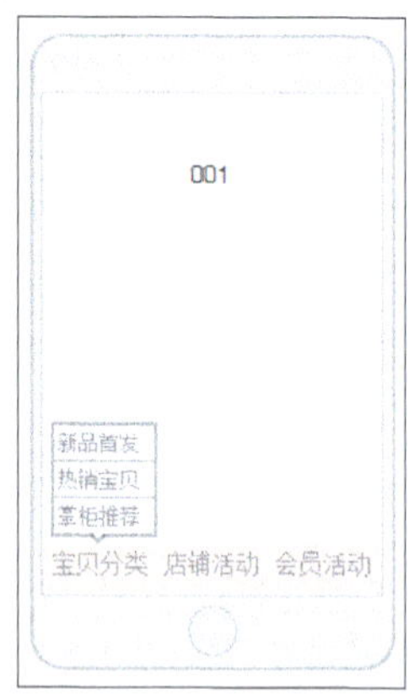

图9-36　添加子菜单的效果

↘ 9.3.3　自定义页面装修

除了首页、详情页页面外，网店美工可根据店铺需要添加符合店铺要求的其他页面，如会员活动页面、品牌介绍页面、节日专题页面等。以下为添加并装修会员活动页面的方法，其具体操作如下。

微课：自定义页面装修

STEP 01 登录淘宝账号，进入卖家中心，然后进入无线运营中心，在“无线运营中心”页面选择“自定义页面”选项，在右侧界面中单击新建页面按钮，如图9-37所示。

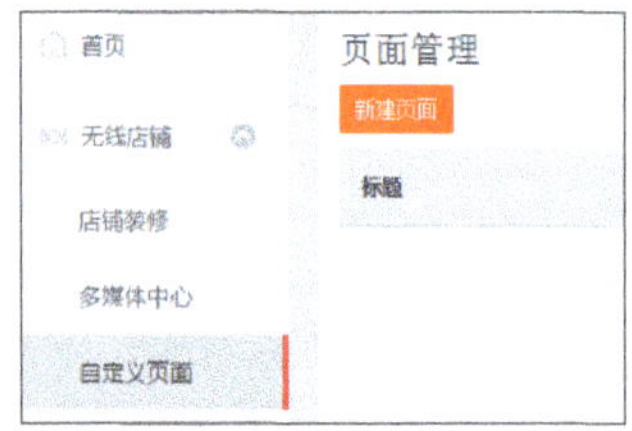

图9-37　新建页面

STEP 02 在打开的对话框中输入新建页面的名称，单击确定按钮，如图9-38所示。

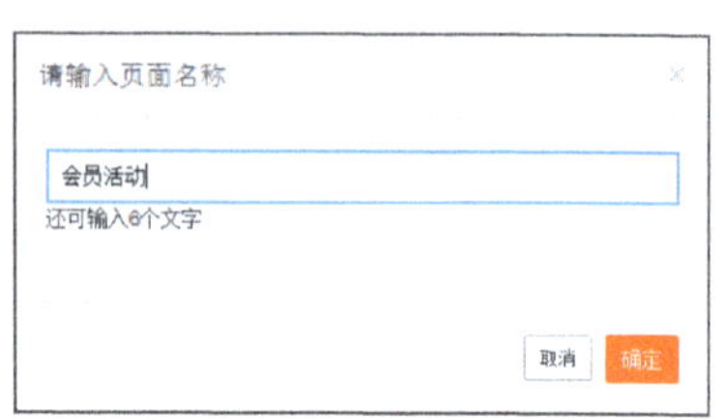

图9-38　输入新建页面的名称

STEP 03 查看“会员活动”页面，单击“编辑”超链接，如图9-39所示。

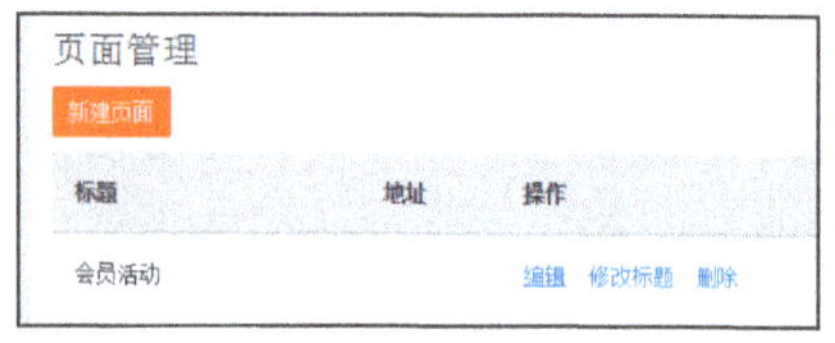

图9-39　编辑自定义的页面

STEP 04 打开装修后台，选择活动头模块，此时在右侧打开的编辑对话框中将显示活动头图片的尺寸为640像素×304像素，然后单击“添加图片”超链接，如图9-40所示。

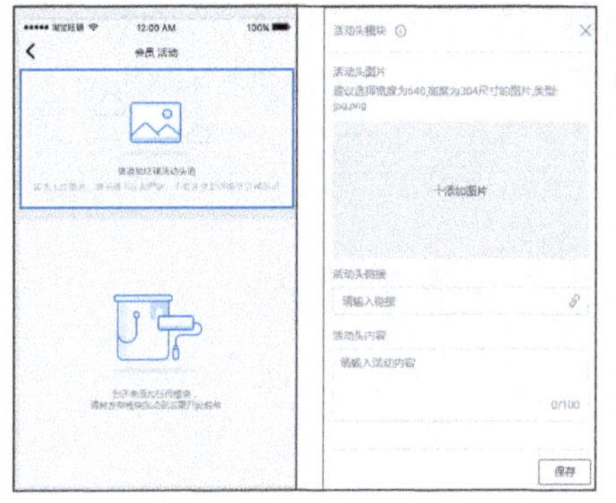

图9-40　编辑活动头模块

STEP 05 将制作的640像素×304像素的活动头图片上传并添加到模块中，然后设置链接，单击保存按钮保存设置，如图9-41所示。

图9-41　活动头装修效果

STEP 06 展开左侧的模块栏，将“自定义模块”拖动到活动头模块下方，将模块添加到页面中，如图9-42所示。

图9-42　添加自定义模块

STEP 07 选择自定义模块，单击“编辑板式”超链接，根据图片的尺寸拖动蓝色框四角的控制点，设置模块的尺寸；在“编辑拼图版式”对话框中添加制作的图片、链接等信息，然后单击“完成”按钮，如图9-43所示。

图9-43　编辑自定义模块的尺寸、图片与链接

STEP 08 返回装修页面，查看自定义模块装修效果，如图9-44所示。使用相同的方法继续添加并编辑模块，完成“会员活动”页面的装修。

图9-44　“会员活动”页面装修效果

9.4 实战演练

本章主要对无线终端详情页的设计、装修方法，以及自定义菜单、自定义活动页的方

法进行了讲解。下面我们通过制作沙发凳无线终端详情页和彩妆返场活动页来巩固本章所学知识。

9.4.1 制作沙发凳无线终端详情页

本实战将为时尚创意简约沙发凳制作无线终端详情页。设计时，我们在字体选择与整体布局方面以方便无线设备浏览为主，提炼并精简卖点，配合大量的图片，通过功能、颜色、材质、尺寸等方面的内容来吸引买家浏览并下单，制作后的效果如图9-45所示。

图9-45　沙发凳无线终端详情页效果

1. 设计思路

本例沙发凳无线终端详情页的设计思路如下。

（1）分析商品，准备商品详情页相关素材，根据首页选择详情页的字体，并搭配色彩。

（2）规划页面中需要设计的板块，根据展示内容的多少设计各个板块的高度与展示形式。

（3）通过素材的添加、形状的绘制、文本的输入，完成本例的制作。

2. 知识要点

完成本例沙发凳无线终端详情页的设计，大家需要掌握以下知识。

（1）网店美工必备的视觉营销知识：色彩搭配、图形元素的应用、文本外观设计，以及三者之间的组合搭配。

（2）无线终端详情页的模块组成与尺寸规范等。

（3）详情页设计要点：图片的体积不能太大，保证图片清晰度；图片文字、宝贝信息和宝贝描述文字不能太小；宝贝重点要突出。

（4）Photoshop的使用：能够在Photoshop中快速完成素材添加、图形绘制、文本输入与编辑等操作。

微课：制作沙发凳无线端详情页

3. 操作步骤

下面我们根据沙发凳的特征，结合其卖点制作沙发凳无线终端详情页，其具体操作如下。

STEP 01 新建大小为620像素×3 500像素，分辨率为72像素/英寸，名称为“矮凳详情页”的文件，依次添加背景1、背景2、沙发凳素材（配套资源:\素材文件\第9章\沙发凳素材\背景 (1).jpg、背景 (2).jpg、沙发凳 (1).jpg），调整素材叠放顺序、位置和大小，删除沙发凳背景，效果如图9-46所示。

图9-46　添加素材

STEP 02 输入文字颜色均为黑色的文本，其中“2017”的字体设置为“方正超粗黑简体”；“SHOCK STRUCK”的字体设置为“方正粗圆简体”；“震撼来袭”的字体设置为“方正粗倩简体”；“时尚创意简约沙发凳”的字体设置为“方正兰亭中粗黑_GBK”，在“时尚创意简约沙发凳”文本下方绘制黑色矩形，并将其文本颜色更改为“白色”，然后调整文本大小及位置，如图9-47所示。

图9-47　输入文本

STEP 03 在下方输入文本，将该文本的字体设置为“方正兰亭特黑长简体”，字号设置为“30点”，文本颜色设置为“#f8b605”，在该文本下方添加沙发凳图片，如图9-48所示。

经验之谈：

大家在删除沙发凳背景时，可先使用“魔棒工具”选择沙发凳背景，然后按【Delete】键进行删除。

图9-48　添加素材

STEP 04 在沙发凳下方继续输入文本，将“软、稳、好”文本的字体设置为“方正兰亭中粗黑_GBK”，字号设置为“60

点”，文本颜色设置为“#f8b605”；将第二排文本的字体设置为“方正兰亭黑简体”字号设置为“18点”，文本颜色设置为“黑色”。在黑色文本下方绘制描边粗细为“1点”的黑色矩形边框，如图9-49所示。

图9-49　优势文案说明

STEP 05 在下方输入“我们一直对品质追求完美”文本，将该文本的字体设置为“方正兰亭黑简体”，文本颜色设置为“#fe0012”，再在文本下方添加沙发凳素材（配套资源:\素材文件\第9章\沙发凳素材\沙发凳 (8).jpg），然后调整其大小与位置，如图9-50所示。

图9-50　添加文本和素材

STEP 06 在下方继续输入三排字体为“方正兰亭黑简体”，文本颜色设置为“黑色”的文本，调整其大小与位置，在第二排文本两侧绘制黑色直线与圆点，如图9-51所示。

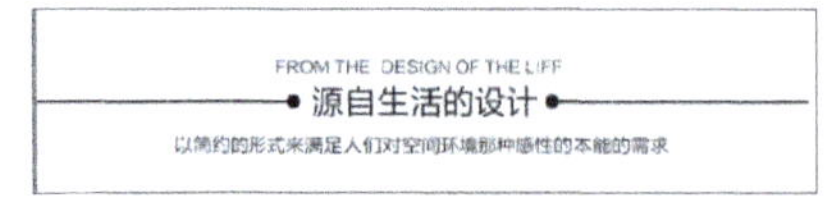

图9-51　输入文本并绘制图形

STEP 07 在下方添加沙发凳细节素材（配套资源:\素材文件\第9章\沙发凳素材\细节 (1).png、细节 (2).png），调整其大小与位置，在右下角继续输入三排文本，第一排文本的字体设置为“方正兰亭特黑长简体”，字号设置为“30点”，文本颜色设置为“#f8b70a”；第二排和第三排文本的字体设置为“方正兰亭黑简体”，文本颜色设置为“黑色”，字号分别设置为“23点、17点”，然后绘制直线修饰文本，如图9-52所示。

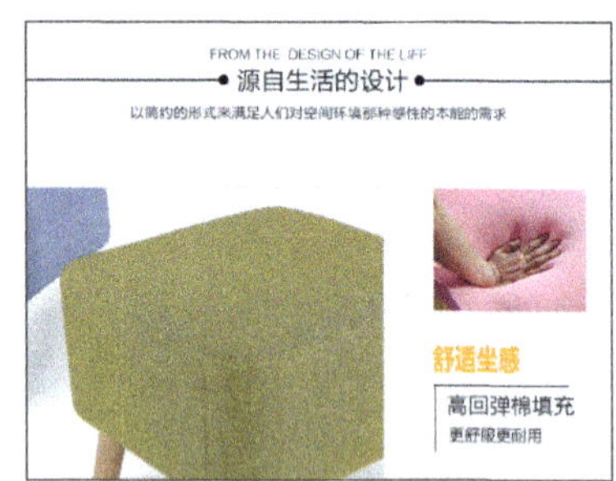

图9-52　输入文本并绘制直线

STEP 08 在下方继续输入三排文本，第一排文本的字体设置为“方正粗倩简体”，字号设置为“25点”，文本颜色设置为“#a4a1a1”；第二排和第三排文本的字体设置为“方正兰亭黑简体”，文本颜色设置为“#a4a1a1”，调整其大小和位置，旋转第三排的“＞＞＞”文本，制作向下指示的图形，然后在下方插入“用途.jpg”图片（配套资源:\素材文件\第9章\沙发凳素材\用途.jpg），效果如图9-53所示。

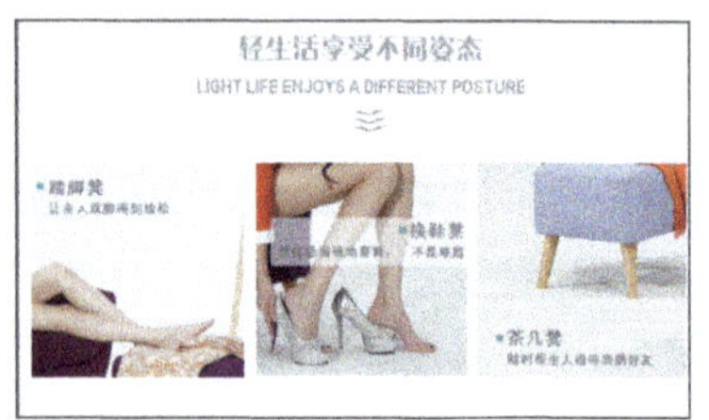

图9-53　输入并调整文本

STEP 09 在下方继续输入一排文本，该文本的字体设置为“方正兰亭粗黑简体”，更改文本颜色，颜色值可参考“#e825f9、白色、#5fbdf2”，继续输入第二排文本，该文本的字体设置为“方正兰亭黑简体”，文本颜色设置为“#5fbdf2”，然后在文本下方添加5个颜色不同的沙发凳素材（配套资源:\素材文件\第9章\沙发凳素材\沙发凳 (1)~ (5).jpg），将其调整为统一的大小，排列成图9-54所示的效果。

图9–54　添加并调整不同颜色的素材

STEP 10 使用相同的方法继续添加素材与文本（配套资源:\素材文件\第9章\沙发凳素材\沙发凳 (7).jpg），将“Three ”文本的字体设置为“方正特粗光辉简体”，文本颜色设置为“#5fbdf2”，将“DIMENSIONS”文本颜色设置为“#a6a3a3”，其他文本的字体设置为“方正兰亭粗黑简体、方正兰亭黑简体”，颜色设置为“黑色”，然后调整字号，完成尺寸展示模块的制作，如图9-55所示，然后保存文件，完成本例的操作（配套资源:\效果文件\第9章\矮凳详情页.psd）。

图9–55　尺寸展示图效果

↘ 9.4.2　制作返场活动页

本实战将制作化妆品返场活动页的活动头图、活动商品展示板块。设计时，我们使用粉色营造甜蜜的气氛，利用红色与丝带渲染活动气氛，设计出的展示板块内容清晰，活动主题突出，其效果如图9-56所示。

图9–56　返场活动页

1. 设计思路

本例返场活动页的设计思路如下。

（1）确定活动主题，收集活动主题的渲染素材，以及参加活动的商品信息与图片等内容。

（2）策划活动内容的文案。

（3）通过素材的添加、形状的绘制、文本的输入，完成本例的制作。

2. 知识要点

完成本例返场活动页的设计，大家需要掌握以下知识。

（1）网店美工必备的视觉营销知识：色彩搭配、图形元素的应用、文本外观设计，以及三者之间的组合搭配。

（2）活动页的设计要点：包括对活动页的整体把握，切忌东拼西凑；适当留白，以缓解视觉疲劳；背景颜色要整体统一，尽量不用色块对页面内容进行分区；页头主题突出，能吸引买家眼球，并且具有承上启下的作用。

（3）Photoshop的使用：能够在Photoshop中快速完成素材添加、图形绘制、文本输入与编辑等操作。

微课：制作返场活动页

3. 操作步骤

下面我们根据提供的化妆品素材制作返场活动页，其具体操作如下。

STEP 01 新建大小为750像素×2 743像素，分辨率为72像素/英寸，名称为“返场活动页”的文件。选择“矩形工具”，在工具属性栏的“填充”下拉列表框中单击“渐变”按钮，将渐变颜色设置为“#ffcde0、#ffcde0、#ffe4f2、#ffe4f2”，角度设置为“90”，然后绘制渐变矩形，如图9-57所示。

图9-57 绘制渐变矩形

经验之谈：

为保证页面的可用性，每个活动页面的翻屏数量最好限制在5屏以内。

STEP 02 打开“彩带.jpg”图片（配套资源:\素材文件\第9章\化妆品\彩带.jpg），选择并移动其中的两条彩带，添加到当前页面顶端，然后调整其大小与位置，如图9-58所示。

图9-58 添加彩带

STEP 03 选择“矩形工具”，绘制矩形，作为背景，该矩形的填充颜色设置为“#d41158”，复制并向中心缩小矩形，取消填充，将其描边颜色设置为“白色”，描边粗细设置为“8点”，如图9-59所示。

图9-59　绘制并复制矩形

STEP 04 选择“钢笔工具”，将其绘图模式设置为“形状”，在“填充”下拉列表框中单击“渐变”按钮，将渐变颜色设置为“#fed4a2、#feebd8、#feebd8、#fed4a2”，角度设置为“55”，然后在边框上绘制标签图形，如图9-60所示。

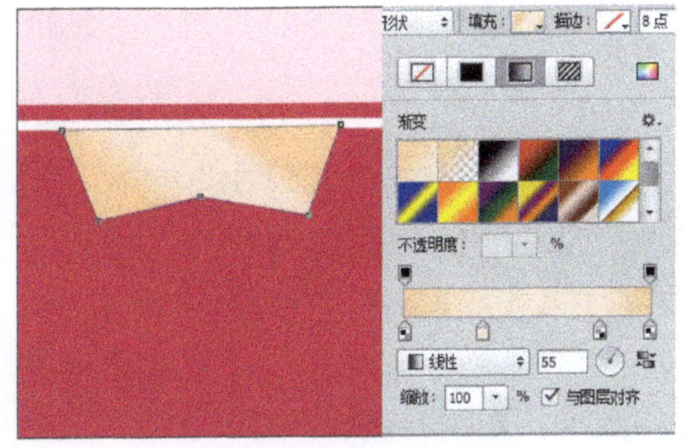

图9-60　绘制标签图形

STEP 05 在矩形中输入文本，前三排文本的字体设置为“方正兰亭中黑_GBK”，最后一排文本的字体设置为“方正兰亭黑简体”，调整文本字体大小与颜色，文本颜色可参考“#d41158、#feecda”，在“狂欢未止　邂逅在此”文本下方绘制填充颜色为“#feecda”的矩形，如图9-61所示。

图9-61　输入文本并绘制矩形

STEP 06 双击“任意2件8折”文本图层，打开“图层样式”对话框，单击选中 渐变叠加 复选框，将渐变颜色设置为“#fed4a2、#feecda”，渐变角度设置为“90”，单击 确定 按钮，如图9-62所示。

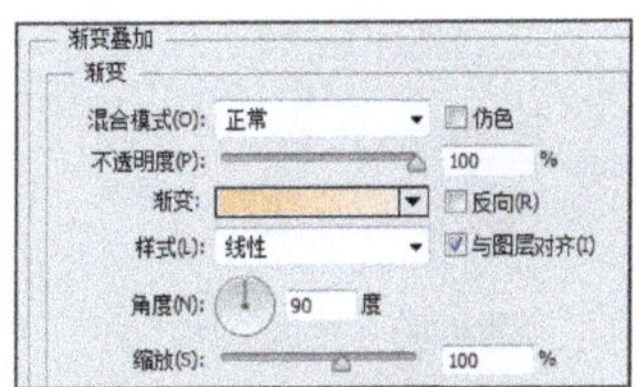

图9-62　制作渐变叠加效果

STEP 07 添加化妆品素材（配套资源:\素材文件\第9章\化妆品\化妆品 (1)~(3).jpg）到图片中，调整其位置和大小；将前景色设置为“#d41158”，选择“画笔工具”，将其笔尖设置为“柔边圆”，硬度设置为“0%”，不透明度设置为“44%”，然后在化妆品素材下方新建图层，绘制投影，效果如图9-63所示。

图9-63　添加素材与投影

STEP 08 选择“矩形工具”，绘制矩形，取消填充，该矩形的描边颜色为"#f16f9b"，描边粗细为"5点"，然后继续绘制填充颜色为"#f16f9b"的小矩形，并将小矩形放到上一矩形的下边框中间处，如图9-64所示。

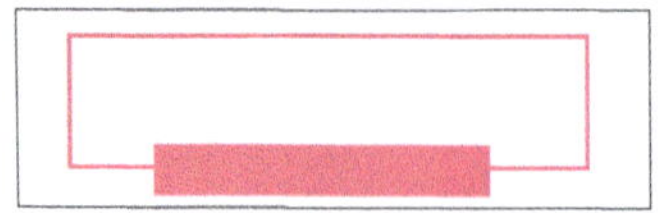

图9-64　绘制矩形

STEP 09 在矩形中输入"经典·镇店之宝"文本，将字体设置为"方正姚体简体"，文本颜色设置为"#f16f9b"；在小矩形中输入"经典套装系列"文本，将字体设置为"方正兰亭黑简体"，文本颜色设置为"白色"，如图9-65所示。

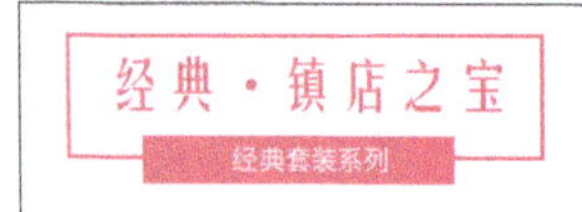

图9-65　输入文本

STEP 10 在页面右侧添加彩带素材（配套资源:\素材文件\第9章\化妆品\彩带.jpg），选择"矩形工具"，绘制3个叠加的矩形，其中底层矩形的填充颜色为"#f16f9b"，中间矩形的填充颜色为"白色"，取消顶层矩形的填充，设置该矩形的描边颜色为"#f16f9b"，描边粗细为"2点"，并向中心缩小该矩形，然后旋转底层的红色矩形，制作商品展示框，效果如图9-66所示。

图9-66　商品展示框

STEP 11 在商品展示框左侧输入文本，其中前两排文本的字体为"方正兰亭粗黑简体"，第三排文本的字体为"方正兰亭黑简体"，价格文本的字体为"方正艺黑简体"，"¥"文本的字体为"微软雅黑"，粉红色文本颜色为"#f16f9b"，其余为"黑色"或"白色"；调整其位置及大小。在"全新上市 高颜值套装"文本下方绘制圆角矩形，将其描边颜色设置为"#f16f9b"，描边粗细设置为"1点"，圆角半径设置为"10像素"；在价格文本下方绘制矩形和心形，矩形的填充颜色为"#f16f9b"，心形的填充颜色为"白色"，描边颜色为"#f16f9b"，描边粗细为"2点"，如图9-67所示。

图9-67　输入文本并绘制图形

STEP 12 添加化妆品素材（配套资源:\素材文件\第9章\化妆品\化妆品 (4).jpg）到商品展示框右侧，然后调整其位置和大小，如图9-68所示。

图9-68　添加素材

STEP 13 为商品展示框图层创建并复制组，修改复制组中的文本与商品，完成其他商品展示图的制作，如图9-69所示，然后保存图像，完成本例的操作（配套资源:\效果文件\第9章\返场活动页.psd）。

图9-69　活动页中其他商品展示

课后练习

本练习将利用收集的素材（配套资源:\素材文件\第9章\棉袜\）制作无线终端店铺棉袜的详情页。根据棉袜的风格，我们选用白色和深绿色作为店铺的主色，符合袜子小清新的风格特点，同时还对面料、生产工艺、细节亮点进行了详细描述，促进买家消费，制作后的效果如图9-70所示（配套资源:\效果文件\第9章\棉袜宝贝详情页.psd）。

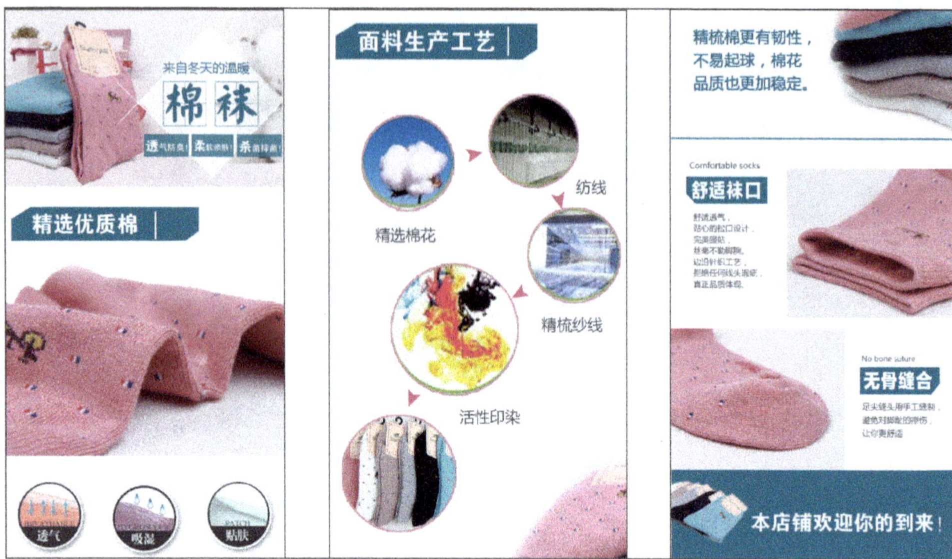

图9-70　无线终端棉袜的详情页